Como Trabalhar com
Sistemas Humanos

O83c   Osorio, Luiz Carlos.
        Como trabalhar com sistemas humanos : grupos, casais e
        famílias, empresas / Luiz Carlos Osorio. – Porto Alegre : Artmed,
        2013.
        230 p. : il. ; 23 cm.

        ISBN 978-85-65852-52-4

        1. Psicologia. 2. Sistemas humanos – Grupos. 3. Sistemas
        humanos – Casais e família. 4. Sistemas humanos – Empresas.
        I. Título.

                                                    CDU 159.9.072.4

        Catalogação na publicação: Ana Paula M. Magnus – CRB-10/2052

Como Trabalhar com
Sistemas Humanos
GRUPOS | CASAIS E FAMÍLIAS | EMPRESAS

LUIZ CARLOS OSORIO

Médico, Especialista em Psiquiatria pela
Universidade Federal do Rio Grande do Sul (UFRGS).
Psicanalista titulado pela International Psychoanalytical Association (IPA),
grupoterapeuta com formação em psicodrama e em terapia familiar.
Consultor de sistemas humanos, fundador e diretor técnico da GRUPPOS,
entidade formadora de grupoterapeutas e terapeutas de família.

artmed

2013

© Artmed Editora Ltda., 2013

Gerente editorial
Letícia Bispo de Lima

Colaboraram nesta edição

Coordenadora editorial
Cláudia Bittencourt

Capa
Márcio Monticelli

Imagens de capa
© iStockphoto.com / Anthia Cumming, 2010: Paper Chain people holding hands in a circle
© iStockphoto.com / Jayesh, 2012: Men's face sketch

Ilustrações
Vagner Coelho

Preparação de original
Luiza Germano

Leitura final
Ivaniza O. de Souza

Projeto e editoração
Armazém Digital® *Editoração Eletrônica – Roberto Carlos Moreira Vieira*

Reservados todos os direitos de publicação à
ARTMED EDITORA LTDA., uma empresa do GRUPO A EDUCAÇÃO S.A.
Av. Jerônimo de Ornelas, 670 – Santana
90040-340 – Porto Alegre, RS
Fone: (51) 3027-7000 Fax: (51) 3027-7070

É proibida a duplicação ou reprodução deste volume, no todo ou em parte, sob quaisquer formas ou por quaisquer meios (eletrônico, mecânico, gravação, fotocópia, distribuição na Web e outros), sem permissão expressa da Editora.

SÃO PAULO
Av. Embaixador Macedo Soares, 10.735 – Pavilhão 5
Cond. Espace Center – Vila Anastácio
05095-035 São Paulo SP
Fone: (11) 3665-1100 – Fax: (11) 3667-1333

SAC 0800 703-3444 – www.grupoa.com.br

IMPRESSO NO BRASIL
PRINTED IN BRAZIL
Impresso sob demanda na Meta Brasil a pedido de Grupo A Educação.

SUMÁRIO

INTRODUÇÃO 9

Parte I
FUNDAMENTOS

1   O QUE SÃO SISTEMAS HUMANOS..13

2   PSICOLOGIA GRUPAL: A DISCIPLINA QUE ESTUDA
OS MICROSSISTEMAS HUMANOS 15

3   O SURGIMENTO DE UM NOVO PARADIGMA CIENTÍFICO........................19

4   A INTERDISCIPLINARIDADE E SEUS DESDOBRAMENTOS:
COROLÁRIO DO PARADIGMA SISTÊMICO-RELACIONAL 39

Parte II
SISTEMAS HUMANOS

5   GRUPOS 45
      Grupos como sistemas humanos e os fenômenos do campo grupal 45
      Processos obstrutivos nos agrupamentos humanos 47
      Inteligência (competência) relacional..55
      A metáfora do lixo psíquico 59

6   CASAIS E FAMÍLIAS..65
      A família como sistema primordial 65
      Casais em diferentes contextos 73
      Relações de casal e sua dinâmica atual 85
      A Família no mundo contemporâneo..98

7 EMPRESAS 109
   Caracterizando empresas no mundo atual 109
   Empresas familiares e suas peculiaridades 120

Parte III
PRÁXIS COM GRUPOS

8 NA ÁREA DA SAÚDE 131
   Grupos terapêuticos 131
   Grupos de ajuda recíproca 142
   Comunidades terapêuticas 142
   Cuidados com os cuidadores 147

9 NA ÁREA EDUCACIONAL 153
   O grupo como espaço primordial de ensino/aprendizagem 153
   Aprendendo a trabalhar com grupos em grupo 155
   Supervisão (intervisão) no trabalho com sistemas humanos 158

Parte IV
PRÁXIS COM CASAIS E FAMÍLIAS

10 TERAPIA DE CASAIS E FAMÍLIAS 163
   Terapia familiar sistêmica: a expressão clínica do novo paradigma 163

11 TERAPIA COMUNITÁRIA: NO ÂMBITO DAS REDES SOCIAIS 175

12 PROGRAMAS DE SAÚDE DA FAMÍLIA (PSF)
   E CENTROS DE ATENÇÃO PSICOSSOCIAL (CAPS) 179

13 OUTRAS MODALIDADES DE ATENDIMENTO A CASAIS E FAMÍLIAS:
   MEDIAÇÃO DE CONFLITOS CONJUGAIS E GRUPOS PSICOEDUCATIVOS 181

Parte V
PRÁXIS COM EMPRESAS

14 CAPACITAÇÃO PARA O TRABALHO EM EQUIPE NAS EMPRESAS 185
   Desenvolvimento dos recursos humanos da empresa 188

15 CONSULTORIA EM EMPRESAS FAMILIARES 191
   Que marcos referenciais teórico-técnicos utilizamos
   em nosso trabalho com empresas familiares? 192
   Cuidar da família e/ou da empresa? 193

16 MEDIAÇÃO DE CONFLITOS NAS EMPRESAS FAMILIARES 195
Origens da mediação familiar 195
Conceito 196
Prática contemporânea da mediação 196
Conflitos e mediação 197
O consenso primordial como pré-requisito para a mediação 198
Condições requeridas quanto ao mediador 198
E o que se espera, em contrapartida, dos solicitantes de uma mediação? 199
"Formação" profissional do mediador 200
A mediação em nossa experiência como consultores de empresas familiares 200
A questão do gênero na mediação em empresas familiares 201
Mediação e interdisciplinaridade 202
A técnica da mediação em empresas familiares 202
Quais seriam as diferenças entre mediação e terapia familiar? 204
Em resumo, como podemos caracterizar a função do mediador? 204

Parte VI
TÓPICOS ESPECIAIS

17 LABORATÓRIOS DE RELAÇÕES INTERPESSOAIS 207
Laboratórios sobre relações conjugais e familiares 208
Laboratórios sobre relações família-escola 210
Laboratório sobre escolha profissional 211
Laboratórios sobre o exercício da autoridade e funções de liderança ... 211

18 UM MODELO DE APRENDIZAGEM PARA
TRABALHAR COM SISTEMAS HUMANOS 217

REFERÊNCIAS 221
Leituras sugeridas 223

ÍNDICE 227

INTRODUÇÃO

Em meados do século XX, emergiu, no âmbito do saber humano, uma nova maneira de pesquisar e compreender os fenômenos que a ciência estudava. Para se aquilatar o significado dessa verdadeira revolução epistemológica basta recordar que, desde a mais remota antiguidade até então, a Ciência procurava entender os fenômenos naturais que investigava segundo um padrão que denominamos causa → efeito, ou seja, partia-se de um fato ou evento natural (efeito) e procurava-se o que o determinara (causa). Esse procedimento era universal e abrangia não só a natureza física, mas também o comportamento dos seres vivos. É o que se convencionou chamar pensamento cartesiano, por ter Descartes como seu ícone e sua máxima "penso, logo existo" como divisa.

Com a evolução do conhecimento científico e dos instrumentos de avaliação de que as ciências em geral passaram a dispor, houve um momento em que se constatou que muitos fenômenos não se comportavam segundo a interpretação simplista de que a cada efeito correspondia uma única e determinada causa. Isso ocorreu a partir dos estudos que deram origem à física quântica e à teoria geral dos sistemas vivos, sistemas esses que estão em permanentes trocas, influências recíprocas e mutações, não se comportando, portanto, segundo as leis determinísticas do padrão causa → efeito.

Essa mudança de perspectiva na forma de encarar o estudo da natureza causou grande impacto no mundo científico, que até hoje não foi assimilado por muitos cientistas que trabalham em disciplinas solidamente alicerçadas no padrão determinista que pautou sua origem e desenvolvimento. Mas já não há como dar seguimento à evolução do pensamento científico em qualquer área do conhecimento humano sem levar em conta os subsídios desse novo enfoque, que corresponde ao que denominamos padrão retroalimentação (ou *feedback*), que questiona o determinismo cartesiano calcado na lógica causa → efeito.

Enquanto a ciência tradicional, cartesiana, isolava os fenômenos para poder estudá-los e acreditava que era examinando isoladamente as partes constituintes da natureza que poderíamos entender seu comportamento no todo, a nova ciência, se assim a podemos denominar, foca a relação dessas partes entre si para compreender o funcionamento do conjunto de que fazem parte.

Sumariamente, essa é a essência da mutação no pensamento científico que deu origem ao que vamos referir como paradigma sistêmico-relacional. A práxis interdisciplinar é a resultante desse paradigma que postula que só com a interação das disciplinas criaremos um contexto capaz de levar o conhecimento científico a transcender o plano bidimensional, linear, em que operou até agora. Metaforicamente poderíamos dizer que é como acrescentar uma terceira dimensão ao conhecimento, que nos permite visualizar os fenômenos, quer da natureza física, quer da natureza humana, em uma perspectiva mais próxima da realidade com que se nos apresentam.

Este livro pretende enfocar os microssistemas humanos (grupos em geral, famílias, organizações) sob o influxo da visão neoparadigmática, enfatizando o viés interdisciplinar com que nos aproximamos a seu estudo e sua abordagem.

Para tanto, foi organizado em blocos sequenciais, que vão abordar sucessivamente os substratos teórico-conceituais sob os quais examinaremos os sistemas humanos considerados, as particularidades desses sistemas e de nossa experiência ao longo de mais de quatro décadas trabalhando com grupos, casais, famílias e empresas.

Ressalve-se que parte dos conteúdos deste livro já foi abordada em outros livros do autor publicados pela Artmed Editora: *Grupos: teorias e técnicas,** *Casais e famílias: uma visão contemporânea,*** *Psicologia grupal**** e *Grupoterapias: abordagens atuais.*****

---

* OSORIO, L. C. *Grupos*: teorias e práticas: acessando a era da grupalidade. Porto Alegre: Artmed, 2000.
** OSORIO, L. C. *Casais e famílias*: uma visão contemporânea. Porto alegre: Artmed, 2002.
*** OSORIO, L. C. *Psicologia grupal*: uma nova disciplina para o advento de uma nova era. Porto alegre: Artmed, 2003.
**** OSORIO, L. C. *Grupoterapias*: abordagens atuais. Porto Alegre: Artmed, 2007.

Parte I
FUNDAMENTOS

1

O QUE SÃO SISTEMAS HUMANOS

O que distingue um conjunto de pessoas de um sistema humano?

Sistema humano é todo aquele conjunto de pessoas capazes de se reconhecerem em sua singularidade, que exercem uma ação interativa e se influenciam reciprocamente em busca de um objetivo compartilhado.

Sempre que nos referirmos a "grupo" ou "equipe" nesta obra, estaremos nos reportando ao conceito externado anteriormente.

O conjunto de pessoas que viajam em um ônibus não constitui um grupo no sentido aqui referido. Tal conjunto pode ter um objetivo compartilhado (chegar a seu destino), mas essas pessoas não se reconhecem em sua singularidade, nem interagem coletivamente (se o fazem, é cada qual com seu vizinho de poltrona).

Agora, se o ônibus sofre um acidente, então podemos ter a constituição de um grupo com um objetivo compartilhado, com interações em busca desse objetivo, e os passageiros podendo se reconhecer em sua singularidade. Vamos exemplificar começando por este último tópico: o acidente põe à mostra as peculiaridades do funcionamento de cada indivíduo em sua inserção grupal. Assim, temos, por exemplo, o *corajoso altruísta* (que arrisca a própria vida para salvar a dos demais passageiros, tomando um extintor de incêndio e tentando apagar o fogo que se inicia nas proximidades do tanque de combustível); o *covarde egoísta,* que foge para o mato com medo que o ônibus pegue fogo; o *provedor de ajuda,* que procura atender e amparar os passageiros feridos; o *buscador de ajuda,* que vai para a estrada deter outros carros e pedir socorro; o *pragmático providenciador,* que sai em busca de um telefone para chamar a polícia rodoviária e solicitar uma ambulância; o *que se deixa tomar pelo pânico* e fica paralisado; o *histérico,* que se põe aos gritos, não auxilia ninguém e ainda demanda ajuda, e assim por diante.

O grupo que se constitui visando ao atendimento dos acidentados incluirá o médico, os enfermeiros e outros circunstantes que vierem prestar socorro, embora exclua os que, por suas singularidades, se impedem de prestá-lo. Consequentemente, do conjunto de pessoas que originalmente viajavam no ônibus, nem todas fazem parte do grupo ou sistema humano que se constitui em torno da referente *interação grupal com um determinado propósito compartilhado*. Nesse sentido, qualquer conjunto de pessoas será um sistema humano sempre e quando preencher os critérios que o definem.

A configuração de um sistema humano é ainda função do número de participantes, do tempo de convivência, do padrão das interações e de objetivos em comum. Assim, dez pessoas, após alguns dias de interação estimulada, poderão se conhecer em suas singularidades e, se tiverem um objetivo compartilhado, constituirão um sistema humano; mas se forem, por exemplo, 50 indivíduos, mesmo que tenham um objetivo em comum, necessitarão de semanas, ou até meses, de convívio para que todos interajam o suficiente para se conhecerem em suas singularidades e possam se tornar um sistema humano.

O conceito de sistemas humanos apresentado corresponde aos *microssistemas*. Reservamos a denominação *macrossistemas* às nações, às multinacionais, aos organismos internacionais e às entidades políticas, religiosas, esportivas e outras similares, que, por seu gigantismo, precisam se subdividir em setores operacionais para realizar seus propósitos.

Uma empresa, à medida que cresce e se expande, torna-se um macrossistema humano, necessitando criar departamentos para otimizar seu desempenho. Cada setor, ou departamento, constitui-se em um microssistema ou uma célula funcional do todo.

> Os fenômenos e as leis do funcionamento dos microssistemas humanos são objeto de estudo da disciplina que designamos como psicologia grupal (Osorio, 2003), enquanto a sociologia se ocupa dos macrossistemas, e a psicologia individual, do que se passa na mente dos indivíduos que compõem os sistemas humanos.

2
PSICOLOGIA GRUPAL: A DISCIPLINA QUE ESTUDA OS MICROSSISTEMAS HUMANOS

Como nos lembram Foulkes e colaboradores (1972), "muito antes de ter aprendido a fazer fogo ou construir um abrigo, o homem percebeu as qualidades especiais que podiam ser obtidas da reunião com seus semelhantes". Ainda que a vida grupal e as relações interpessoais tenham se feito presentes desde os primórdios do processo civilizatório dos seres humanos – e de certa forma possamos considerá-las um marco inaugural desse processo –, só no último século do milênio que se findou os fenômenos grupais passaram a merecer a devida atenção por parte dos estudiosos do comportamento humano.

Como tantas outras áreas do conhecimento humano, o que aqui passamos a denominar *psicologia grupal* surgiu da confluência de outras disciplinas preexistentes, mais precisamente da interface entre a psicologia propriamente dita (que se ocupa dos fenômenos psíquicos do indivíduo como tal) e a psicologia social, que, por sua vez, originou-se nas fronteiras entre a psicologia e a sociologia.

Enquanto a psicologia percorria sua trajetória – de ciência meramente descritiva ou fenomenológica ao *status* hermenêutico que lhe conferiu o advento da psicanálise –, a sociologia tratava de se expurgar de seus referenciais psicológicos para se assumir como ciência da sociedade por excelência. Contudo, embora com a rejeição a sua existência como disciplina autônoma pelo próprio criador do termo "psicologia social", Augusto Comte (1793-1857), ela consolidou-se como a área destinada ao estudo das manifestações coletivas do psiquismo humano. E, mais adiante, com a afirmação de um de seus mentores, Gabriel Tarde (1843-1904), de que "a sociologia será uma psicologia ou nada será", polarizaram-se as correntes que procuravam explicar o social e o coletivo pelo individual ou vice-versa.

A obra de Gustave Le Bon (1841-1931), *Psicologia das multidões* (1954), serviu posteriormente como ponto de partida para as reflexões de Freud sobre os comportamentos coletivos dos seres humanos à luz da psicanálise.

Observa-se, de passagem, que a contribuição de Freud ao estudar a expressão coletiva dos fenômenos psíquicos cinge-se aos macrossistemas humanos, tais como o exército e as instituições religiosas.

A psicologia social adquiriu sua identidade como disciplina com a criação da cátedra de Psicologia Social na Universidade de Harvard, em 1917, que teve como titular, a partir de 1920, William McDougall, autor da primeira obra especificamente dedicada à então nascente disciplina, *Uma introdução à psicologia social*.

Até aqui, tratamos da pré-história. Agora, entramos na história propriamente dita da *psicologia grupal*, que começa com o perfil dos *face-to-face groups*, traçado por Kurt Lewin(1890-1948).

Lewin, um pesquisador por excelência, entendia não ser possível, ao menos com as técnicas de exploração e instrumentação mental existentes em sua época, realizar experiências e formular hipóteses a partir do exame da sociedade global ou dos grandes conjuntos sociais; formulou, então, um método que denominou pesquisa-ação, que lhe permitiria examinar as variáveis dos fenômenos grupais no âmbito de pequenos grupos de 12 a 15 membros, ou seja, grupos nos quais os indivíduos podem se reconhecer em sua singularidade durante a experiência em que estão envolvidos. Contudo, Lewin observou que os fenômenos grupais só se tornam inteligíveis ao pesquisador que consente em participar de seu devir. A noção de que o observador é parte indissociável dos fenômenos humanos que estuda, intuída e assimilada por Lewin em suas pesquisas, apenas bem mais tarde foi definitivamente incorporada ao campo das ciências em geral, com o advento da chamada "segunda cibernética" na teoria sistêmica (anos 1980 em diante).

Com a pesquisa-ação e a sistemática introduzida por Lewin e seus discípulos na formação de profissionais destinados a coordenar atividades grupais de cunho não explicitamente terapêutico, nascia a *dinâmica de grupos*, matriz a partir da qual se desenvolveria a disciplina aqui denominada *psicologia grupal*.

Essa disciplina emergente, contudo, não prescindiu das contribuições de outros referenciais teóricos e técnicos para se configurar à identidade conceitual e à abrangência operacional que nela reconhecemos hoje.

Indubitavelmente, a *psicanálise*, com seu aporte à compreensão das motivações inconscientes da conduta humana, fornece substrato indispensável para quem se propõe a entender o que se passa no campo das interações grupais. No entanto, o entendimento dos fenômenos grupais sempre demandou novas contribuições epistemológicas que privilegiassem o enfoque do que é peculiar ao campo grupal.

E, assim, foram incorporando-se outros vértices de observação e contribuições à compreensão do que se passa nos grupos humanos: a teoria dos papéis e a abordagem psicodramática (Moreno), a teoria dos vínculos e a relação dos grupos com a realização das tarefas a que se propõem (Pichon-Rivière), a teoria sistêmica e os estudos sobre a comunicação humana, a leitura em um contexto evolutivo-prospectivo dos processos grupais; portanto, todo um conjunto aparentemente desconexo de ideias e enfoques que paulatinamente encontrou suas ressonâncias e articulações na construção do alicerce teórico-prático que viria a sustentar o surgimento de uma nova disciplina, a *psicologia grupal*, cuja identidade plasmou-se na inter-relação e no intercâmbio de conhecimentos oriundos dessas instâncias epistemológicas distintas.

Vejamos, muito resumidamente, o que se poderia considerar a contribuição de cada um desses marcos referenciais teóricos e técnicos à constituição dessa nova disciplina:

- A *Dinâmica de Grupos* contribuiu com as noções básicas de campo grupal, as formas distintas de liderança e o exercício da autoridade, bem como o aprendizado da autenticidade;
- A *Psicanálise*, com sua teoria dos afetos e a compreensão das motivações inconscientes das ações humanas;
- A *Teoria dos Vínculos e dos Grupos Operativos*, com a forma de discernir os objetivos (tarefas) dos grupos e das instituições e o modo de abordá-los operativamente, a partir dos vínculos relacionais;
- O *Psicodrama*, com a visualização dos papéis designados no cenário dos sistemas humanos e a utilização do *role-playing* como ferramenta operacional;
- A *Teoria Sistêmica*, com a possibilidade de perceber e discriminar o jogo interativo dos indivíduos no contexto grupal e, a partir dessa percepção, catalisar as mudanças possíveis no sistema;
- A *Cibernética*, com a noção de *feedback* ou retroalimentação;
- A *Teoria da Comunicação Humana*, com as ferramentas para esclarecer os "mal-entendidos" e desfazer os "nós comunicacionais" que formam obstáculos para o fluxo operativo das interações humanas.

É bem possível que outros referenciais possam reivindicar sua contribuição à constituição dessa nova disciplina; entre eles, a saber, a análise transicional, cujo criador, Eric Berne, trouxe inegável contribuição ao estudo da estrutura e da dinâmica de organizações e grupos em obra publicada em 1963. Não nos parece, contudo, que sejam tais contribuições de tal abrangência e consistência epistemológica que incorporem-se ao esquema referencial conceitual operativo da *psicologia grupal*. Em nosso entender, essa disciplina é atualmente um precipitado dos conhecimentos oriundos dos marcos referenciais teóricos e técnicos mencionados anteriormente, aos quais poderão ser acrescentadas, no futuro, outras contribuições aportadas pela incessante evolução do conhecimento na área das ciências humanas.

A grande mutação paradigmática que permitiu a eclosão da *psicologia grupal* como uma disciplina com identidade e configuração próprias, distinta tanto da *psicologia individual* quanto da *psicologia social*, foi, sem dúvida, o advento do *pensamento circular* (padrão *feedback*, ou retroalimentação), que veio a questionar o até então hegemônico *pensamento linear* (padrão causa → efeito) no campo das ciências em geral.

A *psicologia individual* deixou de ser uma ciência meramente descritiva dos fenômenos intrapsíquicos com o advento da *psicanálise* e sua noção do inconsciente dinâmico, proporcionando-nos, a partir de então, uma teoria explicativa dos processos mentais, bem como um novo enfoque da etiopatogenia dos distúrbios psíquicos e um método psicoterápico singular dirigido à identificação das origens do sofrimento psíquico; mas tudo isso em consonância com o paradigma linear, calcado na máxima *sublata causa, tollitur effectus*, ou seja, eliminada a causa, vão-se os efeitos, fruto da postura determinista que presidia o desenvolvimento científico vigente na época de Freud.

Enquanto isso, a *psicologia social* não fugia à mesma ótica determinista, procurando, em outras vertentes, razões que explicassem o comportamento coletivo dos humanos, mas sempre aprisionada ao pensamento cartesiano que monitorava o progresso científico até meados do século XX.

Foi com a *teoria geral dos sistemas*, a cibernética e os estudos sobre a *comunicação humana*, a serem estudados mais detalhadamente no capítulo correspondente, que se esboçou uma nova concepção do que se passa na interface entre os indivíduos e se passou a privilegiar o *interpessoal*, ou *interacional*, no redimensionamento da compreensão do comportamento dos seres humanos como entes grupais. Nascia aí a *psicologia grupal*, voltada ao estudo e à compreensão dos *sistemas humanos* em suas multifacetadas representações sociais na contemporaneidade.

Em suma, a *psicologia grupal* tem como objeto de estudo os *microssistemas* humanos, entendendo-se por tais todos aqueles em que os indivíduos possam se reconhecer em sua singularidade (ou perceberem uns aos outros como seres distintos e com suas respectivas identidades psicológicas), mantendo ações interativas na busca de objetivos compartilhados.

3
O SURGIMENTO DE UM NOVO PARADIGMA CIENTÍFICO

Para que se mergulhe na essência da grande revolução paradigmática das ciências na contemporaneidade, teremos que nos deter sobre alguns eventos que balizaram a trajetória do pensamento científico desde suas origens.

O pensamento científico nasceu sob a égide do *paradigma linear*, padrão causa-efeito, que podemos representar graficamente da seguinte maneira:

```
[ Causa ]  ⟹  [ Efeito ]
```

Desde seus primórdios, a ciência procurou encontrar causas que expliquem os fenômenos (efeitos) naturais. Essa vocação etiológica da ciência atingiu seu ápice com a física mecanicista de Newton (1642-1727), procurando explicar o funcionamento do universo segundo leis determinadas que permitiriam prever a ocorrência até do movimento dos corpos celestes. Esta era a chamada "visão determinista do universo", que partia do pressuposto de que era possível se ter um conhecimento objetivo, racional e previsível da realidade do mundo físico em todas as suas manifestações.

Já Descartes (1596-1650), preocupado em estabelecer um método para a constituição de verdades científicas, tratara de contrapor a *res extensa* (que correspondia à realidade concreta e objetiva) à *res cogitans* (que correspondia à realidade abstrata e subjetiva), colocando a primeira como objeto da ciência como era definida em sua época, e a segunda, da filosofia.

O primeiro grande passo para o advento da revolução paradigmática das ciências em direção ao pensamento relacional-sistêmico foi dado por Darwin (1809-1882), ao elaborar sua teoria evolucionista, propondo a ideia de que as espécies sobrevivem à medida que melhor se adaptam ao meio ambiente, ou seja, admitindo implicitamente que é dos vetores da interação do indivíduo com o meio ambiente que resulta a evolução das espécies. Mas, até então, a ótica darwiniana era a do paradigma linear, padrão causa (meio ambiente) – efeito (adaptação ou sobrevivência das espécies).

A discussão estabelecida entre criacionistas (partidários da ideia de que o universo era fruto de uma única vontade divina, a de seu criador, Deus) e os evolucionistas (que se apoiavam nas teorias de Darwin) pontuou a discriminação gradativa entre fé e razão no âmbito científico. E esse confronto também foi o embrião do questionamento das verdades absolutas e definitivas que o pensamento científico procurava estabelecer, herdando a inclinação dogmática do pensamento religioso.

No entanto, o momento crucial para a mutação paradigmática a que estamos nos referindo foi o esgotamento dos modelos da física clássica e a inoperância das leis que haviam estabelecido, quando se tratava de abordar eventos físicos que não podiam ser observados diretamente, dando origem à chamada "microfísica" e à teoria quântica, desenvolvida a partir de 1900 pelo físico alemão Max Planck (1858-1947). Planck estudava a radiação eletromagnética e concluiu que ela era emitida ou absorvida de maneira descontínua, aos saltos – por ele denominados "quanta". Einstein, considerado, ao lado de Planck, fundador da "nova física", valeu-se da noção dos quanta para explicar o efeito fotoelétrico, o que lhe rendeu o prêmio Nobel em 1921. Curiosamente, foi essa descoberta, e não sua teoria da relatividade, então já elaborada, que lhe conferiu o prêmio.

Einstein (1879-1955) estabeleceu a equivalência entre massa e energia, dando origem à sua famosa equação $E = mc^2$, e formulou a teoria da relatividade, marco na história do progresso científico na explicação do macrocosmo. Embora, como outros gênios de sua época – entre eles, Freud –, Einstein elaborasse suas hipóteses e teorias dentro do marco referencial do pensamento linear então vigente, deu um passo à frente. O físico genial não se prendeu à tendência dogmática do "é isto *ou* aquilo", evidenciada pelos cientistas da época, em sua busca contínua de substituir dúvidas por certezas. Einstein pôs ênfase no caráter relativo das verdades científicas e, com isso, foi um precursor da postura inclusiva e não excludente adotada com a introdução do paradigma sistêmico-relacional anos mais tarde.

Enquanto Einstein revolucionava a física clássica, o campo emergente da microfísica, a partir da teoria quântica, ia semeando noções que apontavam para a grande mudança paradigmática em perspectiva no campo das ciências em geral.

Assim, Niels Bohr (1885-1962), físico dinamarquês, propôs o princípio da complementaridade, que diz que a descrição completa de um fenômeno observado requer o conhecimento completo de duas qualidades complementares, como momento e posição, por exemplo. Em cima dessa observação, e como corolário dela, Werner Heisenberg estabeleceu, em 1927, o princípio da incerteza, afirmando ser impossível determinar simultaneamente a posição e a velocidade de uma partícula com precisão absoluta, pois quanto mais precisa é uma delas, mais incerta se torna a outra, o que evidencia que, no campo da microfísica, o processo de medida de grandezas atinge um limite em que a precisão é impossível. E foi além, sugerindo que o próprio ato da medida perturba o fenômeno observado. Estava aberta a trilha para o reconhecimento do papel do observador no fenômeno observado, e o determinismo clássico sofreu forte impacto, além de pôr em xeque a própria noção de causalidade, abalando a univocidade do paradigma linear como balizador do pensamento científico.

Paralelamente, constatou-se que as duas concepções da matéria, a corpuscular e a ondulatória, não eram excludentes, mas complementares; o modelo disjuntivo (ou) do paradigma linear dando espaço para o conjuntivo, o que caracterizaria o pensamento complexo.

Enquanto essa verdadeira revolução no campo da física se processava, os filósofos e matemáticos ingleses, Bertrand Russell (1872-1970) e Alfred North Whitehead (1861-1947), elaboravam a sua teoria dos tipos lógicos (Whitehead; Russel, 1910), postulando que uma classe não pode ser membro dela mesma, assim como um de seus membros não pode ser a classe, abrindo caminho para a formulação do princípio da não somatividade, uma das pedras angulares da teoria sistêmica, como veremos adiante.

E, com isso, chegamos à formulação da *teoria geral dos sistemas* pelo biólogo austríaco Ludwig von Bertalanffy (1901-1972), elemento nodal da rede de teorias que compõem um novo perfil paradigmático das ciências ao se aproximar o limiar de um novo milênio.

Bertalanffy (1975) postulava que a biologia não podia se ocupar apenas em desvendar o que se passa em nível físico-químico ou molecular – tendência que então se verificava com o progresso da microscopia e do conhecimento da intimidade dos processos físico-químicos das células vivas –, mas em tratar de observar e compreender o que ocorre nos níveis mais elevados de organização da matéria viva. Criou, então, a expressão "biologia organísmica", para acentuar seu enfoque sistêmico no estudo dos fenômenos biológicos.

A observação de que havia um isomorfismo entre o modelo estrutural criado por Bertalanffy para o estudo dos organismos biológicos e o que se verificava em outros campos do conhecimento humano, como nas ciências sociais, impulsionou-o a desenvolver uma concepção gestáltica que permitisse abranger o saber emergente nas ciências em geral a partir do vértice fornecido pela noção de "sistema", ou seja, postulando que, em todas as manifestações da natureza (*lato sensu*, isto é, tanto a natureza física quanto a que denominamos natureza humana), encontramos uma organização sistêmica, o que pressupõe não apenas um aglomerado de partes, mas um conjunto integrado a partir de suas interações. Desta forma, questões como ordem, totalidade, diferenciação, finalidade e outras tantas, menosprezadas pela ciência mecanicista, passaram a ter particular relevância no contexto dessa nova orientação epistemológica.

No campo da história (que é a sociologia em ação, como diz Bertalanffy), por exemplo, os acontecimentos já não seriam explicáveis pela referência causal ou em função de decisões e ações individuais, mas em decorrência da ação de sistemas socioculturais em interação, sejam eles preconceitos, ideologias, grupos de pressão, tendências sociais, ciclos civilizatórios, entre outros.

Outra linha de desenvolvimento de ideias que veio a se articular com a teoria geral dos sistemas foi representada pelo aparecimento, coincidentemente na mesma década de 1940, de três outros aportes, respectivamente, a cibernética (Wiener, 1948), a teoria da informação (Shannon e Weaver, 1949) e a teoria dos jogos (Von Neumann e Morgenstern, 1947).

A *cibernética* é uma teoria dos sistemas de controle com base na comunicação (transferência de informação) entre o sistema e o meio, bem como no interior do sistema, e na retroalimentação (*feedback*) das funções do sistema pelo meio ambiente.

A *teoria da informação* postula que a informação possa ser uma medida de organização e a define como uma expressão isomórfica da entropia negativa da termodinâmica. Sendo a comunicação uma transferência de informação, esta é a pedra fundamental sobre a qual se assenta a teoria da comunicação, que veremos mais adiante.

A *teoria dos jogos* diz respeito ao comportamento dos jogadores supostamente "racionais" para obter o máximo de ganhos e o mínimo de perdas mediante estratégias adequadas em relação ao adversário (ou a natureza).

A cibernética se tornaria extremamente popular na ciência, na tecnologia e na publicidade em geral, como assinala Bertalanffy, graças à proclamação da segunda revolução industrial, feita por Wiener, a partir da elaboração de suas ideias; mas, como assinala Bertalanffy (1975), "a cibernética, como teoria dos mecanismos de controle na tecnologia e na natureza, fundada nos conceitos de informação e retroação, é apenas uma parte da teoria geral dos sistemas". Para outros autores, foi a cibernética, com sua noção de *feedback*, que forneceu a base epistemológica para fundamentar o paradigma emergente.

Segundo Kuhn (1994), uma revolução científica define-se pelo surgimento de novos esquemas conceituais. A mudança fundamental proposta pelo novo paradigma diz respeito à substituição do modelo *linear* de pensamento científico (padrão causa-efeito) pelo modelo *circular* (padrão interativo), conforme a representação gráfica a seguir:

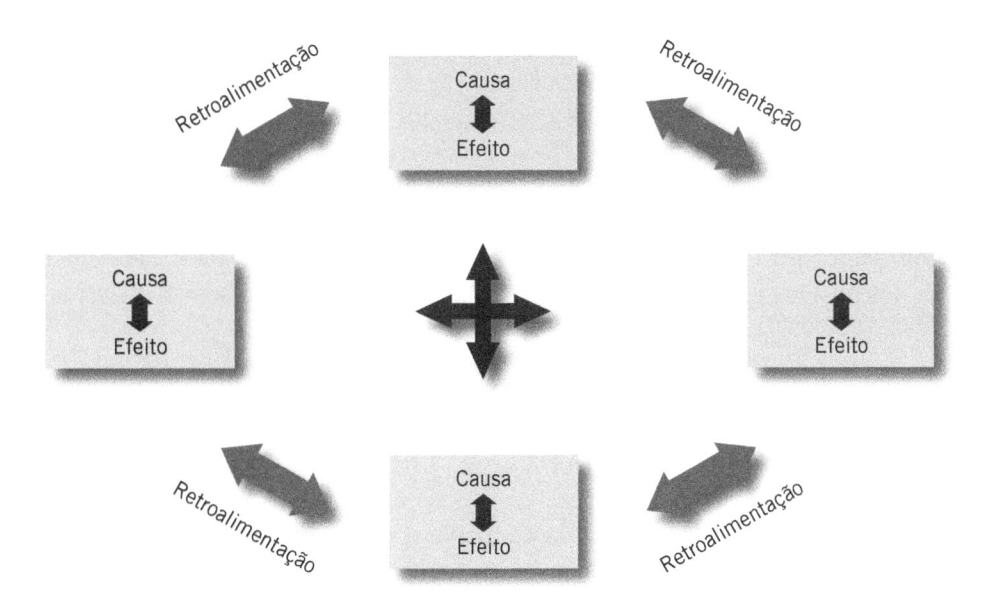

O novo paradigma não veio "aposentar" o anterior, apenas ampliar suas possibilidades de compreender e abordar os fenômenos estudados pelas ciências em geral. Os cientistas continuam buscando causas que expliquem efeitos observados, mas relativizando-as com a noção de multicausalidade aportada pelo paradigma sistêmico-relacional, levando em consideração o fator retroalimentação, ou *feedback*, entre os elementos constituintes de um sistema.

O princípio fundamental da ciência clássica (mecanicista ou fisicalista), vigente desde os tempos de Galileu e Descartes, apoia-se na procura de uma causa isolável para os efeitos (ou fenômenos) naturais e de unidades elementares (átomos, células, etc.) nos vários campos da ciência. Esse princípio determinou os chamados "procedimentos analíticos" da ciência, que postulam que uma entidade pode ser estudada resolvendo-se em partes e, por conseguinte, pode ser constituída ou reconstruída (síntese) a partir destas. Para que essas partes possam ser idealmente isoladas para seu estudo, elas não poderiam interagir, pois tal interação obviamente afetaria o conjunto. Contudo, as relações entre as partes teriam que ser forçosamente lineares, isto é, uma equação que descreve o comportamento do todo é equiparável às equações que descrevem o comportamento das partes. Essas condições não são satisfeitas pelas entidades chamadas "sistêmicas", que são constituídas de "partes em interação". E este é o principal axioma do paradigma sistêmico-relacional.

A teoria geral dos sistemas abriu uma possibilidade de comunicação entre disciplinas que estavam isoladas, e de certa forma encapsuladas em seus universos referenciais. A concepção mecanicista ou fisicalista exigia, para conferir o *status* científico a determinada disciplina, que esta se adequasse aos postulados da física teórica, tida como ciência-padrão. As leis deterministas, e mais tarde a vertente estatística, com que se procurava ordenar o caos da complexidade desorganizada como se apresentavam os fenômenos na área da física, acabaram por influenciar tanto a biologia quanto a psicologia e as ciências sociais. Nem a psicanálise escaparia desses condicionamentos ao formular sua tese do determinismo psíquico.

Explicar o universo conforme leis "exatas" e imunes ao subjetivismo dos pesquisadores era o escopo da ciência do velho paradigma linear da causa-efeito. Ao se propor a ideia revolucionária de que efeitos podem ser retroalimentadores de suas supostas causas dentro de um sistema e que observadores podem modificar, pela via interativa, o que estão observando, criou-se um novo marco epistemológico para referenciar os estudos para pensar fenômenos tanto na física quanto na química, na biologia e nas ciências humanas em geral.

A trajetória da ciência contemporânea na direção de uma crescente especialização trouxe como consequência a fragmentação de suas disciplinas em especialidades cada vez mais dissociadas e isoladas, suscitando a crescente necessidade de princípios básicos interdisciplinares que permitam a integração dos conhecimentos científicos por meio das relações de sentido que possam ser estabelecidas entre suas distintas áreas de investigação. Essa possibilidade surge com o paradigma sistêmico-relacional.

A noção de sistemas, no entanto, é anterior à teoria que procurou descrevê-los e entendê-los. A física convencional trata de sistemas fechados, isto é, sistemas que são considerados isolados de seu ambiente. A termodinâmica, um dos ramos da física clássica, declara expressamente que suas leis só se aplicam a sistemas fechados. O segundo princípio da termodinâmica, no qual Freud baseou-se para a sua formulação da teoria da energia psíquica ou das catexis, enuncia que, em um sistema fechado, certa quantidade, chamada entropia (termo que vem do grego e significa "transformação"), deve crescer até um máximo e até que finalmente o processo atinja o equilíbrio. De acordo com esse princípio, a tendência geral dos acontecimentos de natureza física é a degradação e a dissipação da energia até a chamada "morte térmica" do universo.

Os organismos vivos, por sua vez, são sistemas abertos, em permanente processo de trocas com o meio ambiente, e seu modelo não é entrópico, mas evolutivo. Só mais recentemente a física passou a considerar os mecanismos dos sistemas abertos e, a partir deles, explicar muitos pontos que ficaram obscuros com o desenvolvimento da área das comunicações (telefones, rádio, radar, calculadoras e finalmente computadores). Com base na teoria dos sistemas abertos, a aparente contradição entre a entropia da física e a evolução da biologia desapareceu. Nos sistemas fechados, a entropia é sempre positiva, os processos são irreversíveis e a ordem é constantemente destruída; nos sistemas abertos, temos não só a produção de entropia positiva, devido a processos irreversíveis, mas também a "importação" de entropia negativa por meio de moléculas complexas de alta energia livre. Assim, os organismos vivos podem evitar o aumento de entropia positiva e desenvolver-se no sentido de estados de ordem e organização crescentes. E o elemento-chave é a interação sistema-meio ambiente, por meio do qual ocorre a mencionada "importação" de energia livre.

Vamos agora referir a alguns conceitos oriundos de ou desenvolvidos no contexto do paradigma sistêmico-relacional.

Retroalimentação (feedback): é a propriedade que define o enfoque circular, que se baseia na reciprocidade dos fatores causais e nos diz que cada produto (*output*) de um sistema é um novo aporte (*input*) a esse mesmo sistema, inevitavelmente modificando-o e transformando-o. Haveria uma *retroalimentação positiva*, que predispõe à mudança, e outra *negativa*, que busca a homeostasia do sistema, sendo ambas interdependentes e complementares (recorde-se que, aqui, "positivo" e "negativo" não têm a conotação de "bom ou desejável" e "mau ou indesejável", mas apenas pontuam o sentido contrário dos mecanismos referidos). O conceito de "homeostase" de Cannon, criado a partir de 1929, é a pedra angular dessas considerações e um dos precursores do pensamento cibernético. Não é demais enfatizar que tanto a *estabilidade* quanto a *mudança* são condições indispensáveis à existência da vida, e sua alternância é fator de predisposição para o estado de "saúde evolutiva" dos organismos (tanto biológicos quanto sociais).

Caixa-preta: este é um conceito oriundo do campo das telecomunicações. Essa expressão, tornada de domínio público pela frequente alusão a ela feita por ocasião de acidentes aéreos e a busca de suas causas, originalmente era empregada para certos tipos de equipamentos eletrônicos capturados pelo inimigo que eram perigosos de abrir, pela possibilidade de conter cargas explosivas. Posteriormente, passou a ser utilizada para identificar aqueles equipamentos eletrônicos que, pela complexidade de seus sistemas, levaram os especialistas a se concentrarem primeiramente nas relações específicas entre suas entradas (*inputs*) e saídas (*outputs*) do que na sua estrutura interna.

Princípio da equifinalidade: em qualquer sistema fechado, o estado final é inequivocamente determinado pelas condições iniciais; isso, no entanto, não é o que ocorre nos sistemas abertos, em que o estado final pode ser alcançado a partir de diferentes condições iniciais e por diversos caminhos. A equifinalidade é de suma importância não só para o entendimento dos fenômenos de regulação biológica, mas, onde nos interessa, no entendimento da multideterminação dos conflitos humanos. É também denominado *princípio da multicausalidade*.

Totalidade e não somatividade: essas duas noções, que estão intrinsecamente relacionadas, são esboçadas na já mencionada teoria dos tipos lógicos, de Russell, e, por sua vez, alicerçam a teoria gestáltica. Um sistema não pode ser entendido como a soma de suas partes, que, examinadas isoladamente, não permitiriam a compreensão do sistema como um todo. Cada uma das partes de um sistema está relacionada de tal modo com as outras que qualquer alteração em uma delas provoca modificações nas outras e no sistema total.

Mencionamos anteriormente que a *teoria gestáltica* necessita ser incorporada a esse agrupamento teórico que resultou na gênese do novo paradigma.

A teoria da *gestalt* surgiu em princípios do século XX como uma reação ao "atomismo" então vigente nas ciências em geral. A palavra *gestalt*, de origem germânica e intraduzível para outros idiomas, significa o modo como os elementos (partes) estão agrupados. Suas origens estão nos estudos sobre o fenômeno da percepção, particularmente na descrição do fenômeno chamado *phi*, uma ilusão de movimento aparente descrito e nomeado por Wertheimerem em 1912. O chamado "fenômeno *phi*" consiste na ilusão visual criada por objetos estáticos mostrados em rápida sucessão e que parecem estar em movimento por ultrapassarem o limiar da visão humana de poder percebê-los isoladamente.

A noção de que o todo é maior do que suas partes constituintes e que seus atributos (do todo) não podem ser dedutíveis a partir do exame isolado das partes é um dos pilares da teoria gestáltica, cuja aplicação na área psicológica foi expandida por Kurt Lewin em seus estudos sobre os grupos e sua dinâmica.

A teoria da *gestalt*, apoiada na observação fenomenológica, sustentava a possibilidade de convalidar experimentos psicológicos até então desconsiderados como via de acesso ao estudo científico da vida mental. Seus adeptos foram os precursores da tendência contemporânea de incluir o observador na descrição do fenômeno observado, dentro do princípio, hoje universalmente aceito e sustentado pela teoria da relatividade, de que não há objetividade pura na aproximação científica de qualquer fato natural.

A inclusão do observador como parte indissociável do sistema observado deu origem à denominada *cibernética de segunda ordem*. Enquanto na *cibernética de primeira ordem*, originalmente formulada por Wiener, o observador pretende registrar o que se passa como uma câmara externa ao fenômeno e que não atenta para sua própria participação no processo, a *cibernética de segunda ordem* parte do princípio de que o observador é parte do que observa e necessariamente o afeta, isto é, toda a descrição de um fenômeno é influenciada por quem faz essa observação.

A cibernética de segunda ordem surgiu por influência do princípio da incerteza da física quântica, bem como dos aportes filosóficos de Wittengstein, das contribuições de neurofisiólogos, como Maturana e Varela, de lógicos, como Foerster, e de psicólogos evolutivos, como Piaget.

Em meados dos anos 1950, é fundado o Centro de Estudos Superiores das Ciências do Comportamento em Palo Alto, Califórnia, e lá se encontrava o biólogo Bertalanffy com um grupo de origem heterogênea, em que se incluíam o economista Boulding, o biomatemático Rapaport e o fisiologista Gerard, dando sequência a sua formulação da *teoria geral dos sistemas*, que, como observa seu autor, tem uma longa história, como qualquer ideia científica nova. Também em Palo Alto, na mesma época, porém em outra linha de pesquisa, que resultou na elaboração da *teoria da comunicação humana*, o antropólogo Bateson (1904-1980) liderava outro grupo tão surpreendente como o de Bertalanffy quanto à heterogeneidade de sua constituição, do qual faziam parte Haley (estudante de comunicação que analisava filmes de ficção), Weakland (engenheiro químico) e Jackson (psiquiatra), ao qual mais tarde vieram incorporar-se Virgínia Satir (assistente social) e Paul Watzlawick, filósofo e linguista austríaco, formado em psicanálise junguiana, em Zurich.

Bateson, na década de 1930, estivera com sua esposa, também antropóloga, Margaret Mead, estudando os *Iatmul* da Nova Guiné e constatou que a maneira como os indivíduos se comportam é determinada pela reação dos que o cercam, semente da ideia do duplo vínculo, que referiremos a seguir, e que viria à tona duas décadas depois. Tendo entrado em contato com uma nova ciência, então emergente – a cibernética –, esta lhe proporcionou uma ferramenta explicativa de enorme valor para os fenômenos interacionais que estudava: o conceito de *feedback* negativo, base da autorregulação dos sistemas vivos. Retoma, então, a teorias dos tipos lógicos de Russell e vai compondo seu esquema referencial operativo para a abordagem dos sistemas e da comunicação humana até que, ao final da década de 1940, por ocasião de sua transferência para a Califórnia, forma uma equipe de profissionais com as mesmas inquietudes e os mesmos propósitos e constitui o chamado "grupo de Palo Alto", no qual germinaria a teoria da comunicação humana.

A esta altura, cabe fazer menção ao que observou Bertalanffy (1975), como que resenhando o movimento que resultaria na gestação de um novo paradigma científico: *o aparecimento simultâneo de ideias semelhantes independentemente umas das outras e em diferentes continentes era um indício sintomático de uma nova tendência, que necessitaria, porém, de tempo para chegar a ser aceita.*

Bateson abriu caminho para os estudos da comunicação humana com seu trabalho precursor sobre a relação entre a patologia comunicacional e a gênese da esquizofrenia, no qual elaborou o conceito de *duplo vínculo*, em 1956. A hipótese elaborada por Bateson partiu da observação da comunicação dos esquizofrênicos e da formulação de uma questão inicial, que poderíamos resumir como: Que condições do processo de socialização do esquizofrênico podem determinar tal forma de se comunicar, na qual predominam metáforas não rotuladas como tais pelo senso comum?

Bateson sugere que a esquizofrenia é, em essência, o resultado de uma interação familiar na qual não ocorrem experiências traumáticas propriamente específicas, mas padrões sequenciais característicos que levam a experiências vivenciais nas quais o impasse, a ambivalência e a confusão mentais são a consequência de mensagens comunicacionais contraditórias e impossíveis de serem logicamente obedecidas.

Vejamos como isso ocorre acompanhando a descrição de Bateson do que é necessário para que se estabeleça uma situação de *duplo vínculo*:[*]

---

[*] Pensamos que "duplo aprisionamento" traduziria melhor em português o *double bind* original de Bateson, mas a expressão "duplo vínculo" já se consagrou pelo uso, após sua passagem pelo espanhol "doble vínculo", e por isso a manteremos inalterada neste texto, limitando-nos a fazer esta observação para enfatizar que a situação descrita caracteriza-se pelo "aprisionamento", e não pelo "vínculo" no sentido geralmente tomado para este termo em nossa língua e particularmente no campo das terapias grupais (também chamadas por alguns, "terapias das relações vinculares").

Primeiro, são necessárias duas ou mais pessoas, entre as quais, uma é designada como a "vítima". Sejam elas, por hipótese, a criança potencialmente esquizofrênica (vítima) e seus pais. Em seguida, o estabelecimento de uma experiência repetida, na qual existe uma instrução negativa primária – por exemplo, "não faça isso, senão te castigarei" –, e, a seguir, uma instrução secundária que contradiz a anterior, nem sempre transmitida por mensagens verbais, mas por meios não verbais (gestos, tom de voz, atitudes), e que corresponde, no exemplo sugerido, a algo como "não me vejas como repressor" ou "não penses que estou querendo te submeter" ou, ainda, "é por amor que te castigarei". Finalmente, uma terceira instrução negativa que proíbe a vítima de escapar do campo relacional, como "não podes te afastar de mim porque me necessitas para a tua sobrevivência". Essa instrução final pode não ser explícita, mas estar implícita no contexto da situação vivencial em questão.

Segundo a proposição de Bateson, é a sequência repetida de situações similares que poderá levar, ao longo do tempo, à desestruturação esquizofrênica, em razão da falha dos padrões comunicacionais em sua função organizadora do *self*, acarretando conflitos internos de tipificação lógica.

Bateson foi além das hipóteses formuladas; a partir do modelo psicanalítico, em meados da década de 1940, por Frida Fromm-Reichmann, sobre o papel da "mãe esquizofrenogênica", mas ainda assim ficou aquém da noção de circularidade; esta postula que, na interação mãe (ou pais)-filhos, tais mensagens contraditórias podem ocorrer nos dois sentidos e, ainda que se suponha que, pela estruturação prévia de sua personalidade um adulto não seja tão vulnerável quanto uma criança a situações de duplo vínculo, estas também poderão afetar, embora em menor grau, o comportamento e os sentimentos dos pais. No entanto, segundo a hipótese de Bateson, a esquizofrenia deixaria de ser visualizada como uma enfermidade mental incurável e progressiva para se constituir na única reação possível diante de determinado contexto comunicacional absurdo e insustentável. Esse enfoque é polêmico e se contrapõe à ideia da multideterminação dos distúrbios mentais, conforme o princípio da equifinalidade, um dos pilares da teoria sistêmica, conforme vimos. Não obstante, constituiu-se a hipótese do duplo vínculo em um questionamento singular das explicações unívocas e deterministas, que até então se buscavam para explicar a gênese das doenças mentais.

A seguir, estão referidos os axiomas básicos da teoria da comunicação, a começar pelo que postula a *impossibilidade de não comunicar*.

O indivíduo que está sentado em uma poltrona de avião e, ao perceber que alguém está ocupando o assento a seu lado, cerra os olhos e finge estar dormindo para "não se comunicar" está, *malgré lui*, enviando a seu vizinho uma mensagem não verbal que comunica "condutualmente" que não quer comunicar-se "verbalmente". Sua comunicação condutual dá-se em um campo interativo que abarca duas pessoas, no caso, dois passageiros de um mesmo avião. Imaginemos que o passageiro recém-chegado recebeu a mensagem, mas não a decodificou ou não tomou conhecimento dela por não estar com seu aparelho perceptivo conectado e, então, desejoso de entabular conversação (suponhamos que este seja um recurso de que sirva para eludir seu medo crônico de voar) cutuque o braço de nosso pretenso dorminhoco e faça-lhe alguma pergunta "puxa-conversa". O outro abre os olhos, responde monossilabicamente e volta a fechá-los, mantendo seu propósito de "não se comunicar", enviando nova e repetida mensagem desestimuladora. Esta leva a intenção de reforçar a anterior, porventura não detectada pelo "interlocutor". Das duas, uma: ou nosso insistente passageiro capta a segunda mensagem ou, supondo-se que tenha sua percepção toldada pelo medo de voar, a nega, rejeita e ensaia outra forma de se comunicar, por exemplo, por meio de uma conduta ruidosa ou espalhafatosa de quem está à beira do pânico, o que acabará, então, atraindo a atenção do companheiro ao lado, obrigando-o a alterar sua pauta interativa e, se desejar continuar comunicando seu desejo de privacidade, terá de fazê-lo com novas e distintas mensagens, e não apenas "fingindo" que dorme.

Um segundo axioma da pragmática da comunicação humana nos diz que "toda comunicação tem aspectos referenciais (conteúdo) e conativos (relacionais) de tal forma que os segundos classificam os primeiros e correspondem, por consequência, ao que se chama uma 'metacomunicação'".

Podemos nos valer, para ilustrar esse axioma, da clássica historinha do pai que se queixava à esposa do filho que lhe pedia em um telegrama: "Pai, me manda dinheiro!", mensagem lida pelo pai em um tom áspero e autoritário, e que, na interpretação da mãe, não alterando os dizeres (conteúdo) do telegrama, mas a entonação da voz (aspecto relacional), passou a significar um pedido doce, suave e humilde de um filho necessitado, correspondendo a algo que está "além da comunicação formal" (metacomunicação).

Um terceiro axioma é assim enunciado: "A natureza de uma relação depende da pontuação das sequências comunicacionais entre os indivíduos comunicantes".

Aqui, o exemplo a que mais comumente se recorre para ilustrar o conteúdo do axioma é o do chiste do rato de laboratório, que afirmava ter condicionado o pesquisador, pois cada vez que pressionava a alavanca, este lhe dava de comer. Nos casais, a questão de quem disse o que provocou a discussão é outra situação emblemática da pontuação das sequências comunicacionais. "Eu me retraio porque me criticas", diz um dos parceiros; "eu te critico porque te retrais", afirma o outro. E ambos ficam aprisionados em uma sequência comunicacional cuja pontuação só se modificará pela "metacomunicação", ou seja, a possibilidade de alguém interromper o monótono intercâmbio acusatório e indagar-se (e indagar ao outro) sobre as pautas interativas repetitivas em que estão imersos nesse moto contínuo sem solução. A peça teatral *Quem tem medo de Virgínia Wolff?*, de Albee (Watzlawick; Helmick-Beovin; Jackson, 1981), talvez um dos mais acabados e completos tratados sobre a incapacidade dos indivíduos comunicantes de sair da situação conflitiva pela impossibilidade de "metacomunicarem-se" sobre o que está ocorrendo.

Vejamos o quarto axioma: "Os seres humanos comunicam-se tanto digital como analogicamente. A linguagem digital conta com uma sintaxe sumamente complexa e habilitada a expressar conteúdos de pensamento, mas carece de uma semântica adequada para transmitir o que se passa no campo relacional, ao passo que a linguagem analógica possui a semântica, mas não a sintaxe apropriada para a definição inequívoca da natureza das relações".

O que seria a comunicação analógica? A resposta é: tudo o que seja comunicação não verbal. E a digital? É a constituída por expressões verbais, que são sinais arbitrários que se manejam de acordo com a sintaxe lógica da linguagem.

A comunicação analógica tem suas raízes em períodos arcaicos da evolução humana e é a empregada pelos animais para se comunicarem. O homem é o único ser que utiliza tanto os modos de comunicação analógicos quanto os digitais.

No campo da fisiologia, podemos encontrar a linguagem analógica na condução das mensagens hormonais, enquanto o sistema nervoso utiliza-se da informação digital binária para transmitir suas mensagens através da rede neuronal. E ambas as modalidades – hormonal e neuronal – coexistem e se complementam, tal qual no âmbito da comunicação interpessoal.

Um quinto e último axioma é assim formulado: "todos os intercâmbios comunicacionais são simétricos ou complementares, conforme estejam baseados na igualdade ou na diferença".

A interação simétrica caracteriza-se pela igualdade e por uma diferença mínima no comportamento dos indivíduos comunicantes, enquanto a complementar caracteriza-se pela diferença máxima nesse comportamento.

Graficamente, podemos expressar *simetria e complementaridade* assim:

A "saúde" comunicacional apoia-se na alternância de situações simétricas e complementares, de tal sorte que igualdades e diferenças possam coabitar e se potencializar mutuamente; enquanto a "patologia" comunicacional se expressa pelas denominadas *escalada simétrica* e *rigidez complementar*, que são expressões-limite dessas tendências comunicacionais. Assim, um casal que está sempre competindo para ver quem manda em casa apresenta um comportamento simétrico em escalada, enquanto um casal no qual um é sempre quem manda, e o outro, o que obedece está evidenciando um comportamento complementar rigidificado.

A noção central que funciona como um marcapasso de todas essas teorias que abalaram o modelo do paradigma linear e ensejaram o advento de uma revolução paradigmática no pensamento científico é a da *interação*. Vimos como Darwin, ainda que inserido no modelo paradigmático de sua época, padrão causa-efeito, abalou as estruturas do conhecimento sobre as origens das espécies, introduzindo a hipótese de que era da *interação* destas com o meio ambiente que se propiciavam os "saltos quânticos" ou as mutações capazes de gerar novas espécies ou exterminar antigas.

Sob a égide dessa noção referencial – a *interação* –, desenvolveram-se outros construtos teóricos ou epistemologias que transformaram o pensamento científico na contemporaneidade. Entre elas, o *construtivismo*, inicialmente formulado por Piaget (1896-1980) e Vygotski (1896-1934), que acentuavam que o conhecimento é construído a partir da *interação* do indivíduo com o objeto do conhecimento em um contexto social, tendo a origem social do conhecimento sido particularmente acentuada por Vygotski. Originalmente, a corrente construtivista circunscreveu sua influência à área pedagógica, porém mais recentemente veio a se constituir em um enfoque epistemológico bem mais abrangente e com desdobramentos dentro do que se convencionou denominar "pensamento pós-moderno", denominação esta, a nosso ver, equivocada para designar, como muitos o querem, um novo paradigma, por sua ambiguidade conceitual e conotação temporal (o que vem depois da modernidade).

O *construtivismo*, mais tarde cognominado "radical", cujo maior expoente é Von Glasersfeld (1917-2010), enfatiza a interdependência entre o observador e o objeto observado, ou seja, rejeita a dualidade sujeito/objeto, mas continua postulando a construção do conhecimento a partir de processos intrínsecos da mente, enquanto o chamado *construtivismo social*, oriundo das ideias de Vygotski, postula ter a origem de seu conhecimento nos processos interpessoais, e não nas mentes individuais. Essa afirmação seria retomada, enfatizada e, de certa forma, radicalizada por Gergen, em 1935, ao caracterizar outra vertente epistemológica aparentada com as anteriores, que denominou o *construcionismo social*, localizando o conhecimento no interior dos próprios processos de intercâmbio social, mediado pela linguagem e portando os valores morais e ideológicos vinculados a cada situação cultural e momento histórico considerado.

Como mais recentes elos nessa cadeia de aportes epistemológicos que desencadearam o surgimento de uma nova forma de pensamento científico, estão a *teoria do caos* e a *teoria da complexidade*.

A expressão "caos" (do grego, *khaos*, fenda, abismo; passando pelo latim *chaos*, confusão, mistura confusa de elementos), que, na cosmogonia, adquiriu o significado de *vazio primordial que existe na origem, bem como no destino do universo*, veio servir de referência a uma teoria que procura entender a ordem que existe na desordem e vice-versa.

O matemático e astrônomo francês Henri Poincaré (1854-1912), estudando o comportamento dos corpos celestes à luz de um sistema de equações diferenciais resultantes das leis de Newton, desvendou os comportamentos irregulares, imprevisíveis ou "caóticos" desse sistema, tornando-se, assim, o precursor da teoria em questão. Poincaré não prosseguiu na investigação desses seus achados, porque considerou-os apenas uma curiosidade matemática. Não obstante, suas observações sobre a influência das condições iniciais na determinação de eventos futuros foram mais tarde confirmadas por outros pesquisadores, tais como Edward Lorenz (1917-2008), outro matemático norte-americano.

Lorenz, que no início dos anos 1960 havia se dedicado à meteorologia, programou um simulador de clima em seu computador para estudar variáveis, tais como pressão, temperatura, velocidade e direção dos ventos, e observou que uma diferença minúscula nos dados iniciais fornecidos ao programa (p. ex., a supressão de decimais nos dados numéricos que lhe eram oferecidos) produzia resultados muito diversos. Esse comportamento foi denominado "dependência sensível das condições iniciais" e se tornou conhecido por meio de uma metáfora denominada "efeito borboleta", assim expressa no título de uma palestra de Lorenz proferida em 1972 – "Previsibilidade: pode o bater de asas de uma borboleta no Brasil provocar um tornado no Texas?".

Assim, constatou-se que pequenas diferenças nos *inputs* de um sistema poderiam causar perturbadoras diferenças nos *outputs* desse sistema.

A noção de que existem sistemas dinâmicos que, embora sendo intrinsecamente determinísticos, apresentam comportamento caótico e são sensíveis às condições iniciais foi a pedra-de-toque para a criação da teoria do caos. A universalidade dos sistemas não lineares, ou caóticos, foi posteriormente estabelecida por Feigenbaum, em 1944, que detectou a mesma constante de proporcionalidade na evolução de diferentes sistemas não lineares, e a autossemelhança entre tais sistemas foi evidenciada por Mandelbrot (1924 – 2010), que desenvolveu a geometria do que denominou "fractais", imagens que podem ser obtidas no computador a partir de equações matemáticas e que são tidas como a face "estética" do caos.

Por três séculos, desde Newton, o mundo fora compreendido como semelhante a uma máquina, em um enfoque determinista e previsível. Havia, no entanto, fenômenos físicos, tais como a formação das nuvens, os redemoinhos nas correntes ou as espirais das chamas de fogo, que contradiziam a lógica linear. E agora, justamente no reduto das até então denominadas "ciências exatas", surgem os questionamentos quanto ao determinismo e à previsibilidade dos fenômenos observados: podemos obter resultados completamente aleatórios de equações normativas e igualmente achar ordem no que aparentam ser dados completamente aleatórios. Estavam aí delineados os fundamentos da teoria do caos, bem como suas interfaces com outro emergente epistemológico, a *teoria da complexidade*.

A teoria do caos contestou a afirmação de Einstein de que "Deus não jogava dados com o universo", e pontuou a hipótese aleatória da criação. E dessa imprevisibilidade e instabilidade encontradas em todas as manifestações da natureza, desde os fenômenos físicos até os biológicos e sociais, surgiu a necessidade de se compor uma rede de significados que pudesse abarcar a complexidade dos comportamentos observados pelos elementos-alvo de cada disciplina científica. E a teoria da complexidade emergiu dessa demanda por uma compreensão holística do que se passa nos sistemas caóticos.

O pensamento simplificador e reducionista que caracterizava o paradigma linear, padrão causa-efeito, na verdade, não foi banido com a emergência do pensamento complexo, oriundo da observação da caoticidade e aleatoriedade dos fenômenos, quando examinados sob distintas variáveis (a variável tempo, p. ex., na previsão dos fenômenos metereológicos). Poderíamos dizer metaforicamente que o paradigma linear continua tendo sua validade no "varejo", mas não no "atacado", ou seja, na observação de fenômenos limitados e circunscritos a espaço e tempo definidos, e não no campo das complexas interações entre os sistemas e subsistemas que constituem a natureza em suas múltiplas faces e manifestações. É como não precisar considerar a curvatura da Terra para a construção de um edifício, mas ser imprescindível levá-la em conta para uma viagem transoceânica.

Há um simples e sutil exemplo que ilustra o que está contido no parágrafo anterior:

> quando dizemos que as aranhas alimentam-se de moscas estamos aludindo a uma ação simples dentro da cadeia alimentar dos seres vivos. No entanto,

por trás dessa simplicidade aparente há toda uma complexa rede de ações e reações que deflagram aquela ação: a aranha tem que reconhecer em seu cérebro a mosca como algo comestível, traçar uma estratégia para localizar e apanhar a mosca, locomover-se até onde ela está, executar o movimento de apreensão com suas patas e de condução do alimento capturado até a entrada de seu aparelho digestivo – o que exige que ponha em funcionamento seu sistema sensório-motor – bem como a partir da ingestão da mosca é preciso que seja acionado outro sistema que permita sua digestão e absorção pelo organismo da aranha. Ou seja, quanto mais nos aprofundamos na análise dessa simples ação, mais complexidades e interações sistêmicas vamos descobrindo (Morin, 1996).

A teoria da complexidade também possui a figura emblemática de um criador ou sistematizador: o pensador francês Edgar Morin (1921). Sobre sua vida e personalidade seria possível repetir o que Kozulin (1994) disse sobre seu biografado Vygotski: "é como se a mão invisível de um mestre tivesse recolhido os temas fundamentais da vida intelectual do século XX e os tivesse reunido na biografia de um só homem, acrescentando-lhes ainda liberalmente os elementos de um drama histórico".

Morin, que se diz um coconstrutivista, pensa que construímos a percepção do mundo, mas com considerável ajuda de sua parte, e que precisamos ancorar o conhecimento científico no ideário humanístico para dar-lhe transcendência.

Como a própria etimologia do termo sugere, "complexo" é o que tecemos juntos, logo, a teoria da complexidade está intrinsecamente vinculada com a noção de atividade grupal e com a interdisciplinaridade. Podemos até dizer que a práxis decorrente da teoria da complexidade é essencialmente interdisciplinar.

Embora os teóricos da complexidade não tenham enunciado seus axiomas, creio que podemos resumi-los assim, em uma listagem aleatória:

- O pensamento disjuntivo deve dar passo ao pensamento conjuntivo na ordenação dos dados científicos.
- A complexidade origina-se do emaranhamento de ações, interações e retroações e manifesta-se onde existam fenômenos aleatórios (ou seja, que não podem ser determinados e que, empiricamente, agregam incerteza ao pensamento).
- A complexidade aparece onde existam simultaneamente dificuldades empíricas e fenômenos aleatórios (vide a "metáfora da borboleta").
- Devemos evitar o pensamento simplificador, onisciente, para que não se caia em um relativismo radical e paralisante, a saída é edificar metapontos de vista que não se anulam, mas se suplementam (a expressão é minha).

- É preciso conviver com a incerteza, e não pelejar para nos livrarmos dela de qualquer maneira.
- Devemos privilegiar a estratégia, e não o programa. Programas consistem em operar com o pensamento simplificador, enquanto a estratégia é a arte de trabalhar com a incerteza.
- O todo não é a parte, mas está nela, assim como a parte não é o todo, mas está nele. O todo é maior do que a soma das partes, mas também é menos que a soma das partes, porque a organização de um todo impõe constrições e inibições às partes que o constituem.
- Não estamos no fim das realizações do pensamento (como quando se prognosticou o fim da física clássica porque nada lhe restava para explicar da *res extensa*), mas sim na sua pré-história.
- A aquisição do conhecimento humano não pode mais dispensar a ação interdisciplinar para obtê-lo.
- O universo é fruto da dialógica da ordem e da desordem, e nele tudo nasceu ou se fez a partir de encontros aleatórios.
- Tudo o que conhecemos são sistemas dotados de alguma forma de organização.

Como vimos, é uma extensa teia de ideias e teorias que vão se entrelaçando na constituição de um paradigma que se apoia e é constituído pelos aportes de todas as teorias mencionadas. Talvez pudéssemos batizá-lo de paradigma da multiversidade, sustentação epistemológica de uma nova ciência, cujo objeto de estudo já não é mais o universo, mas os multiversos que habitamos.

O físico austríaco radicado nos Estados Unidos, Fritjof Capra, é um dos cientistas contemporâneos mais representativos dessa orientação multi, inter e transdisciplinar, que caracteriza o que denominamos "paradigma da multiversidade". Além de seu pensamento constituir-se em uma espécie de resultante das ideias-vetores anteriormente resumidas, Capra ainda estabeleceu paralelos entre a filosofia oriental e a física moderna. Estudioso do misticismo oriental, comentou que os desconcertantes aspectos do Zen lembravam-lhe os enigmas da física quântica (Tao da Física). Sobre essas relações entre o pensamento racional das ciências e o intuito dos místicos, à luz do paradigma da multiversidade, deixemos o próprio Capra (1995) dar-nos sua visão:

> Considero a ciência e o misticismo como manifestações complementares da mente humana, de suas faculdades intelectuais e intuitivas. O físico moderno experimenta o mundo por meio de uma especialização extrema da mente racional; o místico, por meio de uma especialização extrema de sua mente intuitiva. As duas abordagens são inteiramente diferentes e envolvem muito

mais que uma determinada visão de mundo físico. Entretanto, são complementares, como aprendemos a dizer em Física. Nenhuma pode ser realmente compreendida sem a outra; nenhuma pode ser reduzida à outra. Ambas são necessárias, suplementando-se mutuamente para uma compreensão mais abrangente do mundo. Parafraseando um antigo provérbio chinês, os místicos compreendem as raízes do Tao, mas não os seus ramos; os cientistas compreendem seus ramos, mas não as suas raízes. A ciência não necessita do misticismo e este não necessita daquela; o homem, contudo, necessita de ambos. A experiência profunda da mística é necessária para a compreensão da natureza mais profunda das coisas, e a ciência é essencial para a vida moderna. Necessitamos, na verdade, não de uma síntese, mas de uma interação dinâmica entre intuição mística e a análise científica.

E todas essas contribuições, finalizando com as do próprio Capra, deságuam na *consciência ecológica*, resultante pragmática do pensamento sistêmico, complexo e multiverso. A noção de que nossa existência e a das gerações que nos sucederem está intrinsecamente vinculada ao sistema planetário em que vivemos, catalisa uma atitude *co + operativa* entre todos e tudo que constitui o referido sistema. Na verdade, não somos nós e o meio ambiente, nós somos o meio ambiente uns dos outros, e, portanto, o axioma emblemático do paradigma da multiversidade é: "somos todos interdependentes".

4
A INTERDISCIPLINARIDADE E SEUS DESDOBRAMENTOS: COROLÁRIO DO PARADIGMA SISTÊMICO-RELACIONAL

O que hoje são consideradas disciplinas ou áreas do conhecimento científico surgiram a partir dos dois grandes troncos referidos por Descartes, quando subdividiu as Ciências em *Naturais* – que chamou de *res extensa*, que estudariam os fenômenos que podem ser examinados por meio dos órgãos dos sentidos – e *Humanas* –, que denominou *res cogitans*, que se ocupariam do que só pode ser investigado por meio da capacidade de abstração da mente humana.

A partir de então, as disciplinas foram surgindo umas das outras pelo processo de diferenciação ensejado pela expansão do conhecimento científico. A crescente especialização, que acompanhou o progresso científico e o desenvolvimento tecnológico dos tempos recentes, trouxe como consequência a necessidade de estabelecer interfaces entre os saberes das disciplinas em que se compartimentalizava o conhecimento humano. Surgiu, assim, a *multidisciplinaridade* como veículo para que não se fragmentasse a práxis oriunda destes novos aportes cognitivos.

Constatou-se que apenas agrupar profissionais de diferentes disciplinas para que cada um contribuísse com sua cota de saber especializado não bastava para evitar os prejuízos da prática fragmentada. A complementaridade buscada não era suficiente; necessitava-se de algo que suplementasse, ou seja, acrescentasse valor à mera soma das partes. E isso só viria com o exercício da *interdisciplinaridade*, isto é, do aprendizado da interação, da utilização dos *feedbacks* proporcionados pelas trocas "des-hierarquizadas" entre os diferentes saberes, do processamento das mudanças de paradigma inerentes ao contexto da evolução científica. A interdisciplinaridade apoia-se no elemento "conexão" entre as disciplinas e seus postulantes e é, portanto, intrinsecamente uma prática grupal referenciada pelo pensamento sistêmico-relacional.

Para que se efetive essa interação entre as disciplinas, há necessidade não só do intercâmbio de conhecimentos acumulados por cada uma, mas de uma atitude interdisciplinar interna, ou seja, da disponibilidade de se pensar "em leque", e não "em funil", de se predispor a ser fertilizado pelas ideias e posturas alheias, de mediar, em seu próprio aparelho mental, conflitos entre o conhecimento adquirido e o que não se possui, mas que insiste em se fazer presente por meio dos saberes contíguos.

Eis que das certezas do conhecido brotaram as dúvidas daquilo que ainda se estava por conhecer, com tal intensidade e reiteração, que a desordem e a confusão foram se instalando no âmbito das disciplinas que afanosamente procuravam exorcizar o espectro da fragmentação pelo expediente da interdisciplinaridade.

No dizer de Weil (2002), criou-se uma "Torre de Babel", tendo se perdido a visão global tanto do ser humano quanto do nosso universo. Essa busca, tão cara ao espírito humano, de sua unicidade, da compreensão integral e definitiva de suas origens e de seu destino, daquilo, enfim, que tornou a ideia de Deus tão ubíqua na história da Humanidade, parecia mais do que nunca ameaçada. No âmbito acadêmico, as universidades se tornaram obsoletas na tentativa de se manterem fiéis às regras estabelecidas pelo pensamento cartesiano, para monitorar o progresso científico. Carece à instituição acadêmica uma revisão ampla de seus propósitos para se adequar ao que dela demanda a sociedade impregnada pelo espírito neoparadigmático.

No fluxo das mutações advindas com a entrada do pensamento complexo em cena, apresentado no capítulo anterior, emerge a ideia da *transdisciplinaridade*. Como a própria etimologia do termo sugere, transdisciplinaridade evoca a possibilidade de irmos além do que propõe a ação interativa da interdisciplinaridade, para encontrarmos algo que possa ser compartilhado por várias ou todas as disciplinas e que, de outra forma, lhes dê um sentido que transcenda a epistemologia singular de cada uma. Nada está isolado no universo, tudo está em interação, e dessa rede de relações surge algo que as unifica. O viés sociopolítico dessa concepção está presente no fenômeno da globalização.

Outra das postulações da teoria da complexidade, conforme a expressa por Morin (1996), é que o universo é fruto de um movimento dialógico entre ordem e desordem, e que tudo se fez ou nasceu de encontros aleatórios. Essa afirmação encontra correspondência na noção do "caos", que tanto significa o estado indiferenciado da origem quanto do destino do universo.

Mas o que tudo isso tem a ver com os microssistemas humanos que são o objeto desta obra?

Ora, a concepção dos grupos, ou microssistemas, humanos apoia-se no reconhecimento e na instrumentação da diversidade de seus componentes e da natureza processual de sua essência, ou seja, algo que dinamicamente se move do estado indiferenciado do conjunto de pessoas que originalmente forma um grupo para um estado sempre renovado e imprevisível de transformações acionadas pelas interações que nele ocorrem, cujo sentido "trans" é dado pelo compartilhamento da condição humana em suas múltiplas manifestações.

E aí chegamos ao território do que ainda não é, mas virá a ser a *metadisciplinaridade*. Com essa noção, identificamos o contínuo e inesgotável movimento da espiral evolutiva do conhecimento humano, que um dia tornará ultrapassada a ideia de que uma disciplina possa ser o invólucro de um saber sempre em expansão.

Parte II
SISTEMAS HUMANOS

5
GRUPOS

GRUPOS COMO SISTEMAS HUMANOS E OS FENÔMENOS DO CAMPO GRUPAL

Como observamos inicialmente, os microssistemas humanos têm peculiaridades que os colocam em categorias distintas para que sejam estudados. Assim, neste bloco, vamos considerar os grupos como sistemas humanos de um modo genérico. Para situá-los melhor para os leitores, vamos considerá-los segundo o que Lewin definiu como *"face-to-face groups"*, ou seja, grupos que, pelo número de seus participantes, padrão das interações, tempo de convivência de seus membros e objetivos compartilhados, apresentam determinadas pautas de funcionamento que lhes são comuns (Mailhiot, 1976). Aqui se incluiriam grupos de feições tão distintas como seriam os grupos terapêuticos, as equipes dos esportes coletivos, equipes de profissionais ou turmas de alunos de um educandário.

Quando um grupo se reúne para a realização de determinada tarefa, ocorre uma série de fenômenos relacionais que precisamos conhecer para melhor entender o funcionamento grupal e nos capacitar para o trabalho em e com grupos. Esses fenômenos foram examinados principalmente por duas disciplinas: a dinâmica de grupos e a psicanálise, que se complementaram na descrição e na compreensão dos eventos do campo grupal.

Para Lewin, criador da expressão "dinâmica de grupos", os fenômenos grupais só se tornam inteligíveis ao observador que consente em participar da vivência grupal; segundo ele, tais fenômenos não podem ser observados "do exterior", assim como também não podem ser estudados como fragmentos a serem examinados *a posteriori* (Mailhiot, 1976), como preconizavam os atomistas. Isso o levou a formular a aproximação metodológica denominada "pesquisa-ação", em que não só o observador era incluído no grupo, mas também não se escotomizava o fato de que, com tal inclusão, ele era modificado, o que, no entanto, não invalidava a proposta investigatória.

Para validar tal experimentação, Lewin entendia que ela deveria se realizar no contexto dos pequenos grupos (os *face-to-face groups*), cuja configuração deveria ser tal que permitisse a seus participantes existirem psicologicamente uns para os outros e se encontrarem em uma situação de interdependência e interação possível no decurso da experiência.

Os pequenos grupos, além de permitirem a observação "ao vivo" dos processos de interação social, constituem-se em uma unidade experimental de referência para a formulação de hipóteses que possam ulteriormente ser confrontadas e comparadas com o que é encontrado em outros agrupamentos humanos.

Uma das mais significativas constatações desses experimentos com os pequenos grupos foi que as ações e percepções dos membros são elementos de uma estrutura mais complexa, não sendo compreensíveis fora desta estrutura grupal, ou seja, o indivíduo na *gestalt* grupal comporta-se de uma forma *sui generis*, diretamente relacionada com essa *gestalt*.

Lewin observou que a integração no interior de um grupo só se dará quando as relações interpessoais estiverem baseadas na autenticidade de suas comunicações e que essa é uma atitude passível de aprendizado no e pelo próprio grupo. A integração grupal seria função também do fluxo das comunicações, que, ao sofrer bloqueios, impediria essa integração.

Lewin estudou particularmente a questão da autoridade e dos tipos de liderança nos pequenos grupos, descrevendo os três estilos básicos de liderar: o *autocrático*, o *laissez-faire* e o *democrático*, cujas denominações por si só já o caracterizam. Pondera-se, no entanto, que tais estudos foram empreendidos com grupos isolados em situações artificiais e com um objetivo mais ou menos explícito de demonstrar as "vantagens" da liderança democrática em relação às outras duas.

Lewin descreveu, ainda, as várias etapas do processo de solução de problemas em grupo, iniciando pela definição dos problemas, seguindo pela promoção das ideias e sua verificação, a tomada de decisão e, finalmente, a execução.

Entre os psicanalistas que trouxeram contribuições ao estudo dos fenômenos grupais, destacaríamos Bion, que, em 1961, foi o primeiro a descrevê-los de uma forma abrangente e não circunscrita aos grupos terapêuticos, criando para tal uma terminologia própria. Segundo Bion (1970), quando um grupo se reúne para desenvolver um trabalho, seja de que natureza for (terapêutico, de aprendizagem, institucional), está sujeito ao surgimento de certos estados mentais compartilhados que se opõem ao cumprimento da tarefa designada e que consistem nos chamados *supostos básicos*.

Os supostos básicos estão a serviço das resistências ao desenvolvimento da tarefa grupal, seja esta de que natureza for. Tais pressupostos, que podem aparecer simultânea ou alternadamente, opõem-se ao que Bion chama de *grupo de trabalho*, que é o estado mental cooperativo, predisponente à realização da tarefa grupal e vigente quando há uma redução da carga resistencial e antioperativa do grupo.

Os supostos básicos são:

- *De dependência*, em que o grupo se comporta como se esperasse que um líder fosse se responsabilizar por todas as iniciativas e tomar conta dos membros do grupo, como os pais o fazem em relação aos filhos pequenos.
- *De luta-fuga*, em que o grupo age como se existisse entre os participantes um inimigo a ser enfrentado ou evitado. Esse poderia ser o líder ou qualquer outro dos membros do grupo.
- *De expectativa messiânica*, em que se verifica no grupo a crença de que os problemas ou as necessidades do grupo serão solucionados por alguém que ainda não está no grupo e que, quando chegar, irá solucionar os problemas e satisfazer as necessidades.

Na verdade, esses supostos básicos nunca desaparecem por inteiro nos grupos durante seus encontros e o desempenho das tarefas a que se propõem. O que podemos esperar é que, com o amadurecimento do grupo, a interferência na execução das tarefas seja minimizada.

Contrapondo-se aos estados mentais mencionados estaria o do *grupo de trabalho*, no qual predomina o estado racional, colaborativo, de prontidão para a realização da tarefa.

Bion considera que tanto a mentalidade do grupo de trabalho quanto a dos grupos de pressupostos básicos (dita primitiva) são dotações etológicas do homem, por ser ele um animal gregário, e coexistem no acontecer grupal.

PROCESSOS OBSTRUTIVOS NOS AGRUPAMENTOS HUMANOS

Diz-se que o Homem é um ser gregário, fazendo alusão a sua inata tendência a se agrupar para assegurar sua identidade e sobrevivência como espécie. Ao contrário de outras espécies animais, contudo, os homens não se agrupam apenas para se defender dos perigos naturais ou multiplicar sua capacidade de prover sustento e proteção para a prole. Os homens também se agrupam para instrumentalizar seu domínio e poder sobre seus pares, mesmo quando esse domínio não está vinculado a questões de sobrevivência ou preservação da espécie.

À medida que os agrupamentos humanos primitivos consolidaram-se – ou seja, se institucionalizaram –, tornaram-se eles mesmos instrumentos para a dominação e o poder de alguns de seus membros sobre os demais. Isso ocorreu tanto no seio da família, unidade grupal nuclear da sociedade, como em todos os demais grupos surgidos ao longo do processo evolutivo social. Assim, os grupos de depositários dos desígnios humanos, como eram em suas origens, passaram a ser gradativamente agentes modeladores dos desejos, pensamentos e conduta de seus membros.

Os sistemas sociais, as instituições e os grupos em geral são sempre – a par de seus objetivos específicos – instrumentos de busca e manutenção do Poder (assim mesmo, maiusculado, para enfatizar sua magnitude e inadjetivado para caracterizar sua abrangência). Essa aspiração, ou desejo de Poder, está ligada às origens da condição humana e é o substrato dinâmico para as vicissitudes dos indivíduos na sua vida de relação.

Resumindo, entre os elementos que identificam a natureza intrínseca de qualquer agrupamento humano, desde os primórdios da civilização, destacam-se:

a) O caráter universal da tendência à institucionalização dos grupos humanos, por meio da criação de normas ou regras restritivas à autonomia individual dos membros do grupo.
b) O progressivo afastamento dos objetivos originais do grupo à medida que ocorre seu processo institucionalizante.
c) A conquista ou manutenção de "estados de poder" como objetivo imanente a qualquer agrupamento humano.

Tudo indica que a família tenha sido o grupo primordial. Pela condição neotênica (ou larvária) do ser humano nos primeiros meses de vida extrauterina, não poderia ele sobreviver sem os cuidados dos adultos da espécie. Mesmo sabendo que não tinha o homem em seus primórdios conhecimento do papel do pai na geração da prole, pela observação do comportamento dos demais mamíferos superiores, podemos inferir que essa noção não é indispensável. O agrupamento familiar obedece a mecanismos meramente instintivos para providenciar proteção, agasalho e alimento para os descendentes.

O elemento cimentador das primeiras experiências grupais foi, sem dúvida, a *solidariedade*. Para enfrentar ameaças externas, sejam elas provindas de catástrofes naturais, animais selvagens ou outros seres humanos, o grupo primordial – representado pela família nuclear e por suas extensões subsequentes – desenvolveu sentimentos de lealdade e mecanismos de mútua proteção. Se a *rivalidade* balizava a relação entre famílias e tribos distintas, no seio de um mesmo agrupamento humano predominava o elemento *solidariedade*, enquanto persistisse a ameaça externa. Na ausência ou o cessar desta competição, a luta pelo poder manifestava-se entre os membros de um mesmo grupo.

No processo de transformação dos grupos em instituições, observa-se um paradoxo: o progressivo afastamento dos objetivos originais do grupo à medida que ocorre seu processo institucionalizante. Dessa forma, se a família, em suas origens, tinha como objetivo imanente oferecer um espaço continente para os cuidados da prole e a consequente sobrevivência da espécie ao longo do tempo, com sua institucionalização, foi se tornando uma agência corporativa a serviço da manutenção do poder. Nesse contexto, criou-se a luta entre os gêneros e as gerações.

Não é diferente, em sua essência, do que ocorre no seio de instituições contemporâneas, tais como hospitais, escolas ou o próprio estado. Se um hospital surge com o propósito manifesto de dar assistência e reconduzir ao estado de saúde os enfermos, o vemos, ao longo de sua evolução, passar gradativamente a priorizar as necessidades de seus dirigentes e funcionários em detrimento do bem-estar de seus pacientes. Uma escola criada com a intenção de veicular conhecimentos e educar para a cidadania vê-se na contingência, por pressões da realidade circunstancial e por razões de sobrevivência, a se transformar em mero campo de treinamento para que seus alunos superem a barreira do ingresso em um curso universitário. E o estado, cujo objetivo precípuo seria servir aos cidadãos e a suas comunidades, põe-nos a serviço de seu estamento burocrático e insaciável apetite fiscal.

Todo grupo se institucionaliza para a obtenção ou a manutenção do poder para seus membros e, sobretudo, seus dirigentes. Esse é um axioma que define o caráter intrínseco das instituições, sejam elas quais forem. Portanto, não há como entendê-las senão por meio do escrutínio da questão do poder à luz das contribuições das várias instâncias epistemológicas que o investigam e procuram compreendê-lo em sua essência.

Sabemos que os seres humanos são capazes de inibir seu desenvolvimento psíquico e comprometer seriamente a realização de seus projetos de vida a partir de mecanismos autodestrutivos, que vão desde as "inofensivas" somatizações, que afetam os indivíduos em geral, até condutas francamente suicidas.

Analogamente, poderíamos dizer também que os sistemas sociais "autoaniquilam-se" ou "suicidam-se". Como ilustração dessa afirmação, poderíamos mencionar a desintegração do bloco político do Leste Europeu ocorrida nas últimas décadas do século passado. Os grupos também se autodestroem e perdem suas identidades nas dissidências ou fragmentações institucionais.

Nosso objeto de análise neste capítulo são os processos obstrutivos lentos, insidiosos, crônicos, nem sempre perceptíveis, e que estão contínua e reiteradamente debilitando os organismos grupais e minando seus objetivos imanentes. Tais processos seriam comparáveis às detenções no desenvolvimento ou aos fenômenos regressivos nos indivíduos; e, se quiséssemos continuar na analogia, diríamos que se estendem em uma gama que vai desde as fronteiras da normalidade até o nível psicótico, que não contempla as exigências da realidade e acaba constituindo-se em uma "morte em vida" pela impossibilidade de dar curso a um projeto existencial.

Para dar aos leitores uma ideia mais clara do que está nas origens desses processos obstrutivos do funcionamento grupal, é preciso recorrer a certas noções e conceitos psicanalíticos, aparentemente esparsos e desconexos, mas que se articulam na tentativa de compreender a gênese desses processos.

O primeiro desses conceitos é o *instinto ou pulsão de morte*, formulado originalmente por Freud e modificado posteriormente por Melanie Klein, para atender às injunções de sua aplicabilidade na clínica psicanalítica.

Valendo-nos da mesma liberdade de adaptar o conceito aos objetivos em pauta, tomaríamos aqui o *instinto de morte* não como um impulso ao autoaniquilamento, mas como uma forma de inércia do movimento em direção à vida, do crescimento, da evolução, das exigências de diferenciação do ser humano e de seu reconhecimento da existência do Outro – como algo, enfim, que boicota ou sabota o desenvolvimento psíquico do indivíduo.

Os poetas – esses sutis antecipadores do conhecimento científico – vêm em nossa ajuda para sustentar a ideia do instinto de morte como a apresentamos. Diz-nos Mario Quintana (1973): "A única morte possível é não ter nascido". É a essa recusa às vicissitudes da existência e ao desejo de se manter *ad aeterno* o *estado de onipotência original*, que estamos aludindo quando nos referimos ao instinto de morte.

Mas o que vem a ser o *estado de onipotência original* referido?

Suponhamos que o bebê dentro do útero materno tem de si e do que o rodeia uma ideia de um todo fusionado e indissociável. Se um feto pensasse, provavelmente diria: "o universo sou eu". Esta fórmula solipsista resume a essência psicológica do estado de indiferenciação inicial do ser humano na vida intrauterina. Essa fórmula transforma-se, pela contingência do nascimento, na premissa "o universo (mãe) existe em função de mim", que será mantida ao longo dos primeiros meses de vida do bebê, em razão de sua condição neotênica, ou seja, sua incapacidade de sobreviver sem cuidados externos (maternagem).

A cisão primordial do nascimento e a consequente necessidade de adaptar-se às exigências de uma realidade que confronta o ser humano com a realidade de sua incompletude (e, posteriormente, com sua finitude) o levam a anelar o retorno ao que chamamos de *estado de onipotência original*, representação mental do paraíso nirvânico, sem angústias, sem conflitos, sem desejos a demandar satisfações e, consequentemente, o corolário da negação da vida e suas vicissitudes. O impulso que se opõe à vida e a suas manifestações, tais como o desejo de crescer e aceitar os desafios do périplo existencial, é o que aqui entendemos por *instinto de morte*, e seu objetivo seria, portanto, o retorno ao *estado de onipotência original*, cujo paradigma é o narcisismo primário do bebê no "nirvana" uterino.

Narcisismo, noção que está intimamente relacionada e articulada com o instinto de morte, como foi aqui apresentado, é nossa próxima referência conceitual. Narcisismo que não é o amor a si próprio sugerido na lenda, mas a incapacidade de amar até a si próprio – conteúdo que transcende a imagem de Narciso mirando-se no espelho das águas para evocar o aspecto autodestrutivo subjacente na representação alegórica da volta ao estado onipotente original, pela fusão com a Mãe, simbolizada nas águas onde se deixa afogar.

Outra vez, os poetas vêm em nosso auxílio. Desta feita, são Vinicius de Moraes e Baden Powell (1966) que nos alertam, na letra de seu Canto de Ossanha, que "quem de dentro de si não sai vai morrer sem amar ninguém". O Narcisismo é, pois, como o estamos considerando, essa impossibilidade de sair de dentro de si para a interação com o outro, esteja esse outro externalizado no seu mundo de relações pessoais ou internalizado sob a forma de representações de objetos afetivos no aparelho psíquico.

O Narcisismo seria, então, a expressão da libido represada, que, no contexto grupal, se evidencia por uma menor disponibilidade às interações afetivas e a uma menor consideração pelos direitos alheios, alimentando, dessa forma, os processos obstrutivos pelo estancamento da cooperação grupal indispensável à consecução da tarefa a que o grupo se propõe, seja essa qual for. Contudo, a libido represada impede a *admiração*, porque esta implica o reconhecimento do valor alheio. Destarte, as posturas narcísicas ensejam a eclosão de sentimentos invejosos.

A *inveja* lança suas raízes no solo que lhe é propício, o *narcisismo*, medra regada pela *hostilidade* que se espalha, qual erva daninha, no pasto da *mediocridade*. A inveja articula-se com o instinto de morte por ser um sentimento paralisante, impeditivo do progresso de quem o alberga e que deixa o indivíduo à margem dos movimentos evolutivos de qualquer grupo do qual participe. O indivíduo invejoso boicota as tarefas grupais, pois a competência dos demais em realizá-las exacerba seu mal-estar, lembrando que os invejosos geralmente são os membros menos talentosos e criativos dos grupos ou instituições. Como sói acontecer que o invejoso não tenha consciência da própria inveja (porque, para tê-la, é preciso ter acesso ao processo criativo a que chamamos *insight*, que está bloqueado pela ação deletéria do instinto de morte enquanto agente bloqueador do crescimento ou da evolução) e põe-se a atacar os movimentos construtivos do grupo, incrementando as práticas sabotadoras das transformações criativas.

Outros sentimentos ou emoções humanas comparecem e causam interferências na malha interativa dos processos grupais, gerando ou exacerbando componentes obstrutivos em seu funcionamento. Entre tantos, por sua relevância para o tema em pauta, lembraremos da *arrogância* (um subproduto narcísico) e sua contrapartida, o *servilismo interesseiro*, uma forma de mimetismo com as opiniões e intenções das lideranças grupais, que consiste em abrir mão da dignidade pessoal para a obtenção das benesses do poder circulante no grupo, ao qual o postulante não se supõe capaz de ter acesso a não ser pelo expediente da bajulação.

Tais condutas, decorrentes quer da *arrogância* de quem narcisicamente atribui-se um valor que não tem e desqualifica o mérito alheio quer do *peleguismo* de quem se humilha para contemplar seu triunfo narcísico espelhado no outro, têm efeitos estagnantes sobre a evolução do processo grupal e, consequentemente, podem ser arroladas como elementos obstrutivos dos processos sociais.

A *hipocrisia* é outro agente obstrutivo grupal que não podemos deixar de mencionar. Como sugerem suas raízes etimológicas, a hipocrisia é o reduto das atitudes que subvertem a mudança social por manter a emergência dos aspectos conflitivos inerentes a qualquer agrupamento humano abaixo do nível crítico (*hipo – crisis*).

Ao impedir, pela via cínica ou pela intermediação hipócrita, que venham à tona os sentimentos conflitantes, tamponam-se artificialmente as crises institucionais e abortam-se as iniciativas para promover as mudanças capazes de assegurar a continuidade dos processos grupais e, consequentemente, a manutenção da saúde institucional.

Ao recordar, *en passant*, que a expressão *crise* (do grego *krisis* – ato ou faculdade de distinguir, escolher, decidir e/ou resolver), como lembra Erikson (1971) – já não padece em nossos dias do significado de catástrofe iminente que, em certo momento, chegou a constituir um obstáculo à compreensão do real significado do termo. Atualmente, aceita-se que *crise* designa um ponto conjuntural necessário ao desenvolvimento tanto dos indivíduos quanto de suas instituições. As crises mobilizam as experiências acumuladas e ensejam uma melhor (re)definição de objetivos pessoais ou coletivos.

Todo e qualquer sistema social é uma caixa de ressonância que amplifica as emoções humanas e as reverbera na trama interpessoal que lhe serve de sustentação. Como, então, apresentam-se e interagem na práxis societária, grupal ou institucional, os elementos, como os mencionados instinto de morte, narcisismo, busca e manutenção de estados de poder, inveja, arrogância, servilismo, hipocrisia e outros tantos apenas sugeridos e não explicitamente mencionados no texto? E como se exteriorizam em processos obstrutivos?

Vamos nos valer a seguir de uma situação fictícia que nos permite, pela via da ilustração, preencher as lacunas da digressão teórica. Apenas descreveremos a aludida situação, deixando aos leitores a tarefa de correlacioná-la aos conteúdos sobre os quais dissertamos até agora.

Imaginemos que estamos reunidos em um grupo informal para estudar os processos obstrutivos nas instituições sociais em geral. A motivação que nos aproximou é a curiosidade compartilhada sobre os fenômenos mencionados e o desejo de compreendê-los em maior profundidade. Também compartilhamos a convicção de que é em um grupo multidisciplinar que teremos maior proveito pela oportunidade de intercâmbio de ideias.

Eis que alguém repentinamente propõe: – E se fundássemos uma sociedade para estudar os processos obstrutivos nos sistemas sociais e pudéssemos, por meio dela, veicular nossa contribuição a tão relevante questão nos dias que correm? Ponho-me desde já à disposição do grupo para tomar as primeiras providências cabíveis. (O proponente trai, assim, seu irrefreável anseio de liderar tal sociedade.) Ato contínuo, outro membro do grupo, salientando sua experiência prévia como comunicador, sugere uma sigla para a nascente instituição: – vamos chamá-la SPEPOS (Sociedade Para o Estudo dos Processos Obstrutivos Sociais).

Ao que um terceiro, vocacionado pragmaticamente para a codificação informática, contrapõe: – Muito extensa. Vamos condensá-la para SPOS. É suficiente para identificá-la e soa melhor.

Enquanto isso, outro aspirante à liderança do grupo sugere que se cogitem nomes para compor a diretoria, e vai logo indicando dois ou três para cargos de secretário, tesoureiro e relações públicas, deixando estrategicamente vago o de presidente, logo preenchido com seu próprio nome por proposta do secretário recém-indicado, antigo companheiro de lutas políticas em outros arraiais. O tesoureiro, confirmando o acerto da proposição de seu nome para o cargo, vai logo calculando e sugerindo o valor de uma contribuição inicial para os sócios e... Pronto! Lá se foi águas abaixo o objetivo original do grupo, carregado pelo desejo coletivo de abrir espaço para o exercício dos jogos de poder, a serviço dos núcleos narcísicos de cada um dos componentes. E não há nada como a promessa de um cargo diretivo para acionar as vaidades circulantes e preencher as valências narcísicas sempre disponíveis para uma nova tentativa de resgate do estado onipotente original.

O grupo institucional passa a ser, então, o continente propício a esta busca irrefreável de restauração do poder original perdido e que, no registro existencial de cada um de seus membros, jaz no passado arcaico que remonta ao estado de indiferenciação inicial do bebê, em que impera soberana a condição narcísica primordial, que não reconhece a existência do outro porque isso implica revelar a si próprio sua fragilidade e incompletude.

Abstraindo o caráter caricatural do exemplo proposto, é possível imaginar melhor caldo de cultura do que a institucionalização de um grupo, conforme descrito, para o florescimento da inveja, da arrogância, do mimetismo servilista, da hipocrisia acomodatícia, da desqualificação do valor alheio e outros tantos elementos perniciosos à integridade e ao progresso de um sistema social? São esses alguns dos mecanismos obstrutivos que sabotam o crescimento de um grupo e corroem seus objetivos originais, trazendo como consequência a inércia e a estagnação que identificam a presença do instinto de morte, na acepção em que o consideramos.

Correlacionando tais eventos com a teoria psicanalítica dos grupos, conforme enunciada por Bion (1970), poderíamos acrescentar que os processos obstrutivos instalam-se na vigência dos pressupostos básicos de dependência, luta/fuga e acasalamento messiânico; ou seja, um grupo deixa de cumprir seus objetivos e apresenta um movimento de detenção evolutiva ou regressão sempre que abandona a condição de grupo de trabalho para se tornar um grupo de supostos básicos, segundo a terminologia bioniana.

Uma última reflexão à guisa de conclusão:

Quando um grupo institucionaliza-se, privilegiando a manutenção de estados de poder a serviço do culto ao narcisismo de seus componentes, além de se desviar de seus objetivos originais, ele torna-se esclerosado, perde vitalidade e, mesmo que não venha a se aniquilar e desaparecer por inteiro, sofre um lento, insidioso e gradativo processo de degradação. Se esse processo de institucionalização antioperativa for muito precoce, o grupo pode chegar à extinção, aprisionado pela carapaça constritiva das estruturas narcísicas de seus membros componentes, tal qual o cérebro de um bebê esmagado pela ossificação prematura do crânio.

Então – alguém poderá se indagar, fazendo uma leitura parcializada ou equivocada do que estamos expondo –, todo processo de institucionalização é nocivo?

Obviamente, não. A instituição – seja ela a família, a escola, um clube esportivo, uma sociedade científica ou uma associação de classe – é o arcabouço, o esqueleto do corpo comunitário, o que, enfim, a sustenta e possibilita o exercício das funções sociais que dão sentido ao périplo existencial de todos nós. No entanto, as instituições, como os seres humanos, "adoecem". E a doença institucional instala-se a partir do momento em que ela passa a operar como mero instrumento para o exercício do poder e para servir aos interesses narcísicos de seus membros.

A aceitação da premissa de que os grupos, como os indivíduos, são limitados e finitos e não podem se sujeitar a sacrificar suas finalidades específicas para atender às demandas narcísicas de seus componentes, bem como a sua aspiração de resgatar um poder ilusório, é *conditio sine qua non*, para que se atenuem os processos obstrutivos que ameaçam a sobrevivência operativa de qualquer grupo, instituição ou sistema social.

Em outras palavras, não são as ideologias, mas os indivíduos, que fracassam em suas tentativas de construir um mundo melhor, porque na sua práxis institucional, esse mundo não ultrapassa as fronteiras de seus próprios egos.

Pensamos que adquirir *insight* desses mecanismos obstrutivos vinculados à busca e à manutenção de estados de poder é de suma importância para todos nós que trabalhamos com grupos. Tais mecanismos solapam o funcionamento das instituições humanas e ameaçam sua continuidade e existência. É preciso identificá-los correta e precocemente para, então, podermos introduzir as mudanças necessárias à remoção dos pontos de estrangulamento que impedem o fluxo criativo dos processos grupais. Sem isso, os sistemas humanos tornam-se antioperativos e contribuem para o mal-estar existencial dos que neles convivem.

INTELIGÊNCIA (COMPETÊNCIA) RELACIONAL

Durante muito tempo, considerou-se a *inteligência* como uma função mental definida, ainda que mantivesse estreitos vínculos com outras funções, tais como o pensamento, a percepção e a memória. Imaginou-se ser possível mensurá-la e, para quantificá-la, criou-se um índice denominado *quociente intelectual* (QI), que era avaliado segundo critérios de aferição da rapidez e precisão de efetuar cálculos numéricos, da fluência e compreensão verbais, da velocidade de percepção ou da habilidade em rememorar e, sobretudo, da capacidade de raciocínio. Esse índice supostamente identificava o potencial da inteligência disponível na mente do indivíduo.

Posteriormente, verificou-se que fatores emocionais interferiam sobremaneira na determinação desse índice, e a *inteligência* passou a ser considerada intimamente associada à área afetiva. A importância conferida a essa relação e os estudos levados a efeito nas últimas décadas, para examinar o vínculo da inteligência com os fatores afetivos, determinou a identificação de uma modalidade de inteligência, que foi denominada *inteligência emocional*.

Nos últimos lustros do século passado, após a publicação do livro de Goleman (1995), em que é elaborado e discutido o conceito de inteligência emocional, que logo se tornaria um *best-seller* pela transcendência de sua proposta, houve um verdadeiro *boom* de referências sobre a importância de levar em consideração a múltipla face da inteligência.

Goleman listou cinco áreas de habilidades conectadas ao que ele denominou *inteligência emocional*; três delas referentes à área da *inteligência intrapessoal* (autoconhecimento emocional, controle emocional e automotivação) e outras duas concernentes à área da *inteligência interpessoal* (reconhecimento de emoções em outras pessoas, habilidade em relacionamentos interpessoais). Em pouco tempo, a tendência à quantificação dos processos mentais, oriunda do paradigma linear, estava originando um teste de QE, visando a determinar a medida da inteligência emocional disponível nas pessoas avaliadas.

Contudo, a emergência do pensamento circular, matriz da teoria sistêmica, assentada sobre a noção do *feedback*, ou retroalimentação, consolidava a ideia de uma constante e inevitável permeabilidade entre os vários subsistemas componentes de um sistema biológico, psicológico ou social. Consequentemente, reafirmava-se o postulado de que existe um intercâmbio permanente entre as várias funções mentais e que estas não podem ser dissociadas na determinação do perfil psicológico do indivíduo. Assim, a inteligência que originalmente era avaliada pelo raciocínio lógico e pelas habilidades matemáticas ou espaciais, passou a ser considerada sob a ótica da afetividade e, mais recentemente, também sob o enfoque do comportamento relacional.

Em resumo, o que se evidencia na práxis das atividades humanas é a *inteligência operacional*, ou seja, aquela que se disponibiliza para a situação ou tarefa em pauta. Assim, em se tratando de atividades grupais, o que temos de levar em conta e avaliar (que é diferente de mensurar, o que seria inviável no terreno da subjetividade) é o que aqui, a partir de agora, denominaremos *competência relacional*, ou seja, a capacidade do indivíduo de operacionalizar tarefas grupais por meio da interação satisfatória com os demais membros do grupo.

A noção de *competência interpessoal*, aliás, não é recente. Mailhiot (1976) observa que já em 1962 Argyris a mencionava. A competência interpessoal é aquela que cada membro de um grupo deve ter para que a tarefa que deve ser realizada com os demais tenha êxito. É ainda Mailhiot (1976) quem, pontuando a importância dessa modalidade específica de competência para as funções de liderança de um grupo de trabalho, observa:

> A competência interpessoal é constituída de um conjunto de aptidões e atitudes adquiridas, organicamente ligadas entre si. A ausência de dogmatismo

lhe é pressuposta [...] essencialmente, ela consiste em tornar o líder capaz de estabelecer com o outro relações interpessoais autênticas [...] (de tal sorte que) são criados climas de grupo no interior dos quais as relações de trabalho possam evoluir de formais, estereotipadas e artificiais para funcionais, espontâneas e criativas.

Competência relacional implica reconhecer a autoridade do saber alheio para que possamos interagir com ele para agregar valor ao nosso próprio conhecimento. Uma equipe multidisciplinar é apenas um conjunto de pessoas com capacidades diferentes, mas que só a competência relacional dos membros do grupo pode transformar em uma equipe interdisciplinar, ou seja, aquela em que as trocas viabilizam-se e as capacidades potencializam-se reciprocamente. Em uma equipe "competentemente" interdisciplinar, não haverá espaço para estrelismos nem lugar para donos da verdade, o que significa que personalidades com traços narcisistas marcados ou com inclinações autoritárias não têm lugar nela.

A *competência relacional*, no entanto, está intrinsecamente vinculada ao manejo e à interação adequados entre três componentes indissociáveis da prática grupal e da vida institucional: autoridade, liderança e exercício do poder. Vamos examiná-los brevemente no contexto aqui proposto:

A autoridade* é um *atributo pessoal*, intransferível, que poderá ou não ser exercida pelo indivíduo na busca do espaço grupal que lhe corresponde. Ela é conferida por habilidades, talentos, conhecimentos e perfil caracterológico do indivíduo. Por exemplo, se alguém tem determinado conhecimento técnico, este lhe confere a autoridade de exercê-lo na área profissional onde atua. Se não o faz, é por impedimentos que coloca para si mesmo ou por deficiências na sua forma de lidar e superar as restrições, ou oposições, que surgem em seu espaço institucional.

Os limites do uso da autoridade pessoal de cada um de nós são dados pela autoridade correspondente daqueles com quem compartilhamos determinado espaço grupal, ou seja, parafraseando a conhecida máxima, "meu direito de exercê-la vai até onde começa o direito do outro de exercer a sua". Entender e estabelecer tais limites é tarefa imanente a qualquer grupo de trabalho.

A liderança é a expressão de um *papel grupal*; ela pressupõe a existência de outros, ou de um grupo, no qual ela possa ser exercida. É, pois, uma condição

---

* De *auto*, prefixo que significa "eu mesmo" ou "que emana de mim", como em autonomia, autoimagem.

decorrente do funcionamento grupal. O líder não deve se "autodesignar" para o grupo: tal condição deve ser outorgada pelos demais membros do grupo.

Liderança implícita é aquela exercida pelo indivíduo que, pela autoridade que porta, é reconhecido como líder pelo grupo, mesmo quando não assume formal ou explicitamente a liderança. *Liderança espúria* é a que um membro do grupo tenta obter sem a aquiescência natural e espontânea do resto do grupo e, por isso, costuma ser perturbadora ao processo grupal e contestada e abortada ao longo deste. O líder que ilegitimamente procura se impor ao grupo corre o risco de se transformar no "bode expiatório" deste.

A liderança é uma *função grupal* que, quando outorgada pelo próprio grupo, tende a ser operativa, do contrário, cria obstáculos para a tarefa grupal. Ela é *legítima* quando sustentada pela autoridade de quem a exerce e ilegítima quando apoiada no mero exercício do poder.

O poder é uma aspiração inerente à condição humana e se radica na negação primordial do desamparo vinculado à situação neotênica do recém-nascido. Como um fim em si mesmo, o poder perverte o exercício da autoridade e cria obstáculos para as funções de liderança. Uma ideia equivocada em relação ao poder é quem o detém no grupo; habitualmente, somos levados a supor que o poder está com o líder, mas nem sempre é assim. Ele pode estar nas mãos daquele membro do grupo que obstaculiza a tarefa do grupo e o impede de atingir seus objetivos por oposição ao líder.

A competência relacional está ainda estreitamente relacionada com o modo de um membro do grupo *comunicar-se* com os demais. Deve-se enfatizar não só nos conteúdos que carrega a comunicação, mas na forma como são veiculados. O modo adequado de se comunicar, sem desqualificar o interlocutor e privilegiando as conotações positivas, e não as negativas, faz a diferença e é função da competência relacional. A comunicação não serve apenas à transferência de informações cognitivas, mas também à transmissão de estados afetivos, sendo, por isso, de primordial importância na criação e na manutenção do clima grupal que viabiliza a boa execução de quaisquer tarefas compartilhadas.

Uma comunicação efetiva pressupõe interações adequadas, o que significa, ainda, disponibilidade para escutar. A propósito, lembre-se de que conversar (*cum* – juntos; *versare* – mudar) etimologicamente quer dizer "mudar juntos", ou seja, uma conversa bem-sucedida é aquela em que ambos os participantes saem dela com alguma mudança em sua maneira de pensar, sentir ou agir. Quando isso não ocorrer, é porque não houve um diálogo, e sim um monólogo a dois.

A METÁFORA DO LIXO PSÍQUICO*

A questão da poluição ambiental pelo acúmulo de lixo de procedência distinta tem se constituído em uma ameaça à vida no planeta e uma preocupação constante, até então inédita para seus habitantes. Até algum tempo atrás, acreditávamos que o lixo sempre seria reabsorvido pela natureza, com maior ou menor rapidez, tanto que não havia maiores cuidados com o destino dele. A natureza era vista como uma supermãe nutridora e higienizante, que providenciava para nós o alimento e, em seguida, reabsorvia as sobras ou as metabolizava para que pudéssemos reaproveitá-las, como acontecia, por exemplo, com o esterco orgânico. Os seres humanos comportavam-se, então, como bebês insaciáveis, que julgam ser o seio que os alimenta inesgotável, e os cuidados maternos, infinitos.

Com o passar do tempo, o aumento da população e a tendência espoliativa e predadora dos seres humanos em relação aos recursos naturais tidos como inesgotáveis, bem como a crescente industrialização, centrada no lucro advindo de seus produtos, sem atentar nos prejuízos que poderiam resultar do destino que seus resíduos tomam, acabaram por "intoxicar" e tornar enferma a natureza, que reagiu com a "febre" do aquecimento global, as "cólicas" das instabilidades climáticas, a "ulceração" da camada de ozônio e a contínua deterioração de seu solo e seus recursos hídricos.

A humanidade tem sido instada a reconsiderar sua relação com o meio ambiente, revisar seus conceitos e se dar conta de que, embora uma parte do lixo que produzimos possa ser metabolizado pela natureza, há cada vez maior acúmulo de resíduos que não são absorvidos e aos quais temos de dar destino ou tratar de reciclá-los, para que a natureza – e nós também – não pereça.

O Homem é um produtor de dejetos; não só os que produz pela ação catabólica de sua oficina biológica, mas também os que se originam nos exageros de sua sanha predatória, na voracidade consumista que o acompanha desde suas origens e, sobretudo, na busca desenfreada de poder e desejo de subjugar as forças da natureza, outros seres vivos e os próprios semelhantes.

Como raiz dessa inclinação escatológica, bem como por uma paradoxal desconsideração pelas gerações descendentes, os seres humanos vêm, ao longo

---

* Este capítulo foi escrito com a colaboração de Maria Elizabeth Pascual do Valle, que conceitua a metáfora do lixo psíquico em VALLE, M.E.P.; OSORIO, L. C. *Alquimia íntima*. Porto Alegre: Literalis, 2001.

dos tempos, acumulando a sua volta subprodutos de sua ação tóxica, comprometendo a fertilidade dos solos, envenenando rios e mares, poluindo a atmosfera, destruindo, enfim, o meio ambiente do qual depende para sua sobrevivência. Tudo isso girando em torno de seu descaso e sua incompetência em lidar com o lixo que se acumula, já muito além da capacidade da natureza de absorvê-lo, como vem fazendo desde tempos imemoriais. E quando, como vem acontecendo nas últimas décadas, esses detritos são constituídos de materiais radioativos que não são reaproveitáveis ou reabsorvíveis pelos processos que a natureza desenvolveu ao longo de sua evolução, a ameaça de um crescente e rapidíssimo aquecimento global, capaz de exterminar a vida na face da Terra no curso de duas ou três gerações, mobiliza a opinião pública, criando o que se convencionou chamar de conscientização ecológica progressiva.

Essa ação autotóxica e autodestrutiva do Homem, que também pode ser creditada a sua ignorância quanto às consequências do manejo inadequado e negligente do lixo, condicionou a necessidade de, a curto prazo, criar soluções para reaproveitar ou reciclar esses detritos. Reciclar passou a ser uma palavra de ordem no esforço coletivo para obviar a ameaça de sermos literalmente consumidos pelo lixo que ajudamos a criar com nossa postura consumista. Há um processo educacional em curso no planeta todo ensinando as pessoas a colocarem o lixo nos recipientes e lugares certos, para que sua porção reciclável possa ser retirada de circulação e ser reaproveitada.

A noção de que é preciso retribuir o que se recebe assinala o advento da maturidade, tanto na relação dos seres humanos entre si quanto com a natureza. Nesse sentido, talvez possamos dizer que apenas agora a Humanidade dá sinais de estar ingressando no estágio evolutivo em que predominam as trocas, abandonando a atitude passivo-receptiva que caracteriza as etapas primitivas do desenvolvimento, quer dos indivíduos, quer das sociedades humanas.

A tomada de consciência a que se chegou quanto ao alcance e às consequências do acúmulo de lixo material para a saúde e a preservação da vida planetária presta-se à elaboração de uma metáfora que nos situa na dimensão crucial do que os seres humanos também fazem em relação ao que, digamos assim, lhes polui a mente. Trata-se da *metáfora do lixo psíquico.*[*]

Que vem a ser o lixo psíquico? Pois seria tudo aquilo que é reprimido, não expresso ou acumulado sob a forma de ressentimentos, angústias e frustrações que irá poluir nossa relação com os outros e intoxicar nossa mente. Aquilo, enfim, que faz com que em nosso cotidiano haja mais sofrimento do que o inevitável, decorrendo, por exemplo, do modo como exacerbamos nossos sentimentos

---

[*] Metáfora criada por Maria Elisabeth Pascual do Valle.

de culpa, superdimensionamos nossos erros, incrementamos a autopiedade, focamos nossa atenção no que nos acontece de negativo ou, ainda, transformamos a admiração em inveja, a competição em rivalidade ou opiniões divergentes em hostilidade.

Seres humanos, como a natureza, têm a possibilidade de absorver e metabolizar certa quantidade do lixo psíquico que acumulamos no desempenho de nossas atividades sociais, tanto no âmbito doméstico como no profissional. Mas há parte desse lixo que se acumula em nossas mentes além do que podemos digerir. E como reciclá-lo? Sobretudo por meio da criação de ambientes continentes, onde nossas angústias possam ser recebidas e metabolizadas, podendo, assim, a energia que é despendida com elas ser reutilizada em nosso proveito e dos que nos cercam.

Isso nos conduz ao conceito de *ambiência*, que corresponde ao espaço físico, estético e psicológico próprio para o exercício das atividades humanas, que abarca ainda o conjunto de condições sociais, culturais e morais que cercam uma pessoa e podem influir nela.

Proporcionar uma boa ambiência para alguém está diretamente relacionado com as *conotações positivas* que essa pessoa possa receber dos demais membros de sua rede social; em contrapartida, uma ambiência é inadequada quando predominam as *conotações negativas*, ou seja, as críticas e desqualificações que o sujeito venha a receber.

Vejamos algumas situações vivenciais em que esses conceitos e ideias possam ficar mais claros.

Aborrecer-se no local de trabalho e descarregar em casa. Não lhes soa familiar? Há quem considere isso inevitável, e até mesmo desejável, pressupondo que essa seja uma forma adequada de dar destino às tensões acumuladas no ambiente de trabalho para que não se reproduzam no dia seguinte. Nada mais equivocado. Utilizando nossa metáfora, poderíamos dizer que é como despejar um caminhão de lixo hospitalar em nosso pomar, contaminando-o e destruindo-o. Um pomar deve ser cuidado, e os frutos que produz, preservados de contaminações, assim como nosso lar. Qualquer lixo psíquico oriundo do exterior não deve sobrecarregar o recipiente doméstico. Este deve ser reservado para o que se produz no seu interior. O lar deve ser lugar de reabastecimento emocional, não de descarga de lixo que não lhe pertence; dele devemos tirar forças para a porfia lá fora, e não enfraquecê-lo com nossos humores afetados ou questões mal-resolvidas em atividades que não lhe sejam pertinentes.

Contudo, no exercício de nossas atividades profissionais, a forma como fomos socializados para encarar primeiro o estudo e depois o trabalho como deveres e, consequentemente, não como prazeres, sem dúvida contribui para que não reciclemos o lixo psíquico, inevitavelmente acumulado em tais atividades. Introduzir o elemento lúdico, ou seja, resgatar o prazer que originalmente está contido na realização de tarefas para as quais fomos atraídos por competências latentes é, sem dúvida, o primeiro elemento reciclador com que contamos para que, no próprio local de trabalho, se instrumente o reaproveitamento de emoções "radioativas", que serão contaminantes da harmonia doméstica, mas que podem gerar energia laborativa no âmbito profissional.

Há alguns procedimentos a serem recomendados na reciclagem do lixo psíquico e, consequentemente, na criação de uma melhor ambiência, ou seja, de um ambiente emocionalmente adequado e que se proponha a ser ecologicamente correto para o desenvolvimento dos potenciais humanos. O primeiro deles é o reconhecimento das circunstâncias que acarretam o acúmulo daquele lixo psíquico que, por não ser absorvido, tende a se expressar por distintas manifestações de ansiedade, sobretudo os denominados sintomas psicossomáticos (dores de cabeça, crises hipertensivas, tonturas, etc.). Entre essas circunstâncias, certamente encontraremos aquelas que dizem respeito às vicissitudes do relacionamento interpessoal, que são exacerbadas por bloqueios na interação e mal-entendidos. A reciclagem desse lixo psíquico de natureza interacional passa obviamente pela abertura dos canais de comunicação obstruídos na rede grupal em que estamos inseridos.

À identificação dessas fontes de sofrimento na interação com os outros, segue-se uma reflexão necessária sobre nossa participação no processo e um entendimento de sua origem, bem como ter tempo para agir, pois, se não o fizermos, corremos o risco de despejar precipitadamente no interlocutor o lixo psíquico que nos intoxica, com o que apenas vamos transferir para outra mente-lixeira os conteúdos, sem que se providencie seu reaproveitamento para corrigir distorções relacionais e permitir a "oxigenação" do clima grupal.

Quando estamos submersos em intensos sentimentos de raiva ou rejeição, estamos impossibilitados de pensar e, consequentemente, de promover as ações necessárias para reciclar nosso lixo psíquico. Nesses momentos, armazená-lo em nossa lixeira mental, aguardando o momento propício para reciclá-lo, é de maior conveniência. Cada um deve proceder conforme seus hábitos e suas inclinações, para se aliviar do incômodo que lhe causa esse lixo, enquanto este não toma o devido destino: caminhar, praticar esportes, ouvir música, assistir a um filme estão entre algumas dessas práticas para protelar o encaminhamento da "reciclagem" até o momento oportuno para efetuá-la. Esse adiamento das providências pode transformar uma situação de risco de ruptura com quem estamos em desacordo em uma insuspeitada oportunidade de reatarmos um vínculo que nos seria grato preservar.

Bem, quando chega o momento de reciclarmos o lixo psíquico acumulado no campo relacional o modo de fazê-lo deve ser pautado pela autenticidade, mas sempre tendo em mente que os conteúdos devem apresentar-se de forma adequada, de modo a não desqualificar ou magoar, desnecessária e antioperativamente, o interlocutor. E então, mais do que nunca, agrega seu valor a sabedoria implícita na etimologia da expressão *"conversar"*; a conversa só ocorre realmente quando "mudamos juntos", ou seja, con+versar implica que ambos saiam da experiência transformados pelo que foi discutido, caso contrário, não ocorreu uma conversa, apenas um monólogo a dois.

Como vemos, a reciclagem do lixo psíquico passa, inevitavelmente, pelo aprimoramento de nossos recursos de comunicação e pela utilização de nossa competência relacional. A noção de que devemos nos capacitar para a reciclagem de nosso lixo psíquico não é uma fórmula a ser aplicada em determinadas circunstâncias, mas algo a ser inserido em nossos projetos de vida, tanto quanto deve ser nosso cuidado com o ambiente que nos cerca se quisermos preservar a existência humana no planeta.

Essa capacitação, para a qual a psicologia grupal nos proporciona elementos, passa pelo prazer da convivência e a prática da solidariedade. Os grupos aos quais pertencemos, desde a família até as equipes de trabalho, são espaços privilegiados para exercitarmos nossas aptidões ao reciclar o lixo psíquico que nos aflige. Só assim estaremos assegurando uma ambiência preservada para seguirmos cultivando nela o espírito gregário que identifica a condição humana.

6
CASAIS E FAMÍLIAS

A FAMÍLIA COMO SISTEMA PRIMORDIAL

Em busca de um conceito operativo

Família não é um conceito unívoco. Pode-se até afirmar, radicalizando, que a família não é uma expressão passível de conceituação, mas somente de descrições, ou seja, é possível descrever as várias estruturas ou modalidades assumidas pela família ao longo dos tempos, mas não defini-la ou encontrar algum elemento comum a todas as formas com que se apresenta esse agrupamento humano.

Mesmo se a considerarmos apenas em um dado momento evolutivo do processo civilizatório, temos dificuldade em integrar o proteimorfismo de suas configurações em uma pauta conceitual. O que terá em comum nos dias atuais, por exemplo, uma família de uma metrópole norte-americana com a de um vilarejo rural da China? Ou a de um *kibutz* israelense com a de um latifundiário australiano? Que semelhanças encontrar entre a família de um sertanejo do nordeste brasileiro e a de um lapão da Escandinávia? Ou a de um porto-riquenho que vive em um gueto nova-iorquino com a de um bem-sucedido empresário suíço? Ou, ainda, como equiparar a família de um católico irlandês com a de um muçulmano do Paquistão? Ou a de um berbere norte-africano com a de um lorde inglês?

São tantas as variáveis ambientais, sociais, econômicas, culturais, políticas ou religiosas que determinam as distintas composições das famílias até hoje, que o simples cogitar abarcá-las em um enunciado integrador já nos paralisa o ânimo e tolhe o propósito. Dizer que a família é a unidade básica da interação social talvez seja a forma mais genérica e sintética de enunciá-la, mas obviamente não basta para situá-la como agrupamento humano no contexto histórico-evolutivo do processo civilizatório. A estrutura familiar varia, portanto, enormemente, conforme a latitude, as distintas épocas históricas e os fatores sociopolíticos, econômicos ou religiosos prevalentes em um dado momento da evolução de determinada cultura.

Segundo Pichon-Rivière (1975), "a *família* proporciona o marco adequado para a definição e a conservação das diferenças humanas, dando forma objetiva aos papéis distintos, mas mutuamente vinculados, do pai, da mãe e dos filhos, que constituem os papéis básicos em todas as culturas". Para Lévi-Strauss (1949), são três os tipos de relações pessoais que configuram a *família*: *aliança* (casal), *filiação* (pais e filhos) e *consanguinidade* (irmãos).

Se podemos afirmar que a finalidade biológica de conservar a espécie está na origem da formação da família, é igualmente pertinente dizer que a família é um grupo especializado na produção de pessoas com vínculos peculiares, que se constitui na célula primordial de toda e qualquer cultura.

Com esses elementos introdutórios, já estamos em condições de formular um conceito operativo, ou seja, para os propósitos deste livro: família é um sistema humano no qual se desenvolvem três tipos de relações pessoais – aliança (casal), filiação (pais/filhos) e consanguinidade (irmãos) – que, a partir dos objetivos genéricos de preservar a espécie, nutrir e proteger a descendência e fornecer-lhe condições para a aquisição de suas identidades pessoais, desenvolveu, ao longo dos tempos, funções diversificadas de transmissão de valores éticos, estéticos, religiosos e culturais.

Consideraremos, ainda, que a família pode se apresentar, *grosso modo*, sob três formatos básicos: a *nuclear* (conjugal), a *extensa* (consanguínea) e a *abrangente*. Por família nuclear, entenda-se aquela constituída pelo tripé pai-mãe-filhos, por família extensa, a que se compõe também por outros membros que tenham quaisquer laços de parentesco, e a abrangente, a que inclua mesmo os não parentes que coabitam.

Convencionaremos, daqui em diante, que sempre que nos referirmos à família, a menos que se particularize a modalidade de agrupamento familiar considerada, teremos em mente seu formato nuclear, prevalente na moderna civilização ocidental, que baliza o cotidiano existencial daqueles a quem se destina este livro.

Papéis familiares

Em um casal sem filhos, os papéis familiares seriam apenas os de marido e mulher. Em se tratando da família nuclear, seriam os de mãe-pai-irmãos e filhos. Já na família extensa, teríamos que incluir o papel dos avós, tios e demais parentes ou pessoas que coabitam a mesma casa.

Os papéis familiares nem sempre correspondem aos indivíduos que convencionalmente designamos como seus depositários. Assim, o papel materno eventualmente poderá ser desempenhado por uma avó ou mesmo pelo pai; o papel fraterno poderá estar acoplado ao papel do avô, que circunstancialmente desempenha funções de confidente ou companheiro de um neto que é filho único; o papel filial poderá estar depositado em um dos cônjuges, cuja maturidade emocional o torne carente da proteção e dos cuidados habitualmente requeridos por uma criança, e assim por diante. Os papéis também são referidos a determinadas pautas culturais: as atribuições do tio materno (papel avuncular), em certas tribos da Polinésia, são similares às do pai na cultura ocidental moderna, em razão da herança cultural do desconhecimento primevo do papel do pai no mecanismo reprodutor.

Em suma, devemos discriminar, por exemplo, a designação "mãe" para identificar a mulher que concebeu e pariu um filho e o papel materno no contexto familiar, que está configurado por uma função continente, protetora e nutridora, nem sempre exercida pela mãe reprodutora. O mesmo sucede com os demais papéis familiares, que, embora identificados por termos sem qualquer ambiguidade semântica, demandam revisão em sua acepção funcional, sobretudo em relação às mutações na disposição dos aludidos papéis na estrutura das famílias de nossos tempos.

A seguir, resenharemos brevemente quais elementos definem os papéis familiares, relembrando que nem sempre haverá correspondência entre o personagem designado e o papel que supostamente lhe cabe na novela familiar.

O papel conjugal

Na família contemporânea, tendo filhos ou não, cada vez mais se confundem os papéis do homem e da mulher na vida conjugal. Atribuir à mulher o papel de cuidar do lar e ao homem o de prover o sustento da família não só é um modelo arcaico, que remonta às origens do processo civilizatório, mas também soa hoje como um estereótipo tangenciando o ridículo. Macho e fêmea da espécie humana ritualizam a vida em comum – faça-se dela um contrato cível, religioso ou um mero acordo entre as partes – em torno de prazeres e obrigações compartilhadas, em que desejos e necessidades, assim como direitos e deveres, já não se vinculam à identidade sexual, e sim à condição humana e suas circunstâncias. Entre tais circunstâncias, devemos mencionar, por exemplo, a revolução de costumes que conduziu à aceitação da união de homossexuais como expressão da vida conjugal. Consequentemente, ser homem ou mulher não define mais, por si só, a condição para o exercício de papéis conjugais.

O papel conjugal pressupõe a interdependência de ambas as partes, e sua essência radica-se no postulado de que a sobrevivência dos indivíduos que o constituem é facilitada pelo compartilhamento de tarefas no mútuo preenchimento dos desejos e das necessidades de cada um. Cooperação, competição, simbiose, complementaridade, reciprocidade são alguns termos que delimitam o papel conjugal. O papel conjugal não abarca, portanto, as atribuições decorrentes da função reprodutora, que pertencem à esfera do papel parental.

Papel parental

O papel parental costuma ser abordado discriminando-se o papel *paterno* do papel *materno*. No entanto, conforme o que observamos ao discutir os papéis conjugais, cada vez mais na contemporaneidade as atribuições de um e outro papel confundem-se na prática.

Em relação à questão reprodutiva, o advento dos bebês de proveta põe em xeque o que parecia uma definitiva e inquestionável lei natural na determinação dos mecanismos de reprodução da espécie. Tudo indica que, em um futuro próximo, o homem e a mulher se limitarão ao fornecimento de seus gametas para a função reprodutiva e, quiçá mais remotamente, nem isso. Pode-se inferir, portanto, que enormes transformações ocorrerão na relação entre os sexos e, sobretudo, no exercício da maternidade e da paternidade. Sem dúvida, algo sem precedentes na história da humanidade que irá além do que nossa vã imaginação pode supor.

Ao *papel materno*, em consonância com a representação simbólica do corpo feminino, caberia, além das tarefas nutridoras, de agasalho e proteção da prole, uma função continente ou de receptáculo das angústias existenciais de quem esteja correspondentemente no papel filial. Em contrapartida, ao *papel paterno*, pelos mesmos condicionantes simbólicos da anatomo-fisiologia sexual, caberia interpor-se entre mãe e filho para facilitar o processo de dessimbiotização e encaminhar a aquisição da identidade deste ao longo de seu desenvolvimento psicológico. O papel do pai – enfatizado na teoria psicanalítica desde Lacan – seria o de introduzir a interdição ou a lei que regulamenta as relações humanas e submete o prazer ao princípio da realidade. Em outras palavras, o pai representa a cunha interposta entre mãe e filho para sinalizar a este a necessidade de renunciar à posse da mãe e dar curso a seu processo de individualização.

Papel filial

O papel filial está centrado na *dependência*, cujas raízes estão na neotenia peculiar à situação do recém-nascido humano, que depende dos cuidados parentais para sobreviver. A situação paradigmática da dependência filial poderá, no entanto, parecer deslocada para outros membros do grupo familiar, que não os filhos propriamente ditos, como decorrência de vicissitudes evolutivas ou em circunstâncias de sobrecarga emocional, tais como as decorrentes de ameaças à integridade física, perdas afetivas, fracassos profissionais, crises econômicas, etc.

Papel fraterno

O papel fraterno oscila entre dois comportamentos antagônicos: a *rivalidade* e a *solidariedade*. Por vezes, este papel está deslocado para a relação entre marido e mulher ou entre filho e um dos progenitores. Ele se reproduz fora do contexto familiar na relação entre sócios, colegas e amigos, assim como os papéis parental e filial terão sua representação social em relações tais como a dos chefes e seus subordinados, professores e alunos, médicos e pacientes, e outras tantas mais.

Gostaríamos de encerrar este tópico ressaltando, para uma melhor compreensão da dinâmica dos papéis no contexto familiar, que um mesmo membro da família pode assumir, simultaneamente ou em tempos alternados, papéis diferentes. Os papéis, portanto, não são de competência exclusiva dos indivíduos a que nominalmente os atribuímos, conforme já salientamos.

Funções da família

Esquematicamente, poderíamos dividir as funções da família em *biológicas*, *psicológicas* e *sociais*; tais funções, no entanto, dificilmente podem ser estudadas separadamente, já que estão intimamente relacionadas e se confundem umas com as outras, tanto nas origens quanto no destino das estruturas familiares ao longo do processo civilizatório. Não obstante, há certas peculiaridades dessas funções que merecem ser destacadas para caracterizar com maior clareza e precisão o lócus da família como matriz responsável pela manutenção da espécie e agente processador das mudanças inerentes à evolução humana, tanto no âmbito individual quanto no coletivo.

Do ponto de vista biológico, não é a função reprodutiva, como a uma primeira e apressada vista poderíamos pensar, mas a tarefa primordial da família. Para gerar um novo ser, basta a relação sexual entre macho e fêmea, o que pode ocorrer – como frequentemente ocorre – fora do contexto familiar. Entretanto, com os recentes progressos tecnológicos na área da reprodução humana, bem como a iminente viabilização da clonagem de seres humanos por meio da engenharia genética, corremos até o risco de tornar ultrapassado qualquer raciocínio alicerçado no pressuposto da relação sexual como condição para a reprodução da espécie. Portanto, não é aí que reside a função biológica da família, mas no assegurar a sobrevivência dos novos seres por meio dos cuidados requeridos pela já assinalada condição neotênica da espécie humana. Talvez em um futuro não muito remoto, até essa situação larvária dos seres humanos nos seus primeiros meses de vida extrauterina possa ser alterada pelos incríveis avanços da ciência, mas, provavelmente, ainda por um considerável período de tempo, assegurar a sobrevivência dos recém-nascidos será uma função biológica insubstituível da família, que aqui estamos considerando no seu *lato sensu*, isto é, no sentido de quem prové nutrição e condições ambientais adequadas aos recém-nascidos, ainda que não sejam os pais biológicos. Em resumo, a função biológica da família não é apenas a de garantir a *reprodução*, mas a *sobrevivência* da espécie por meio dos cuidados ministrados aos recém-nascidos.

E as funções psicossociais, quais seriam?

Sabe-se que o alimento afetivo é tão indispensável para a sobrevivência do ser humano quanto o oxigênio ou a água e os nutrientes orgânicos. Sem o afeto oferecido pelos pais ou seus subrogados, o ser humano não desabrocha, permanece fechado em uma espécie de concha psíquica, caracterizando um estado de enquistamento emocional, denominado *autismo*.

Poderíamos assim dizer que a primeira função psíquica fundamental da família é prover o alimento afetivo indispensável à sobrevivência emocional dos recém-nascidos. Esse alimento, contudo, é igualmente indispensável para a manutenção da homeostasia psíquica dos demais componentes da família, e não apenas dos bebês, razão pela qual seus membros deverão prover-se dele reciprocamente por meio de mecanismos de interação afetiva.

Outra conspícua função psíquica da família é servir de continente para as ansiedades existenciais dos seres humanos durante seu processo evolutivo. A superação das chamadas "crises vitais", ao longo do périplo existencial de cada indivíduo, é indubitavelmente favorecida por um suporte familiar adequado à desestabilização que tais crises acarretam. Promover a transmissão da experiência acumulada pelas vivências individuais e coletivas aos descendentes é tarefa que, sem deixar de ser uma função psicológica, porque transita pelos mecanismos de identificação que configuram a identidade pessoal, se confunde com o âmbito pedagógico e se insere no contexto da socialização e de suas raízes ideológicas.

Também tangenciando a esfera pedagógica está outra das funções psicológicas da família, que é proporcionar o ambiente adequado para a aprendizagem empírica que baliza o processo cognitivo do ser humano, bem como facilitar o intercâmbio de informações com o universo ao redor. Entre as funções sociais da família, por sua relevância ao longo do processo civilizatório, está a transmissão das pautas culturais dos agrupamentos étnicos. Outra das importantes funções sociais da família, delegada pela sociedade, é a preparação para o exercício da cidadania.

Essas considerações sobre as funções da família ainda se situam sob a égide do *enfoque linear*, que por tanto tempo influenciou o pensamento científico e que se vincula à ideia de que determinada *causa* corresponde a certo *efeito*. Assim sendo, as funções da família seriam esboçadas segundo o pressuposto de que certo tipo de evolução do indivíduo depende do ambiente familiar, e aos pais (ou a seus substitutos), cabe preencher os requisitos necessários ao bom desempenho físico e emocional de seus filhos. Segundo essa ótica, a dinâmica familiar repousa em quem exerce os papéis parentais, e que seriam os responsáveis pela formatação biopsicossocial da descendência, de acordo com um modelo que, por sua vez, provém das gerações anteriores e que só seria modificado a partir das alterações introduzidas nele por obra das idiossincrasias dos executores da ação parental.

O *enfoque circular*, matriz do pensamento sistêmico-relacional sob o qual recentemente a ciência passou a considerar os fenômenos tanto da área física quanto da psicossocial, nos aponta para a necessidade de levar em conta o mecanismo de *feedback*, ou realimentação, no qual os efeitos não são mera consequência passiva de supostas causas, mas eles próprios constituem-se em agentes de mudança que alteram o comportamento dos fatores etiológicos que os determinaram. Assim, se os pais influenciam e, em certa medida, determinam o comportamento dos filhos, a conduta destes igualmente modifica e condiciona a atitude dos pais. Dessa maneira, as funções na família não são compartimentos estanques ou de atribuição exclusiva dos papéis familiares aos quais costumamos imputar seu exercício. Há, por exemplo, uma reciprocidade provedora entre pais e filhos, de tal sorte que, aos cuidados ministrados aos filhos em seus primeiros anos de vida, para assegurar-lhes a sobrevivência, correspondem os cuidados ministrados pelos filhos aos pais em sua velhice, para prolongar-lhes a vida, mesmo após terem cumprido as funções reprodutivas e provedoras que lhes couberam na manutenção da espécie.

Há quem possa objetar que esse cuidado dos filhos para com os pais idosos é uma peculiaridade de certos segmentos culturais contemporâneos, já que, em tempos idos, os velhos eram habitualmente entregues a sua própria sorte e, mesmo hoje em dia, em determinados grupos étnicos, os filhos precipitam o término do ciclo vital de seus pais anciãos com a morte induzida. Isso não invalida, contudo, a noção de que os papéis familiares possam ser intercambiáveis; o exercício das funções familiares não é uma via de mão única, mas um constante processo de trocas, mutualidades e interações afetivas. Aliás, é nesse caráter interativo que reside a matriz psicodinâmica que configura a natureza intrínseca da entidade familiar.

Ciclo vital da família

Assim como os indivíduos que a compõem, a família insere-se em um contexto evolutivo e possui o seu ciclo vital. Em outras palavras, a família também nasce, cresce, amadurece, se reproduz em novas famílias, encerrando seu ciclo vital com a morte dos membros que a originaram e a dispersão dos descendentes para constituir novos núcleos familiares. Pode-se, então, dizer que a família é um grupo fadado a se dissolver tão logo cumpra suas funções de promover o desenvolvimento biopsicossocial do indivíduo e a perpetuação da espécie. À família, cabe permitir o crescimento individual e facilitar os processos de individualização e diferenciação em seu seio, ensejando, com isso, a adequação de seus membros às exigências da realidade vivencial e o preenchimento das condições mínimas requeridas para um convívio social satisfatório. Esse seria o objetivo precípuo do núcleo familiar como célula *mater* da sociedade.

O ciclo vital de uma família no seio da qual foram gerados filhos pode ser resumido nos seguintes estágios ou momentos críticos:

1. Formação de um casal para a construção de uma nova família.
2. Nascimento dos filhos.
3. Adolescência dos filhos.
4. Saída dos filhos da casa paterna.
5. Morte dos avós.
6. Envelhecimento, doença e morte dos pais.

Há quem descreva o ciclo vital da família subdividindo-o nas seguintes fases: de expansão (coincide com a formação do casal, geração e criação de filhos), de dispersão ou cisão (com a saída dos filhos de casa) e substituição (pela formação de novos núcleos familiares). O ciclo vital da família é algo dinâmico que não pode estar rigidamente contido em um esquema descritivo como os anteriormente referidos.

Os divórcios – que, longe de serem uma exceção, constituem uma ocorrência frequente hoje –, diante das inúmeras variáveis que introduzem na estrutura familiar, bem como as alterações significativas que promovem no ciclo vital da família, nos obrigam a repensá-la em novos contextos. A mencionada fase de dispersão, na eventualidade de um divórcio, ocorre pela saída de um dos cônjuges de casa, e não dos filhos. Seria ainda pertinente afirmar que, nessas circunstâncias, a família original interrompe seu ciclo vital, e cada um dos cônjuges, sozinho ou em nova relação conjugal, com ou sem filhos em sua companhia, irá constituir novos núcleos familiares.

A noção de que a família possui um ciclo vital serve para ressaltar o caráter processual de suas manifestações, bem como a transitoriedade de suas funções, ainda que sirva igualmente para salientar a perenidade da família, na transmissão de geração para geração, de um padrão matricial de interações sociais, indispensável para a manutenção do processo civilizatório.

CASAIS EM DIFERENTES CONTEXTOS

Neste capítulo, iremos abordar os diferentes contextos ou configurações em que se apresentam os casais contemporâneos que fogem ao padrão da tradicional família nuclear (heterossexuais casados e com filhos biológicos). A importância de considerá-los advém não só de seu crescente número nas estatísticas (em seu conjunto, já ultrapassaram em muito a porcentagem dos casais "tradicionais"), como do significado das mudanças que trouxeram aos costumes e à moralidade dos tempos atuais.

Recasados

Optamos usar essa denominação em lugar de outras, tais como "casais reconstruídos", porque esta expressão remete a algo que supostamente foi "destruído"e está precisando ser reconstruído. Um recasamento pode ser uma nova construção a serviço do processo evolutivo dos indivíduos que o constituem. Um recasamento é um novo casamento que se predispõe a ser diferente dos anteriores que tenham existido na vida de um ou de ambos os cônjuges. Muitos recasamentos fracassam pelos cônjuges colocarem um no outro a responsabilidade de fazer o casamento ser diferente. Alguns recasados tendem a repetir o padrão relacional do casamento anterior e, assim, por mais que "recase", sempre estará repetindo um tipo de comportamento que leva seus casamentos a fracassarem. Recasamentos, no sentido de "constante disponibilidade para revisar e mudar o padrão relacional se este está insatisfatório", devem ocorrer sempre, ainda que com a mesma pessoa.

Mas o que entendemos por casamento hoje? É apenas decidir morar juntos? Ou são duas pessoas com projetos compartilhados e compatíveis, que estabelecem um pacto de cuidados mútuos, uma relação sexual contínua e estável, um compromisso de lealdade um com o outro? Já se foi a época em que considerávamos o casamento um momento formal de contrato cível ou religioso. Hoje, podemos dizer que casamentos ou recasamentos constituem-se em acordos, nem sempre formais, em que entram os elementos mencionados no parágrafo anterior.

Um recasamento é consumado quando o casal se assume como tal diante de pais, filhos de casamento anteriores, parentes ou amigos, o que muitos fazem realizando uma cerimônia ou até mesmo um simples jantar de confraternização com familiares e amigos para chancelar a união. É preciso que se considere dois tipos de recasamentos: o sem filhos e o com filhos de casamentos anteriores. No recasamento sem filhos, com o passar do tempo, geralmente há uma completa desvinculação em relação ao cônjuge anterior; já no recasamento com filhos, deve-se levar em conta certo aprisionamento remanescente por toda a vida, ao cônjuge anterior em função dos filhos em comum. Isso cria uma série de dificuldades a serem negociadas com o novo cônjuge, para que essa situação não interfira demasiadamente na relação do novo casal.

É significativamente diferente, também, a situação de cônjuges que se recasam tendo, de casamentos anteriores, filhos pequenos ou adolescentes. Os adolescentes têm mais dificuldade e resistência para aceitar os recasamentos. Muitas vezes, tentam colocar uma cunha na relação do novo casal e, em outras, manipulam e fazem chantagens emocionais com seus pais biológicos para conseguir certas vantagens. As crianças bem pequenas, ao contrário, adaptam-se à nova situação com maior facilidade do que os adultos supõem. Também devemos incluir aqui as questões de lealdade dos filhos em relação ao pai ou à mãe biológicos e a resistência deles em aceitar a autoridade do novo marido da mãe ou da nova mulher do pai, o que traz à tona a questão da delimitação de fronteiras e definição de funções do novo cônjuge em relação aos filhos que não são seus. Isso é de importância fundamental para assegurar a viabilidade dos recasamentos. A autoridade na casa deve ser exercida pelo novo cônjuge e é bom que ele assuma esse papel com firmeza, mas é claro que há decisões em relação aos filhos que podem ser tomadas pelos pais biológicos. Isso dependerá de quanto o pai ou a mãe biológicos estiverem interessados e comprometidos com o futuro do filho que gerou.

Merece menção o fato de que há direitos assegurados pela lei ao pai biológico, desconsiderando-se muitas vezes os desejos e as necessidades dos próprios filhos, e tampouco levando-se em conta "a paternidade ou maternidade afetiva" assumida pelo novo cônjuge. O estabelecimento da chamada "guarda compartilhada" nada define sobre o papel do novo cônjuge em relação aos filhos não biológicos. Não raramente, pai ou mãe biológicos sentem-se enciumados devido à relação dos filhos com esse "estranho ou estranha no ninho" e passam a exercer uma presença "virtual", interferindo no clima do novo lar onde vivem seus filhos. Na situação de viúvos que se recasam, percebe-se a presença do cônjuge falecido como um "fantasma" que, gradativamente, faz menos "aparições"; mas quando esse pai ou essa mãe biológico não morreu, é como se esse "fantasma" estivesse permanentemente materializado, assombrando a vida do novo casal. Essa situação evidencia o quão importante é a escolha do pai ou da mãe em relação aos filhos, pois essa é uma escolha que não tem volta, é para sempre, e pode comprometer de maneira definitiva os projetos de vida.

Quanto aos filhos de pais separados, há uma ideia indevidamente generalizada de que eles sempre desejam que os pais biológicos permaneçam juntos. Temos observado que muitos filhos, quando se dão conta que os pais vivem melhor separados, não se opõem a sua separação e apoiam seus recasamentos; até se tranquilizam e sentem-se aliviados, à medida que constatam que os pais não permanecem juntos por sua causa, o que os levaria a se julgarem responsáveis pela infelicidade dos pais.

Uma situação que acaba comprometendo seriamente a vida do novo casal é aquela em que os pais ou mães dos filhos de casamentos anteriores veem-se compelidos a funcionar como "algodão entre cristais" na relação entre seus filhos e o novo cônjuge, ou este fica "pisando em ovos" na relação com seus enteados. A propósito, não existe ainda uma denominação adequada para nos referirmos ao grau de parentesco criado entre pais ou mães "substitutos" e seus filhos não biológicos.

Quando ambos os "recasados" tiveram filhos de casamentos anteriores, fica mais fácil lidar com as questões relativas aos filhos de um dos cônjuges que moram na mesma casa. Os "meus" *e* os "teus" é uma situação mais fácil de manejar do que quando só existem os "meus" *ou* os "teus". Se já é difícil a relação de recém-casados, imagine se um deles traz filhos de outra relação. Mesmo porque, muitas vezes, nesses casos, o cônjuge que não tem filhos quer tê-los na nova relação, o que pode não ser o desejo daquele que já os tem. Os meus, os teus... e os nossos! A entrada em cena destes últimos pode desequilibrar a relação de cada cônjuge com os filhos do outro pelas prioridades dadas aos filhos biológicos da nova relação. Como se vê, complexidades são o que não falta à vida dos recasados.

As dificuldades com a entrada em cena dos "nossos" é maior ainda, pois, muitas vezes ocorre o ciúme dos demais em relação aos filhos do casal que têm pai e mãe juntos, embora também possa ocorrer o contrário, já que os filhos anteriores do casal têm duas casas e podem ir para a do outro progenitor sempre que seja necessário ou queiram. Uma atenuante para tais situações é que casais recasados, por terem vivido experiências insatisfatórias em seus casamentos anteriores, tendem a ser mais compreensivos e tolerantes em relação às vicissitudes habituais da vida familiar.

Alternativos

O que entendemos por "casais alternativos"? São todos aqueles casais que se relacionam fugindo até mesmo dos padrões dos novos tempos, ou seja, nem sempre vivem sob o mesmo teto, não estabelecem acordos de cuidados recíprocos, não estão disponíveis para compartilhar projetos de vida a longo prazo e muito menos fazer planos para uma vida em comum. Podem ter ou não "casamentos abertos" quanto ao exercício de sua sexualidade, mas geralmente não possuem compromissos de fidelidade, embora possam mantê-la durante o tempo em que permanecem juntos com seu ou sua parceira.

Podemos considerá-los casais pela estabilidade da relação no contexto por eles escolhido para vivenciarem sua relação. Alguns exemplos: duas pessoas de meia-idade que perderam por morte ou separação seus parceiros, mas que preferem viver sozinhas sem dispensar, contudo, a companhia de alguém para viajar, ir a um restaurante, cinema ou teatro, mantendo ou não relações sexuais ou certa intimidade física; duas pessoas jovens que adoram velejar e se aventurar sem rumo, cuja relação dura o tempo de uma viagem pelos mares, podendo ou não voltarem a se relacionar como casal em outra oportunidade em que seus projetos coincidam; um casal que resolve viver uma experiência comunitária, dividindo teto, trabalho e ganhos com outros casais por um tempo determinado. Esses casais costumam suscitar reações preconceituosas da sociedade, que entende que casamento implica compromisso com alguém para uma vida em comum sob um mesmo teto. Em nosso entender, se há respeito de um pelos desejos e as necessidades do outro, o formato que dão a sua relação e a maneira como buscam ser felizes diz respeito somente a eles e a ninguém mais.

Homossexuais

À medida que se reduz o preconceito da sociedade em relação ao homossexualismo, cresce o número de casais de homossexuais que se assumem como tais. O bem-estar e a qualidade de vida desses casais está na razão direta de como suas famílias de origem e o meio sociocultural a que pertencem lidam com a questão homossexual.

A questão crucial do homossexualismo ainda está ligada ao preconceito. Quando homossexuais conseguem assumir sua condição diante da família e da sociedade, passam a viver melhor, embora continuem sofrendo discriminações e não raramente sejam rotulados como portadores de uma patologia. Entretanto, na família, os pais se perguntam: "onde errei?", como se o homossexualismo fosse decorrência de um erro cometido pelos pais.

Segundo o paradigma sistêmico-relacional, tudo na natureza humana é multideterminado, e o homossexualismo não foge à regra, tendo a ver com fatores genéticos, constitucionais, ambientais, experiências de vida e predisposições que desconhecemos. É um equívoco que mesmo os homossexuais cometem quando se referem à sua condição uma questão de escolha. Cremos, como dizia certo homossexual, que é mais uma questão de destino: não se escolhe ser homossexual, como não se escolhe a aparência física com que se nasce ou os pais que nos geraram.

As mulheres, em geral, parecem lidar melhor com o homossexualismo, tanto feminino quanto masculino, talvez porque também seja mais frequente mulheres se permitirem, ao longo da vida, maior intimidade física com outras mulheres, mesmo sendo heterossexuais, do que os homens entre si.

Uma questão que hoje está em pauta é se casais homossexuais podem adotar filhos. Pensamos que, se há uma relação estável entre eles, com uma organização familiar estruturada e papéis bem discriminados, por que não? Não quer dizer, como se pensa, que filhos de casais homossexuais vão ser também homossexuais, levando em conta apenas o fator identificação com os pais. É óbvio que, como em qualquer caso de adoção, deve-se levar em conta as características pessoais dos candidatos a pais adotivos, mas não pensamos que a homossexualidade destes, por si só, deva ser considerada um fator de contraindicação à adoção.

É preciso lembrar, ainda, que homossexuais nasceram de uma relação entre pais biológicos exercendo sua condição heterossexual no momento da concepção. Portanto, não há qualquer fundamento para a alegação de que crianças adotadas por homossexuais estejam mais sujeitas, por identificação, a serem homossexuais.

Embora reconhecendo que houve muitos progressos, tanto no modo como os pais lidam com a homossexualidade dos filhos quanto na aceitação de sua condição pela sociedade em geral, há muito ainda por se fazer para o reconhecimento dos direitos dos homossexuais – ou "homoafetivos", como alegadamente preferem ser chamados – de viverem como casais. E o caminho passa necessariamente pela possibilidade de legalizarem sua relação, como fazem os heterossexuais, aos quais, neste contexto, deveríamos denominar "heteroafetivos".

Sem filhos

Aqui devemos considerar casais que não têm filhos por opção e aqueles que não os têm por esterilidade de um dos cônjuges. Até a geração atual, parecia "óbvio" que um casal tivesse filhos, se pudesse. Hoje, já se admite, por várias razões, que um casal resolva não ter filhos. Eles devem ter o direito de optar: melhor não tê-los do que se tornarem pais para corresponder às expectativas de suas famílias de origem ou por obrigação social, pois os filhos é que sofrerão as consequências dessa submissão.

Quanto à esterilidade, as opções para superá-la se ampliaram, e poucos deixam de realizar seu sonho de ser pai ou mãe com os recursos atuais proporcionados pelos progressos tecnológicos na medicina. No entanto, também é preciso levar em conta as pressões sociais que levam muitos casais estéreis a se submeterem a técnicas de fertilização, anos a fio, com muito sofrimento. Seria importante aliviar os cônjuges dessa imposição de gerarem filhos para justificarem sua existência como casal. Casais que se aferram a esse propósito de buscar a todo o custo a fertilidade acabam por transformar sua vida em um pesadelo, tendo de marcar hora para terem relações sexuais e percorrer incessantemente consultórios de especialistas, sobrecarregando um relacionamento que poderia ser muito mais satisfatório sem tais comprometimentos.

Com filhos adotivos

Sabemos que muitos casais tidos como estéreis, logo após adotar uma criança, engravidam. Isso estaria sinalizando razões de ordem psicológica para a esterilidade. Há quem diga que muitas vezes a natureza nega a possibilidade de serem férteis a pessoas que não teriam condições de exercer a parentalidade. Mas essa é uma afirmação temerária e que não explica toda a complexa situação dos casais que desejam e não podem ter filhos por multideterminadas razões.

Quando o casal tem seus filhos depois de adotar uma criança, temos duas possibilidades: a de que tenham até melhores condições de lidar com o filho adotado, por se sentirem, agora, realizados como pais biológicos ou, ao contrário, que venham a rechaçar o filho adotado privilegiando o legítimo. Entretanto, pais que tiveram filhos biológicos e, mais tarde, adotaram uma criança têm melhores condições para lidar com ela, pois ela não vem para preencher um vazio, e sim por opção.

Pais adotivos precisam aceitar o direito dos filhos adotivos de conhecer suas origens, além de procurar entender sua imperiosa necessidade de ir em busca dos seus pais biológicos. Muitos casais com filhos adotivos não lidam bem com essa curiosidade – melhor dito, atávico impulso – de saber quem nos gerou, que todos temos. Omitir aos filhos adotados informações sobre sua condição é algo prejudicial tanto para eles quanto para os pais adotivos. O segredo, quando querem mantê-lo a todo custo, é uma sobrecarga pessoal que acaba também afetando a relação do casal.

A adoção requer – e nisso não difere da concepção de um filho biológico – uma decisão consensual do casal e seu preparo para o impacto e as mudanças que inevitavelmente ocorrerão na vida conjugal. Além do que diz respeito ao casal que se dispõe a adotar uma criança, há os obstáculos criados pela lei para lhes permitir realizar seu propósito. Há, em nosso entender, por parte dos poderes constituídos, um desestímulo à adoção, tais são os entraves burocráticos criados. Não se compreende como, tendo tantas crianças em situação de abandono ou miséria, a lei crie um sem-fim de mecanismos limitantes a quem se dispõe a adotar uma criança. Já não bastam as dúvidas do casal quanto a idade, sexo, condições de higidez do bebê e outros tantos problemas que cercam a questão da adoção, e a lei ainda impõe exigências descabidas, levando em conta os aspectos humanitários que permeiam a adoção.

Que trabalham juntos

Desde o ingresso maciço das mulheres no mercado de trabalho, cada vez mais encontramos casais que compartilham não só a vida doméstica, mas a profissional. São situações que trazem o risco de deixar pouco espaço para as individualidades e, com isso, a relação pode se deteriorar. O "nós" fica hipertrofiado, e o "eu-tu", reduzido. É preciso não só estar muito atento a essa manutenção dos espaços individuais, particularmente ameaçados nessas circunstâncias, como também estabelecer limites entre a vida conjugal e a profissional. Há casais empresários que, muitas vezes, deixam que os problemas da empresa monopolizem sua relação e outros que permitem que seus conflitos interpessoais interfiram na gestão da empresa. É preciso muito cuidado, pela tendência a misturarem tudo, e aí ficamos sem conseguir enxergar onde começa o casal-família e o casal-empresa. Mas não é só sendo sócios em uma empresa que cônjuges podem vir a trabalhar juntos. Podemos encontrá-los como empregados de uma mesma firma e com funções distintas e, ainda assim, temos uma sobrecarga do espaço compartilhado em relação ao individual, com inconvenientes similares.

É fundamental que cada casal tenha seus espaços individuais, ou seja, *hobbies*, amizades e interesses que não sejam obrigatoriamente compartilhados, evitando aquela proximidade demasiada que leva a um comprometimento das respectivas identidades pessoais.

Em migração

Quando um casal resolve mudar de cidade, muitas vezes não se dá conta do quanto isso vai interferir na sua vida, principalmente quando tem filhos. Filhos adolescentes habitualmente sofrem mais com essas mudanças, pois são muito apegados a seu grupo de iguais e, além disso, como estão na consolidação de seu processo de identidade, precisam de maior estabilidade ambiental para que este ocorra sem maiores perturbações. O grande problema é a perda da rede social na cidade de origem, que inclui desde a família até colegas, amigos e conhecidos em geral. Até formar essa rede na nova cidade, pela necessidade de se apoiar mutuamente ficam muito próximos um do outro, criando aquelas condições lembradas na metáfora do porco-espinho, em que a proximidade demasiada leva a se espetarem. A satisfação profissional, individual e social é de vital importância para o casal, e isto deve ser buscado o mais rapidamente possível para que se restabeleça o bem-estar do casal.

Estávamos nos referindo àqueles casais que optaram por migrar em definitivo para outra cidade ou, quem sabe, para outro país. Há, no entanto, aquelas migrações temporárias, por circunstâncias tais como bolsas de estudo para aperfeiçoamento profissional, mestrados ou doutorados, e outras situações similares. Nesses casos, que costumam ocorrer com casais jovens ainda sem filhos ou com filhos pequenos, a forçosa separação das famílias de origem facilita a aquisição da identidade do casal. Cria situações de cumplicidade que, se souberem aproveitá-las, serão como alicerces para o futuro de sua relação conjugal.

Como os cônjuges precisam ter o seu espaço individual, além do compartilhado, este fica muito hipertrofiado quando ocorre a migração. O "nós" predomina sobre o "eu", e isso pode ameaçar, e não ajudar, a estabilidade do casal. Mas também a vivência de uma migração provisória é muito rica para um casal, pois novas experiências são sempre enriquecedoras.

Há o risco de os cônjuges ficarem muito interdependentes e até por isso descuidarem ou não aproveitarem a oportunidade de enriquecer sua experiência na construção de uma rede social, ainda que pequena e transitória, no local onde estão; mas há também a chance de testar, longe de suas famílias de origem, sua "compatibilidade" como casal e examinar, sem as interferências de parentes ou amigos, suas afinidades e diferenças. Enfim, é quase como se oportunizassem um laboratório para experimentar sua vida conjugal em condições de não contaminação com o ambiente de origem.

Quanto à questão da importância da rede social, talvez esta seja ainda maior em casais que, por exemplo, em busca de uma melhor qualidade de vida, migram mais tardiamente, pois aí a rede social que estabeleceram em suas cidades de origem é muito significativa e já consolidada, e é muito difícil reproduzi-la na cidade de destino. Ao longo de nossa existência, vamos construindo uma rede de relações de cuja importância não nos damos conta até o momento de migrarmos e nos sentirmos, então, muito sós.

Não podemos deixar de mencionar, também, as situações dolorosas de migração, como aquelas vividas por casais ou famílias que têm de abandonar suas cidades ou países por circunstâncias tais como perseguições políticas ou religiosas, catástrofes ambientais, guerras ou extrema privação quanto a possibilidades de se sustentarem. Essas situações também podem significar para o casal uma oportunidade ímpar de aproximação e reforço de seus laços afetivos, mas o custo, sem dúvida, é maior que o benefício.

Com culturas ou etnias diferentes

Em outro contexto, mas com similaridades com a situação dos casais em migração, estão os casais de culturas ou etnias diferentes; por exemplo, quando alguém do exterior inicia um relacionamento com uma pessoa natural do país que visita ou onde reside temporariamente, e posteriormente decidem viver juntos. O "estrangeiro" se fixa no país onde estava provisoriamente ou o cônjuge terá que migrar para viver no país de origem de seu parceiro. Nesses casos, um dos dois é que tem de migrar, e não o casal, o que acarreta tensões para ambos pela necessidade de conciliarem não só vivências em distintas famílias de origem, mas em diferentes culturas, com idiomas, costumes e tradições diversas. É uma situação particularmente difícil.

Na intimidade do casal, é importante que se conscientizem que não basta não ter preconceitos para que um casamento inter-racial ou entre pessoas de nacionalidades distintas tenha êxito. É preciso que cada um esteja particularmente disponível para aceitar o que é diferente e faça uma espécie de imersão na cultura e nos valores do outro, e que ambos estejam constantemente construindo pontes entres seus mundos de origem tão diferentes. Sobretudo, que evitem tentar "aculturar" o outro, ou seja, tentar induzi-lo a "renunciar" suas vivências passadas com o pretexto de uma melhor adaptação a uma nova realidade compartilhada. Quando dizemos que, para um recasamento dar certo, é preciso que cada um entenda que o parceiro vem com um *kit* completo, que são os filhos de seus casamentos anteriores e suas famílias de origem, imaginem só a complexidade desse *kit* completo no caso dos casais de que estamos falando!

Com acentuada diferença de idade

Esta também é uma situação que suscita preconceitos, principalmente com relação a mulheres que se relacionam com homens mais jovens. Não é apenas a sociedade que os bombardeia com seus preconceitos, mas também os psicanalistas, que veem nessas relações situações edípicas mal-resolvidas e acabam por rotulá-las como desvios da normalidade. A maior dificuldade dessas relações está em fazer projetos de vida compatíveis, porque cônjuges com grande diferença de idade têm expectativas diferentes quanto ao seu futuro. E, aí, entra, muitas vezes, a questão de poder ou querer ter filhos.

Um homem mais velho casado com uma mulher mais jovem que não tem filhos e gostaria de tê-los pode corresponder ao desejo dela de engravidar, mas uma mulher mais velha que casa com um homem mais jovem que deseja ter filhos poderá não lhe satisfazer esse desejo, porque já encerrou seu ciclo fértil. O importante é que essas questões sejam consideradas já no início do relacionamento, para não gerar mal-entendidos e frustrações que, mais tarde, comprometam a viabilidade da vida conjugal por objetivos de vida incompatíveis.

Quem casa com alguém já idoso tem de levar em conta a possibilidade de viver pouco tempo juntos e que acabem prematuramente separados pela morte. "Infinito enquanto dure", já dizia o poeta Vinicius de Moraes, e esta é uma máxima válida para todos os casais, pois, mesmo entre os jovens, há sempre a chance de que a relação amorosa seja interrompida por fatores externos à sua vontade e que ocorra antes que o cônjuge sobrevivente tenha podido se abastecer de vivências que tenham enriquecido sua experiência de vida. Com essas considerações, já estamos entrando naquilo de que trata o tópico seguinte.

Com perdas significativas

Entre as perdas significativas para um casal, estão a morte dos pais, dos filhos, de pessoas muito próximas e queridas para ambos ou para um dos dois. Também há perdas materiais que possam ter abalado a estabilidade e a estrutura de suas vidas, tais como as decorrentes de catástrofes, enchentes, incêndios, terremotos, convulsões sociopolíticas, falências e outras similares que comprometam as fontes de subsistência do casal.

Quando a perda é mais significativa para um dos dois – por exemplo, a perda do emprego –, entra em cena a necessidade de complementaridade do casal. Quando um está fragilizado por situações de doenças, lutos ou desemprego, o acolhimento proporcionado pelo outro, desde que temporário, pode ser importante fator de recuperação do ânimo e motivação. Dizemos "temporário", porque se essa situação se prolongar, pode haver um efeito contrário ao desejado e estimular a dependência exagerada do cônjuge carente de apoio e sua acomodação à situação em que está.

A perda afetiva mais significativa para um casal é, sem dúvida, a de um filho, já que a dos pais é mais aceitável e esperada; ou, dizendo de outra maneira, não contraria o sentido do ciclo vital, em que se espera que os mais velhos morram antes dos mais jovens.

Outra situação difícil é quando ocorrem perdas materiais importantes que afetam ambos, como uma falência. Pessoas amadurecidas podem sair dessa situação fortalecidas como casal e em condições de superar as adversidades por meio do vínculo que possuem, mas é muito comum ocorrerem separações após a perda do *status* provenientes de uma importante perda financeira.

Com doenças incapacitantes

Outra grande perda que o casal pode enfrentar é a da saúde de um dos cônjuges. E, aí, por várias causas e circunstâncias: acidentes, doenças degenerativas, infartos, acidentes vasculares cerebrais (AVCs), problemas decorrentes de atos cirúrgicos, e assim por diante. E as consequências também são as mais diversas possíveis: paralisias, impotência sexual, falta de controle da emissão de fezes e urina, amputação de membros, cegueira, surdez, perda de memória, além de distúrbios do comportamento, como agressividade, depressão ou alienação do meio ambiente, uma vez que todos os projetos se esvaem, e há uma necessidade imprevista de alterarem os rumos que haviam delineado para suas vidas.

Estamos falando de situações extremas, de difícil manejo para o cônjuge não afetado. Claro que qualquer doença perturba a vida conjugal, mas nenhuma como aquelas que chamamos de "incapacitantes". Podemos mencionar mulheres que tiveram que amputar seios por câncer de mama ou homens que ficaram impotentes após a extirpação da próstata por um tumor maligno, mas tais situações, embora penosas e, em alguma medida, comprometendo a vida conjugal, podem ter seu impacto bastante reduzido com os recursos oferecidos pela medicina moderna, tais como correções estéticas por cirurgia plástica ou o uso de medicamentos que viabilizam a ereção masculina. Já, por exemplo, uma pessoa afetada pela paralisia de um lado do corpo ou com amputação de um dos membros trará uma inevitável sobrecarga ao cônjuge sadio, além das consequências psicológicas que tais situações acarretam para o incapacitado, que fatalmente irão repercutir na vida do casal. A morte de um filho é uma perda equivalente para ambos os cônjuges e até pode aproximar o casal por estarem experimentando uma dor psíquica compartilhada, mas a doença incapacitante de um dos cônjuges causa um sofrimento que não é equivalente para ambos e, consequentemente, eles a vivenciam, individualmente, de modo muito diferente, com a emergência de sentimentos de ambivalência, culpa, agressividade, inveja e outros tantos que, a longo prazo, podem deteriorar uma relação até então satisfatória.

Há cônjuges que, nessas situações, liberam o parceiro para viverem suas vidas como solteiros, terem relações sexuais fora do casamento se houver incapacidade definitiva para isso, mas, de qualquer modo, a relação conjugal fica muito comprometida. As soluções encontradas sempre serão paliativas por não haver uma possibilidade de reverter o quadro incapacitante, e o êxito dependerá da flexibilidade de cada um.

Essas relações se mantêm, então, nutridas por sentimentos de culpa ou piedade, que podem até, como a argamassa, prender os tijolos uns aos outros para que a parede de uma construção não venha abaixo, mas nunca flexibilizar a estrutura de um casamento como o caule de uma árvore viva, que se move com o vendaval para tentar impedir que ela venha abaixo. Dizendo de outro modo, culpa ou piedade não são esteios adequados para alicerçar a vida conjugal e, por si só, não mantêm uma relação afetiva saudável.

No entanto, nessas circunstâncias, acontece que alguns, muitas vezes, abandonam um companheiro de toda uma vida (antes tão querido) para egoisticamente seguirem suas trajetórias individuais, com desconsideração pelo sofrimento do outro, ou permanecem a seu lado apenas por interesses financeiros. Nesses momentos, a rede social é fundamental para que possa haver um apoio à pessoa incapacitada, sem que o outro tenha que abrir mão da sua vida. Sem dúvida, são situações que comprometem a relação, pois, ainda que não ocorram separações, o casal passa a viver em um clima pesado, muitas vezes o doente sendo agredido, porque o outro se sente impossibilitado de seguir seus projetos de vida.

Para encerrar este capítulo tão doloroso das relações conjugais com uma nota de otimismo e confiança na afetividade das criaturas humanas, queremos lembrar situações em que ainda encontramos momentos de encantamento e ternura, mesmo entre aqueles cônjuges que tiveram o infortúnio de serem atingidos pela doença incapacitante de um deles.

RELAÇÕES DE CASAL E SUA DINÂMICA ATUAL

Preliminarmente, o que entendemos por relações de casal hoje?

Relações de casal são aquelas que mantêm homens e mulheres, com o outro ou com o mesmo sexo, por terem estabelecido laços de natureza sexual e afetiva, que os levam a desejar uma vida compartilhada, independentemente dos fins de procriação da espécie ou da institucionalização dessa união pelos ritos do casamento civil ou religioso.

Já se pode ver que essa conceituação de relações de casal (que preferimos à denominação relações conjugais, por razões que se examinarão adiante) discrepa do que postulam os padrões convencionais sob os quais eram consideradas até pouco tempo atrás. Nosso intuito aqui é, pois, contemporaneizá-la, reconhecendo, contudo, que o estamos fazendo a partir de um ponto de vista pessoal.

A dinâmica das relações conjugais altera-se em função de fatores culturais e socioeconômicos e do momento do processo civilizatório em que a consideremos. Indubitavelmente, as profundas transformações ocorridas no relacionamento dos casais durante o último século foram em grande parte determinadas pelos avanços científicos e tecnológicos, que mudaram significativamente o perfil das necessidades e dos desejos, bem como o das expectativas de vida dos seres humanos em geral.

O propósito, ao longo deste capítulo, é traçar um esboço das tendências atuais que balizam a dinâmica das relações de casal visualizadas em um prisma evolutivo, ou seja, de algo que se inscreve em um processo de constante aperfeiçoamento das relações humanas, mesmo que muitas vezes nos confunda, nos perturbe ou pareça ameaçar a estabilidade das instituições a que confiamos a manutenção das conquistas éticas na evolução da humanidade.

Para entender esse fluxo evolutivo nas relações de casal, não podemos deixar de lançar um olhar a seu passado, ao modo como se estabeleceram e ao caráter predominante que adquiriram ao longo dos tempos e das civilizações. Talvez nada permita visualizá-las de um modo tão abrangente e sintético como a menção à etimologia do termo que se cunhou para identificá-las: "conjugal" (do lat. *cum*: ideia de união ou companhia + *jugum*: jugo, domínio) significa "o que une pelo jugo", ou seja, diz respeito ao caráter aprisionador que caracterizou ao longo dos tempos a dita relação conjugal. E se alguém objetar que a um "dominador" corresponde um "dominado", lembremos que, em uma visão sistêmica, para que haja um tirano é preciso que exista a vítima e, assim como ocorre na relação entre o torturador e o torturado, ambos estão condenados ao mesmo processo que os mantém unidos. Recordando o que dizia M. Mead:[*] "cada mulher que se libera, libera consigo um homem; quando os homens perceberem isso, tratarão de ser menos algozes de suas companheiras".

Ora, se na composição da palavra "cônjuge", torna-se evidente o caráter de mútuo aprisionamento, torna-se evidente também que a "possessão do outro" foi determinante na origem das relações conjugais. O sentimento de posse ao lado da busca de satisfação sexual, por complementaridade, são elementos definidores das relações de casal como as conhecemos no regaço das gerações que nos precederam. Não há, portanto, como se examinar as transformações significativas por que passam essas relações em nossa época sem considerá-las à luz da questão do poder entre seus parceiros.

A conquista e a manutenção de estados de poder são inerentes à condição humana e matizam todas as suas manifestações. A família monogâmica, prevalente no mundo ocidental ainda hoje, deve suas origens à afirmação do poder masculino para assegurar filhos de paternidade inconteste, garantindo, assim, a continuidade hereditária da propriedade privada e dos bens materiais em geral. Mas a alienação feminina, sob o jugo patriarcal, também se alinha nesse tabuleiro em que se desenrolam os jogos de poder; a esposa abdica do prazer pela posse do companheiro, enquanto a concubina exerce seus direitos sobre a província hedonista da qual se tornou arrendatária.

O movimento de emancipação feminina, apoiado na evidência de que não há razões biológicas nem psicológicas para sustentar a desigualdade social entre homens e mulheres, ainda está longe de se concretizar, segundo a opinião de algumas feministas. Carla Ravaioli (apud Collection Famille 2000, 1971), escrito-

---

[*] Comunicação pessoal.

ra italiana, em seu livro *Le femme contre elle même*, observa: "a mulher permanece hoje, como ontem, metade odalisca, metade sufragista [...] é ela cúmplice da discriminação de que é vítima".

A guerra dos sexos, assim como o conflito de gerações e todos os demais estados de beligerância, é alimentada, em última instância, por uma disputa pelo poder. Sem dúvida, a redução do desejo de posse sobre o outro (a) é *conditio sine qua non* para a obtenção da felicidade na relação de casal nos dias atuais.

Casais hoje

Vejamos, com o auxílio das representações gráficas, os movimentos que assinalam a mutação interativa que se esboça no relacionamento dos casais de hoje.

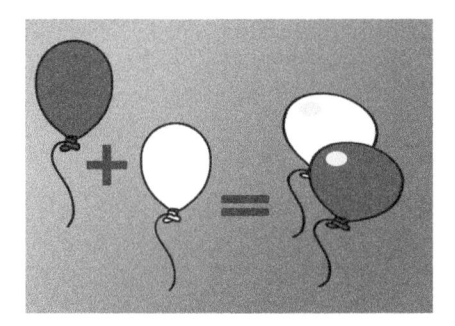

1. Em um conjunto formado por dois balões, cada qual conserva suas propriedades independentemente da presença do outro.

2. Já ao se constituir um casal, os indivíduos que o compõem, ao longo do tempo e da convivência, sofrem modificações em sua estrutura e seu

funcionamento psíquico para se ajustarem às necessidades do sistema conjugal.

3. Tais mudanças adaptativas podem ocorrer de tal forma – e esta era a situação prevalente na maioria dos casais até a era contemporânea – que a mulher se "encolha" em suas potencialidades como ser humano para servir de suporte ao desenvolvimento e à afirmação dos potenciais do homem.

4. Em algumas circunstâncias – e isso é uma ocorrência cada vez mais frequente em nossos dias –, acontece o contrário, isto é, o homem fica à sombra da mulher no contexto das reivindicações femininas por seu espaço na sociedade contemporânea.

5. Muitas vezes, em função da competição e da inveja recíprocas e dos conflitos interpessoais, acontece uma redução das potencialidades de ambos para desenvolverem-se como indivíduos.

6. É, no entanto, cada vez maior o número de casais que apoiam sua relação no respeito e na admiração recíprocas e na tomada de consciência de que, para ambos desenvolverem ao máximo suas potencialidades humanas, devem suplementar-se, isto é, cada qual exercer uma ação catalítica para o pleno desabrochar das qualidades e dos méritos do outro.

7. Para que isso ocorra, é necessário uma perfeita delimitação das fronteiras individuais.

8. Sempre levando-se em conta que, em um casal, devem existir, em condições harmônicas, áreas individuais e compartilhadas para que o sistema seja operativo e funcional.

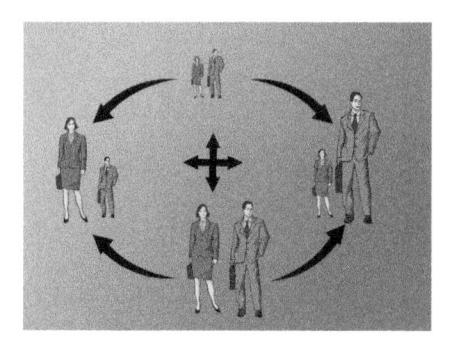

9. Sabendo-se, em contrapartida, que inevitavelmente existirão momentos em que um dos dois ou ambos estarão fragilizados e outros em que ambos estarão na plenitude de suas potencialidades e que, na dinâmica de um sistema vivo e em movimento, como é um casal, nunca teremos condições homeostáticas permanentes.

Casais no futuro: sinejuges e não mais cônjuges

Voltamos ao referencial etimológico para sugerir, por antinomia, o surgimento de um novo paradigma nas relações de casal, pautadas pela mitigação dos senti-

---

* Sobre ilustrações: adaptadas do livro OSORIO, L.C. *Casais e famílias*: uma visão contemporânea. Porto Alegre: Artmed, 2002.

mentos de posse recíprocos e pela ausência de dominação de um pelo outro. Serão os "sinejuges" (*síne* – sem; *jugum* – jugo) do futuro, em que mais do que a "complementaridade", apontada como fulcro da relação de casal ideal, esteja presente a "suplementaridade", ou seja, a possibilidade de que cada um dos partícipes do par agregue valor ao projeto de vida do outro e venha a se constituir em um *plus* a seu desenvolvimento pessoal. Para tanto, é preciso que a interação do casal esteja antes pautada pela cooperação do que pela competição, pelo estímulo, e não pelo cerceamento do desejo de cada um; pela liberação, e não pelo aprisionamento de suas respectivas vontades.

Como ilustração dessa possibilidade evolutiva na relação entre os casais, vamos referir uma situação ocorrida em uma terapia de casais.

Júlio e Ana eram um casal sem filhos e que, ajustados a essa situação, procuravam tirar o máximo proveito e satisfação de sua vida em comum após mais de 15 anos de casados. Sua procura pela terapia foi motivada pelo desejo de resolverem certos incômodos na vida a dois e prepararem o caminho para "um companheirismo ativo e saudável quando a velhice se aproximasse" (segundo suas palavras).

Em um de nossos encontros terapêuticos, Júlio fez menção às discrepâncias em suas preferências cinematográficas, dizendo que, enquanto ele gostava de filmes de ação e detestava os que chamava "água com açúcar", que lhe provocavam sono, Ana apreciava os filmes românticos, que levam às lágrimas, mal suportando as cenas de violência dos filmes que tanto agradavam a ele. – Mas o que fazer, ponderou ele, – se um casal, para estar bem, deve fazer concessões mútuas... o problema é que, mesmo quando assisto a um filme que me atrai, não sinto prazer pensando que ela está ali ao meu lado detestando o que está vendo. Ao que Ana acrescentou que a ela também não gostava de ir ao cinema ver seus filmes preferidos e tê-lo cochilando ou até mesmo roncando a seu lado.

Indaguei-lhes por que não iam cada qual assistir ao filme de sua preferência em cinemas diferentes do mesmo *shopping center* que frequentavam e, depois das respectivas sessões, encontrarem-se para tomar um "chopinho" e lanchar apreciando o vaivém das pessoas, compartilhando um hábito que era igualmente prazeroso para ambos. Com expressão de surpresa, ambos observaram, a uma só voz, que nunca tinham pensado nisso e se dispuseram a experimentar a receita.

No encontro seguinte, trazendo-me o *feedback* da proposta que lhes fizera, ambos comentaram que o resultado fora excelente, embora Júlio confessasse que lhe incomodou "um pouquinho" imaginar que Ana pudesse ser paquerada por um eventual vizinho de poltrona do cinema por estar desacompanhada, sentimento que foi o mote para que, a partir de então, pudéssemos examinar, na sequência de nossos encontros, o sentimento de posse que subjazia a esse incômodo de Júlio, que encontrava ressonância em Ana e que era herança do mito de que casais felizes são aqueles em que os cônjuges estão sempre juntos, compartilham tudo e se protegem de terceiros sedutores pelo exercício da posse recíproca.

O episódio relatado nos convida a encerrar o tópico com alguns breves comentários sobre a "fidelidade", ou as fronteiras entre o amor e o sentimento de posse.

Há todo um discurso moral relacionando a felicidade do casal com a fidelidade entre seus membros. Consequentemente, dá-se por estabelecido que o amor pressupõe fidelidade ao objeto amado. E subentende-se que a fidelidade corresponde à interdição de atração física, carícias eróticas ou intercurso sexual com alguém além do "cônjuge".

Contrariamente ao que se preconiza na relação entre os membros de um casal, espera-se que os pais não reservem um amor exclusivo a um dos filhos e que possam querer igualmente e com igual intensidade a todos eles.

Sem querer estabelecer comparações não pertinentes entre amor conjugal e paterno ou materno, apenas nos utilizamos da menção a distintas expectativas sobre o comportamento afetivo no sistema familiar, para sublinhar a impossibilidade de regulamentar sentimentos, pois, assim como dificilmente haverá pais que sintam afeição idêntica por diferentes filhos, da mesma forma é improvável que marido e mulher nunca tenham experimentado fantasias ou interações amorosas com alguém fora da relação conjugal, ainda que em uma ou noutra das situações mencionadas isso não seja honestamente admitido.

Portanto, a fidelidade, conquanto preconizada ou esperada, é a exceção e não a regra e há quem, não sem certa dose de cinismo, afirme que nada como um "caso" extraconjugal para consolidar um casamento. A expectativa de cada cônjuge com relação à fidelidade do outro está intimamente relacionada com a questão do narcisismo, pois se apoia na convicção de que só esse alguém poderá preencher completa e perfeitamente as necessidades afetivas e sexuais de seu (ou sua) parceiro(a).

"Fidelidade não se cobra, conquista-se", dizia certo amante. Pois, mesmo nessa afirmação, encontramos a negação narcísica da evidência de que entre tantas outras criaturas humanas sempre deverá existir alguém com melhores condições para encantar o objeto de nossa afeição ou atração.

Se uma infidelidade ameaça ou, ao contrário, é o elemento capaz de testar e reafirmar um vínculo conjugal, só a realidade de cada casal em suas circunstâncias pode responder; o que nos parece inegável é que querer alicerçar uma relação de casal em uma expectativa ou exigência mútua de fidelidade é como erguer um prédio em terreno movediço. Há muito mais a sustentar um vínculo amoroso do que a exclusividade entre os parceiros.

A experiência no acompanhamento de inúmeros casais contemporâneos, seja como psicoterapeutas, seja como estudiosos e observadores atentos do comportamento humano, tem evidenciado que só os laços do bem-querer aproximam os membros de um casal; tudo mais que se pretenda instituir para uni-los, tais como o contrato matrimonial, as obrigações com a manutenção do lar e a educação dos filhos, as aquisições patrimoniais em comum e as imposições da moral e dos costumes sociais, acaba geralmente por separá-los. E, sem dúvida, a essa lista do que é instituído pela cultura vigente há que se acrescentar, como elementos que, na verdade, promovem a desunião do que a união entre os membros mais de um casal: o impulso de controlar a individualidade do outro e as imposições recíprocas que se estabelecem na convivência entre eles.

Sexualidade: emergência de um novo paradigma

As metamorfoses do relacionamento de casal nos tempos atuais, indubitavelmente, só poderão ser compreendidas à luz das profundas modificações no comportamento sexual da sociedade hodierna.

A sexualidade humana, para que se a aborde sob um prisma integrador, não pode ser dissociada – como de hábito o é – em uma sexualidade feminina e outra masculina. Essa contraposição, desloca o exame da questão sexual para a estéril discussão sobre a primazia de um sexo sobre outro ou sobre as vantagens e desvantagens de cada qual. Contudo, a crescente pressão dos homossexuais para o reconhecimento de seu comportamento como uma opção sexual equiparável socioculturalmente à conduta heterossexual já não mais permite que se discuta, hoje, a sexualidade humana tendo como parâmetro único a dicotomia entre os sexos.

Está claro que não estamos ingenuamente negando que, assim como há diferenças anatomofisiológicas entre os sexos, também existam diferenças no modo de perceber, sentir e compreender o que se passa no universo das relações humanas. O que estamos aqui querendo sublinhar é que tais enfoques não são sempre e nem mesmo predominantemente antagônicos. Talvez haja, atualmente, mais diferenças no modo como duas gerações sucessivas visualizam as relações de casal do que na maneira como homens e mulheres de uma mesma geração as situam.

A crescente segurança dos métodos anticoncepcionais e o aperfeiçoamento de fecundação *in vitro*, praticamente dissociando o coito da função reprodutora; os progressos da cirurgia reconstrutiva, permitindo a consumação do transexualismo; a superação de tabus e preconceitos pelo maior conhecimento da fisiologia sexual e dos psicodinamismos da sexualidade humana; o aumento da promiscuidade sexual, com o consequente recrudescimento das doenças venéreas e o surgimento da Aids – eis algumas das novas circunstâncias que vêm balizando a discussão sobre a chamada "revolução sexual" no limiar do terceiro milênio e dando lugar a uma bateria de questionamentos sobre o lócus da sexualidade no contexto existencial dos seres humanos.

O exercício da sexualidade nem sempre esteve atrelado às questões morais, como ocorre na civilização ocidental a partir da tradição judaico-cristã. Em muitos povos da antiguidade, como também entre os aborígenes da Oceania e da América, isso não aconteceu. Na Melanésia, por exemplo, a única interdição respeitada é a do tabu do incesto; no restante, a conduta em relação ao sexo é bastante livre de restrições, sendo a nudez consentida, não se impedindo as crianças de presenciarem a conjunção carnal dos adultos, favorecendo os jogos sexuais dos impúberes e até mesmo propiciando aos jovens uma verdadeira aprendizagem sexual sob a supervisão de um experimentado mestre. Fica-nos, então, a indagação do porquê, sobretudo entre os cristãos, o corpo e a sexualidade foram alvos de tanta repressão e repúdio. Uma das explicações aventadas, até certo ponto ingênua, e que, por não poder ser generalizada, não resiste ao mais elementar exame crítico, é a de que o homem civilizado rejeita sua genitalidade por vê-la confundida com as funções excretoras. Parece-nos, contudo, que a justificativa para tal atitude de rechaço à sexualidade reside na não elaboração das fantasias incestuosas por parte dos que a preconizam. O tabu do incesto, esse sim, parece ser universal e serve de matriz para as inibições sexuais em todas as culturas.

A noção de "pecado", vinculada ao desejo e à atividade sexual, permeia toda a história da cristandade, desde o mito de Adão e Eva até o dogma da imaculada concepção de Maria. Na fé católica, a virgindade, a castidade, a renúncia aos prazeres da carne e o celibato são associados à ideia de santidade e de salvação religiosa, sendo a quebra dos preceitos, com relação à interdição do sexo fora das finalidades de procriação da espécie, considerada uma violação dos mandamentos da igreja.

Embora as confissões protestantes sejam mais brandas do que o catolicismo nas questões sexuais, até por admitirem o casamento de seus sacerdotes de uma forma geral, o cristianismo repudia o livre exercício da sexualidade e constituiu-se, até muito recentemente, no maior obstáculo à revisão da questão sexual à luz dos conhecimentos científicos e livres de tabus e preconceitos. Donde se conclui que a religião e a sexualidade sempre se contrapuseram ao longo da história mais recente da humanidade. A assim chamada revolução sexual é, contudo, um processo em marcha e irreversível, malgrado todos os esforços da religião institucionalizada para sufocá-la ou, ao menos, conter seus avanços.

Tudo isso nos conduz à necessidade de um reordenamento dos valores éticos em relação à sexualidade humana, em razão da caducidade da "velha ordem sexual", gerenciada pelo espírito religioso, e da ruptura da sociedade contemporânea com os princípios por ela defendidos.

A nova moral sexual, escoimada dos tabus e preconceitos de ordem religiosa, aponta para a possibilidade de superação dos conflitos que violentam a natureza humana, por desconsiderá-la em sua essência instintiva, e permite que se vislumbre a sexualidade como via satisfatória e criativa para acessar a mais genuína fonte de felicidade que se conhece: a relação amorosa e íntima com outro ser humano. O resgate da vocação da relação sexual para a obtenção do prazer livre de culpas e consequências indesejáveis e para a veiculação dos afetos e o estabelecimento de vínculos amorosos são as tarefas primordiais desse novo paradigma moral, que se esboça na esteira da revolução dos costumes sexuais.

O livre exercício da sexualidade é uma conquista da sociedade contemporânea e, ao contrário do que apregoam muitos moralistas de plantão que vicejam nas sebes da hipocrisia, não será ela a responsável por nenhum apocalíptico desregramento do convívio social, nem ameaçará a sobrevivência da família, que repousa sobre outras primordiais motivações e necessidades humanas.

O argumento derradeiro dos que se opõem a essa salutar renovação do comportamento sexual é o aumento da promiscuidade e dos males dela decorrentes, tais como a maior incidência de doenças venéreas e o espectro da Aids. Ora, isso é como sugerir que renunciemos ao progresso tecnológico pelos males que dele necessariamente advirão, como se ingenuamente ignorássemos que os inconvenientes não são dos avanços da tecnologia, e sim da cupidez humana que os administra. O uso perverso da sexualidade ou o desvio de seus fins precípuos não podem ser argumento para que nos privemos de todo o manancial de prazer e intercâmbio afetivo que ele nos pode proporcionar.

É inegável o valor intrínseco da sexualidade livremente exercida para a obtenção de uma melhor qualidade de vida. O aperfeiçoamento das práticas anticoncepcionais e o gradativo controle das doenças sexualmente transmissíveis tornarão irrevogáveis as conquistas feitas em nossa época, no sentido de garantir aos seres humanos em geral, e aos jovens em particular, o direito à sexualidade plenamente usufruída, condição indispensável para o enriquecimento afetivo da humanidade.

A família, ao mesmo tempo em que regula o exercício da sexualidade humana, determina suas distintas configurações e objetivos. É ela, ainda, o laboratório de experimentação e análise crítica dessa nova moral sexual emergente, como será também a beneficiária imediata de um contexto menos repressor, mais sintônico com as demandas da natureza humana e provedor de um ambiente propício ao reconhecimento e a adequada satisfação das necessidades sexuais de seus membros.

É no seio da família de hoje – e não fora dela, como se poderia pensar – que a revolução dos costumes sexuais está a gestar um novo paradigma moral. Esse processo transita *pari passu* com os movimentos reivindicatórios dos direitos da mulher e dos homossexuais, com o questionamento do autoritarismo em todas as suas formas, com a falência da religião como reguladora do comportamento humano e das ideologias políticas como via de acesso às utopias sociais, com o advento das novas tecnologias, com a transição da onda industrial para a era das telecomunicações e, *last but not least*, com a substituição do poder gerôntico pelo poder jovem.

A nova ordem sexual é a pedra de toque das transformações nas relações conjugais e, ao considerá-la, não podemos deixar de pôr em evidência o que se discute no tópico seguinte.

A questão homossexual

A questão homossexual ainda se debate, neste limiar de um novo século, em um amplo espectro que vai desde a esfera da moral religiosa até o âmbito sociopolítico, passando pelo crivo da ciência.

"O homossexualismo é anormal e antinatural porque contraria as leis da natureza, que determina a reprodução das espécies", alegam alguns empedernidos conservadores; ao que alguns vanguardistas, não menos preconceituosos, contraponteiam: "a sociedade, como a natureza, se autorregula, e o homossexualismo, como as guerras e as hecatombes, visa controlar a superpopulação da espécie".

O homossexualismo ainda é tido por muitos como uma perversão da sexualidade e, consequentemente, como o quer Krafft-Ebing (1886), situa-se no âmbito da psicopatologia, ao que veio opor-se a decisão da Associação Psiquiátrica Americana em 1973 (quase um século após a publicação do célebre tratado de Krafft-Ebing sobre a psicopatologia sexual), deixando de considerar a homossexualidade uma perturbação mental.

Biologicamente, há evidências de variações hormonais no tocante aos níveis de andrógenos e estrógenos, particularmente na vida pré-natal dos homossexuais, supostamente relacionadas com a escolha desse comportamento sexual posteriormente. Estudos genéticos também sugerem uma predisposição genética oculta para o homossexualismo, embora análises cromossômicas tenham sido incapazes de diferenciar homossexuais de heterossexuais.

Freud afirmava que a homossexualidade não pode ser considerada uma doença, mas uma variação das funções sexuais, produzida por certo comprometimento do desenvolvimento sexual. Apesar dessa opinião do criador da psicanálise, a teoria psicanalítica acabou por compartimentalizar a homossexualidade como a nosologia psiquiátrica requeria e, na sua práxis clínica, continuou considerando-a "um desvio da normalidade".

A Igreja Católica, embora condene o homossexualismo e o identifique como pecado, mostra certa ambiguidade ao tratá-lo, desde São Paulo, como gravidade menor do que a fornicação, o adultério e a própria masturbação, o que parece representar uma contrapartida (ou concessão) às rígidas normas quanto ao celibato religioso; já os espiritualistas e reencarnacionistas atribuem o homossexualismo à persistência de características do sexo que o indivíduo apresentava na encarnação anterior, quando aquele for diferente do apresentado na atual.

Costuma-se atribuir à civilização greco-romana uma particular tolerância e até certo incentivo à homossexualidade, tida como uma forma de amor superior e sublimado, o que, no entanto, é uma visão equivocada, pois, na verdade, o que os gregos e os romanos louvavam era a vitória sobre a paixão amorosa, e a relação platônica entre seres do mesmo sexo era vista, então, como virtuosa, mas a submissão na homofilia passiva era relacionada com a servilidade dos escravos e por isso abominada entre os nobres.

Como vemos, muitas e contraditórias têm sido as formas de encarar o homossexualismo bio-psico-sócio-religiosamente. É evidente, contudo, o enfraquecimento da interdição da homossexualidade em nossas sociedades ocidentais contemporâneas.

Talvez o único óbice que reste à conduta homossexual, examinada sob a ótica da contemporaneidade, seja o que reside no estrito campo do determinismo biológico da preservação das espécies; mesmo assim, cremos que por não muito tempo mais, com a iminente possibilidade de reprodução dos seres humanos pelo mecanismo da clonagem. Quando isso ocorrer, malgrado toda a resistência que o moralismo religioso de plantão faça ao progresso científico, já não haverá nem mesmo essa alegação para colocar o homossexualismo em outra rubrica que não a de uma simples opção comportamental como tantas outras na esfera da conduta humana. Ou, se não uma escolha, uma contingência do destino, como argumentam os homossexuais, tão imutável quanto o lugar onde nascemos, os pais que nos geraram ou os genes que possuímos.

Então, paralelamente ao fim da discriminação com os grupos étnicos (à medida que os estudos sobre o genoma da espécie os igualaram), talvez os homossexuais livrem-se para sempre desse ranço preconceituoso que os coloca no limbo da sexualidade humana. E possam ver, enfim, reconhecidas suas escolhas como homoafetivas, já que a homossexualidade é uma contingência de seus destinos.

Concluindo

O novo paradigma da sexualidade humana na contemporaneidade assenta-se na priorização do prazer, e não mais da procriação, na medida em que esta se desvincula do ato sexual.

O modelo emergente nas relações presentes no sistema casal pauta-se pelo respeito às vontades individuais, e não mais pelo exercício do domínio sobre o parceiro.

É sobre a dinâmica das relações conjugais, hetero ou homossexuais, que incidem as mais significativas transformações no comportamento humano nessa virada do milênio. Tais mudanças têm se processado, como sugerimos anteriormente, no seio da família, e não fora dela, como a um olhar menos atento poderíamos supor. É chegado o momento, portanto, de nos determos na análise de alguns elementos que pautam esses novos rumos da família nos dias atuais.

A FAMÍLIA NO MUNDO CONTEMPORÂNEO

A família está em crise?

A expressão *crise* tornou-se lugar comum em nossos dias. Fala-se em crise econômica, crise moral, crise religiosa, crise política, crise do casamento, crise das instituições em geral, de tal forma e com tamanha insistência e reiteração, que o termo já não se reserva mais para assinalar algum momento ou circunstância de exceção, mas é utilizado para sinalizar uma condição permanente ou um estado de insatisfação crônica à espera de certa providência que, ao chegar, reestabelecerá a situação anterior de suposto equilíbrio e bem-estar ou nos remeterá à possibilidade futura de solução definitiva de um mal-estar pessoal ou social que nos aflige.

Assim, nossa vida transcorre na vigência de uma crise insolúvel e perene a rondar todos os setores de nossas circunstâncias. – "É a crise!", exclama-se pelas esquinas, como se esta lacônica interjeição resumisse e abrangesse todas as explicações possíveis para as vicissitudes de nosso cotidiano existencial. Já não é mais o hábito universal referir-se às condições climáticas para introduzir a conversa entre dois vizinhos ou quebrar o silêncio constrangido entre dois estranhos, mas sim alguma referência que se faça à "Crise" (assim, maiusculada e aludida em um sentido abstrato de entidade onipresente, a quem se invoca para explicar todo o inexplicável ou se recorre como última instância para justificar os paradoxos da existência).

Ora, na verdade, *crise*, por suas origens etimológicas, apenas significa decisão, discriminação, juízo (do grego *krisis* derivado de *krino*: eu decido, separo, distingo, julgo), longe do sentido apocalíptico ou de ruptura com que o termo foi se impregnando ao longo dos tempos. As crises são um ponto conjuntural ou de mutação necessário – diríamos até, indispensável – ao desenvolvimento, tanto dos indivíduos como de suas instituições. As crises ensejam o acúmulo de experiências e uma melhor definição de objetivos.

Assim, quando dizemos que a família hoje está em crise, não significa que seu papel no processo civilizatório deva ser questionado, muito menos que ela esteja ameaçada de destruição, como o querem algumas cassandras, que nos últimos tempos andam anunciando sua morte (quando muito estaríamos aludindo a mais uma mutação em seu ciclo evolutivo, algo que quiçá metaforicamente poderíamos comparar a um salto quântico para níveis mais satisfatórios de interação humana). A família está e continuará a par de seu papel na preservação da espécie, um laboratório de relações humanas no qual se testam e aprimoram os modelos de convivência que garantam o melhor aproveitamento dos potenciais humanos para a criação de uma sociedade mais harmônica e promotora de bem-estar coletivo.

A família está em crise, sim, para dar origem a novas formas de configurações familiares, como as que se esboçam neste limiar do século XXI, adequando-se às demandas desse novo giro na espiral ascendente da evolução humana. E, com a tendência à universalização dos hábitos e costumes por meio da miscigenação cultural, propiciada pelo avanço extraordinário dos meios de comunicação, pela vez primeira na história da civilização humana, podemos cogitar da emergência de um mesmo modelo familiar prevalente em todos os recantos da aldeia global, paradigma da sociedade do futuro no planeta que habitamos.

Evidentemente, muito tempo transcorrerá até que possamos nos referir a um modelo familiar universal. No entanto, já é possível visualizá-lo a partir de certos referenciais que pautam as transformações por que passa a família de nossos dias. Ainda que, pela complexidade dos fatores subjacentes a essas transformações, não seja possível considerar isoladamente o papel que cada fator exerce, há certo consenso sobre a influência marcante do progresso das ciências biológicas (e, em decorrência, suas repercussões sobre o mecanismo da reprodução humana) e do advento da psicanálise (por sua elucidação das raízes psicodinâmicas do comportamento sexual humano) nas mudanças das relações entre os sexos e, consequentemente, na composição da família contemporânea.

A ciranda do poder no seio da família

O eixo em torno do qual gravitam as transformações por que passa a família contemporânea, em consonância com o processo evolutivo da sociedade humana, tem como fulcro *as relações de poder* entre seus membros.

Do domínio do homem sobre a mulher, passa-se ao jugo dos pais sobre os filhos, cuja feição contemporânea aparece sob a rubrica de "conflito de gerações". A luta pelo poder entre as gerações, na sociedade competitiva de nossos dias, é polarizada por sentimentos recíprocos de inveja: os pais invejam nos filhos o vigor físico e suas possibilidades de usufruir no futuro as benesses do acelerado progresso tecnológico; os filhos, por sua vez, invejam nos pais o poder econômico que os leva a, por seu intermédio, monitorarem o destino dos filhos. Fala-se agora em uma filiocracia, ou tirania dos filhos, como reação à patercracia de direito e à matercracia de fato na chamada família tradicional, de raízes judaico-cristãs. Como, pois, discutir a instituição familiar sem considerá-la uma instância promotora dos desígnios do Poder?

Parece-nos indiscutível que o "sentimento de posse" envenene as relações humanas e radique-se nos núcleos narcísicos arcaicos da condição humana. O narcisismo humano é o combustível que move homens, mulheres e seus descendentes nesta ciranda em busca do poder, dentro e fora do âmbito familiar.

Em cada relação afetiva, somos levados a reeditar o vínculo possessivo original com a matriz que nos gerou. A fantasia primordial do bebê é a de que a mãe existe em função dele, unicamente para servi-lo e satisfazer suas necessidades. A vida se encarregará de corrigir essa ilusão primária e o fará à custa de maior ou menor grau de sofrimento psíquico por parte do indivíduo, de acordo com sua respectiva maior ou menor capacidade de renúncia à posse exclusiva do objeto amado.

Mas não é só o bebê que deseja tiranizar a mãe com seus impulsos possessivos; esta também pode nutrir, em relação a seu filho, iguais sentimentos de posse e domínio. É, pois, um vínculo que pode assumir características simbióticas, tornando-se mutuamente exclusivo e totalitário. Essa situação prototípica vamos encontrar em todos os relacionamentos humanos, nos quais se reeditam esses jogos de poder que objetivam submeter o outro aos desígnios pessoais de cada um.

Como vimos anteriormente, todo o agrupamento humano serve aos propósitos de instrumentalizar a busca de alguma forma de poder para (ou entre) seus membros. A família não foge a essa regra. Como as demais instituições humanas, ela se desvia de seus objetivos originais para servir à busca pelo poder, de modo que favoreça um ou outro de seus componentes. Se originariamente a família visava à assegurar a sobrevivência dos descendentes e servir de continente para as necessidades físicas e emocionais de seus elementos constituintes, ela foi paulatinamente adquirindo a feição de uma agência modeladora de desejos, pensamentos e ações de seus membros, a serviço de intenções hegemônicas dos que detinham o poder no seio da família.

Mas – indagarão alguns – a luta pelo poder no seio da família não existiu sempre? Filicídios e parricídios, ao longo da história, não são testemunho eloquente disso? Sim, indubitavelmente. No entanto, o próprio processo em curso de "democratização" da família, com o reconhecimento do direito dos filhos de moldarem seus próprios destinos e a equiparação social dos cônjuges, trouxe a necessidade de encontrar outros pontos de equilíbrio na distribuição do poder e, com isso, quiçá intensificar as reivindicações de parte a parte, no afã de cada um, de assegurar uma "fatia maior do bolo", para usar uma expressão derivada de nosso cotidiano consumista.

Curiosamente, a origem etimológica da palavra *família* nos remete ao vocábulo latino *famulus*, que significa servo ou escravo, sugerindo que primitivamente considerava-se a família como o conjunto de escravos ou criados de uma mesma pessoa. Parece-nos, no entanto, que essa raiz etimológica alude à natureza possessiva das relações familiares entre os povos primitivos, na qual a mulher devia obedecer a seu marido como seu amo e senhor, e os filhos pertencessem a seus pais, a quem deviam suas vidas, e consequentemente estes se julgavam com direito absoluto sobre elas. A noção de posse e a questão do poder estão, portanto, intrinsecamente vinculadas à origem e à evolução do grupo familiar.

A família é, pois, uma instância promotora dos desígnios do Poder. Não se pode, portanto, entender a família de hoje sem analisá-la à luz dessa busca de um novo equilíbrio no jogo de poder entre seus membros; entre marido e mulher, em função da nova ordem sexual e da redistribuição de seus papéis tanto no contexto familiar como no mercado de trabalho; entre pais e filhos, pela ascensão do poder jovem e a consequente revisão da autoridade parental; e entre irmãos, pela necessidade de substituir posturas de rivalidade por um padrão de cumplicidade e solidariedade, para fazer frente ao mundo competitivo de nossos dias.

A família da aldeia global

Dizíamos anteriormente que, pela primeira vez na história do processo civilizatório, estamos a ponto de presenciar a emergência de um modelo paradigmático da estrutura familiar que seja de caráter universal, isto é, comum a todos os povos e prevalente em todas as latitudes. Isso ainda não ocorreu, mas a globalização dos hábitos e costumes humanos, pela expansão dos meios de comunicação, e o encurtamento das distâncias tanto físicas quanto culturais nos faz supor que, muito em breve, esta será uma realidade configurada.

Falar, então, em uma família da "aldeia global" em que nos coube viver, segundo a expressão de McLuhan – alusiva a esta uniformização sociocultural para a qual o mundo caminha –, já é, de certa forma, pertinente.

Essa família vem, contudo, assumindo, em seu processo gestacional, configurações das mais diversas e polimorfas; proteimorfismo que, de resto, é uma propriedade dos sistemas em transformação.

Por *configurações familiares*, entendemos o modo como se dispõem e se inter-relacionam os elementos de uma mesma família. A configuração familiar mais simples ou elementar é a da família nuclear, constituída por pai-mãe-filho biológico.

Com a introdução de outros elementos na estrutura familiar (tios, filhos de matrimônios anteriores, parentes distantes ou agregados que coabitem), como ocorre na família extensa e na abrangente, podemos configurar famílias de complexidade crescente e variável. Mas é nas famílias reconstituídas a partir de recasamentos que vamos encontrar as configurações familiares peculiares aos tempos atuais.

Famílias reconstituídas

As separações conjugais, cuja incidência maior no mundo ocidental as retira da condição de exceção para colocá-las como ocorrência banal na trajetória dos casamentos contemporâneos, vêm sendo responsáveis pela emergência de uma mutação familiar de importância transcendental neste ocaso do segundo milênio. Referimo-nos ao surgimento das *famílias reconstituídas* a partir de remanescentes de casamentos anteriores. Embora essas situações não sejam inéditas na história da instituição familiar, podemos considerá-las no contexto das peculiaridades dessas novas estruturas familiares da contemporaneidade. Essas famílias reconstituídas trazem uma nova realidade vivencial e o estabelecimento de vínculos que não estão prefigurados na família de corte tradicional, seja ela nuclear, abrangente ou extensa.

As reconstituições familiares acarretam, obviamente, mudanças significativas no campo relacional familiar, provocando a emergência de situações sem precedentes, para as quais não há experiências prévias na evolução da família que possam servir de referência para balizar o processo de assentamento sociocultural dessas novas formas de convívio familiar.

As dificuldades ensejadas pelo ineditismo dessas situações já se anunciam quando precisamos nomear certos papéis familiares emergentes nas reconstituições de famílias e não encontramos forma de designá-los adequadamente com a utilização, por equivalência, de termos já comprometidos para identificar papéis distintos, ainda que similares. Por exemplo, as expressões "padrasto" e "madrasta", até agora empregadas pelos filhos de uma viúva ou viúvo para designar, respectivamente, o novo marido ou a nova mulher, já não preenchem os requisitos para identificar corretamente o(a) novo(a) companheiro(a) do pai ou da mãe que se divorciou ou desfez uma ligação anterior.

Certo adolescente, quando confrontado com a necessidade de nomear o novo companheiro de sua mãe divorciada, referiu-se a ele como "o meu padrinho", aproximando, assim, a situação por ele vivenciada da conotação original do termo escolhido, pois "padrinho" significa aquele a quem se escolhe para ocupar o lugar do pai na eventual falta deste.

Não seria demais lembrar que "padrasto" e "madrasta" são também termos com significados originais pejorativos e, sobretudo pela maneira como têm sido utilizados na literatura infantil, associados a ideias de "crueldade" e "rejeição". A resistência por parte dos filhos de pais divorciados a empregarem tais termos para nomear os novos companheiros de seus pais talvez apenas esteja sinalizando a aspiração de com eles manterem uma boa relação.

As reestruturações familiares, no entanto, suscitam a necessidade de se considerar não só as disposições formais dessas novas configurações familiares, mas, sobretudo, seus psicodinamismos e as vicissitudes decorrentes da convivência entre membros de famílias de origem distinta. A própria expressão "famílias de origem", anteriormente reservada às famílias das quais vieram os cônjuges, atualmente possui um sentido ambíguo, pois também é usada para identificar as famílias em que nasceram os filhos de pais separados.

Os conflitos de lealdade que surgem entre os filhos de pais separados, a questão do exercício da autoridade sobre os filhos próprios e aqueles que provêm de casamentos anteriores do outro cônjuge (outra vez, a falta de termos apropriados para designá-los!), a convivência entre irmãos e (como chamá-los?) irmãos "circunstanciais", a duplicidade de lares, os pais de fim de semana, os avós "postiços" e a presença fantasmagórica (quando não acintosamente manifesta) dos "ex-cônjuges" no dia a dia das novas famílias – eis aí alguns elementos a apontar a complexidade e dramaticidade que permeia o contexto das famílias reconstituídas.

A transcendência sociocultural desse fenômeno contemporâneo das famílias reconstituídas pode ser aquilatada quando pensamos que até o tabu do incesto terá de ser recontextualizado à luz de certas situações nelas encontradas: será incestuosa a relação entre o que chamamos anteriormente irmãos "circunstanciais", ou seja, entre, por exemplo, o filho do primeiro casamento de sua mãe com a filha do casamento anterior do atual companheiro de sua mãe?

Como vemos, as reconstituições familiares compõem, não só para os que são parte delas, mas também para os que as estudam e tentam compreendê-las, um território prenhe de desafios e perplexidades.

E a família do futuro?

Toffler (1983), renomado futurologista e estudioso do que chama "ondas civilizatórias", assim resume sua ideia da família do futuro:

> vejo a sociedade evoluindo para um período em que brotam, florescem e são aceitas muitas diferentes estruturas de família. Seja a cabana eletrônica, com papai, mamãe e o filho trabalhando juntos ou um lar de um casal, cada qual com sua carreira ou único progenitor ou uma dupla de lésbicas criando uma criança ou uma comuna ou qualquer número de outras formas, haverá pessoas vivendo nelas, o que sugere uma variedade muito mais ampla de relacionamento homem-mulher do que existe hoje.

Gostaríamos de iniciar o exercício prospectivo sobre a família de que trata este tópico justamente pela questão colocada por Toffler no parágrafo anterior: o relacionamento homem-mulher. O próprio Toffler (1983) observa que, "ao deixarmos, de uma vez por todas, uma economia baseada no poder do músculo e passarmos para outra que se radica no poder da mente, isso elimina desvantagens fundamentais no caso das mulheres". Efetivamente, a igualdade de direitos, deveres e opções entre os sexos é a pedra de toque das transformações por que passa a família contemporânea e se projeta no futuro sob a forma de um novo padrão relacional entre homem e mulher, no qual a força física deixa de funcionar como fator de desequilíbrio.

Entretanto, se a revolução sexual neste século foi monitorada pela desvinculação entre o prazer sexual e as funções reprodutivas, a do próximo será marcada, ao que tudo indica, será pela separação entre o processo de reprodução e as funções de *parentagem* (neologismo livremente criado a partir do termo em inglês *parenthood*, já que não temos em português expressão que identifique os cuidados ministrados por pai e mãe aos filhos).

A reprodução *in vitro*, as "barrigas de aluguel", as denominadas "produções independentes" das mães solteiras, a possibilidade de o homem gerar um filho em seu ventre (ainda no terreno das especulações, mas não mais uma impossibilidade neste "admirável mundo novo" das tecnologias tangenciando milagres de outrora) e, *last but not least*, a hipótese de que os progressos da engenharia genética permitam a clonagem de seres humanos com a reprodução destes totalmente desvinculada dos processos naturais de fecundação e gestação, reservando definitivamente o coito à função de proporcionar prazer a seus praticantes – eis alguns elementos de impacto capazes de, por si só, trazer novas e mais profundas alterações na estrutura da chamada família tradicional. Para tornarmos mais concreto o significado dessa afirmação, tome-se o inusitado de algumas situações decorrentes de certas conquistas da medicina no setor reprodutivo, como a condição da mãe que "empresta" seu ventre para a filha histerectomizada para que nele seja carregado o produto da união das células reprodutivas dela e de seu genro: ela será, pois, avó de seu filho, que, por sua vez, além de ser filho de sua avó, será irmão de sua mãe e cunhado de seu pai. Incrível, não é mesmo? Já pensaram nos reflexos de tal situação sobre o processo da aquisição da identidade desta criança?

Quando a ficção científica torna-se realidade somos confrontados com a inevitabilidade de uma mudança de paradigma, no caso presente, nas relações familiares.

Não obstante, mesmo quando a geração de um novo ser já não depender do intercurso sexual entre seus pais e quando sua gestação já não necessitar do útero materno para nele se processar, ele necessitará ainda do equivalente às funções de parentagem para sobreviver e se desenvolver.

A condição neotênica do ser humano, ou seja, seu despreparo para sobreviver pela precariedade de seu equipamento sensório-motor por ocasião do nascimento, talvez venha, num futuro mais remoto, a ser superada pelo progresso tecnológico, mas este não aposentará a necessidade de contato e convívio com outros seres da espécie para o desenvolvimento físico e emocional dos bebês humanos.

Como será, então, a família de amanhã? Um microcosmo onde se experienciarão novas modalidades de relacionamento humano? Uma espécie de laboratório onde o respeito à privacidade e o monitoramento das tendências gregárias do ser humano os manterão protegidos da massificação das megalópoles em formação?

E os lares, para que servirão? Serão eles instituições voltadas para fins públicos como foram na antiguidade greco-romana? Ou microcentros de convívio e lazer? Ou ainda substitutos do escritório ou oficina de trabalho, algo como a "cabana eletrônica" de Toffler, cujos *inputs* e *outputs* permitirão o contato e extensão em profundidade com o mundo exterior sem ter de sair de casa, onde a atividade laborativa poderá voltar a ser compartilhada por todos os membros da família como o foram no passado nas populações rurais?

Estas são indagações que nos são suscitadas pelos rumos que tomam as mudanças na estrutura familiar acarretadas pelo impacto dos avanços tecnológicos na sociedade contemporânea. Mas, a par dessas transformações que se radicam nas consequências do progresso do conhecimento humano no controle das condições físico-ambientais, há outro nível transformativo que se processa no âmago da natureza humana e que, a nosso ver, articula-se com a mitigação dos impulsos narcísicos do homem e o consequente abrandamento de sua inclinação para o exercício do poder sobre seus semelhantes.

Tanto a maturidade dos indivíduos considerada isoladamente, como a dos grupos e instituições que formam, repousa sobre a renúncia à condição onipotente original, que é a do bebê que vem ao mundo com a ilusão de que este e os que o habitam estão aí para servi-lo.

A trajetória em direção ao amadurecimento emocional pressupõe a paulatina aceitação das limitações humanas e a renúncia à fantasia de que somos o centro do universo. Pensamos que a maturidade da família e sua evolução alicerçam-se em postulados similares, ou seja, a instituição familiar tende a evoluir para níveis mais satisfatórios de interação entre seus membros e uma maior aproximação ao seu destino histórico à medida que gradativamente possamos abrir mão do primado da posse e domínio de uns sobre os outros no contexto familiar, ou seja, na medida em que aceitarmos que o universo familiar é uma realidade vivencial compartilhada por todos em relações de reciprocidade e mutualidade. Para usufruí-lo em toda a sua plenitude é preciso renunciar à fantasia de que ele, o universo familiar, nos pertence ou só existe para atender nossas necessidades e desejos.

Contudo, assim como o bem-estar psicossocial do indivíduo está intrinsecamente vinculado à aceitação de seu fim, o bem-estar familiar é indissociável da aceitação de que a família é um grupo fadado a se dissolver tão logo cumpra suas funções de ensejar a constituição de novas famílias, estabelecendo um *continuum* de unidades sociais que permitam a perpetuação da sociedade por meio de suas células-mater. A família que aceita sua finitude permite, *ipso facto*, o crescimento individual, a autonomia e a diferenciação de seus membros e torna-se mais apta a se desenvolver satisfatoriamente dentro dos limites previsíveis de sua ação e existência, ao passo que a família que nega sua transitoriedade e mantém seus membros aglutinados numa perene disposição à possessividade uns dos outros deixa de funcionar como um continente adequado para a definição e a manutenção das diferenças humanas e com isso estiola seu papel cultural e adoece como organismo social.

A aceitação dos pais de que não são donos do destino dos filhos e que é inevitável sua perda pelo crescimento e disposição a formar novos e distintos núcleos familiares e a correspondente aceitação, por parte dos filhos, de que não podem deter o envelhecimento dos pais nem assegurar sua onipresença protetora são condições básicas para balizar a maturidade de um grupo familiar.

Na obtenção dessas condições reside não só o maior desafio à família do futuro como também a promessa de sua maior conquista em seu périplo evolutivo ao longo dos tempos.

7
EMPRESAS

CARACTERIZANDO EMPRESAS NO MUNDO ATUAL

O termo "empresa" surgiu para identificar instituições destinadas a organizar o trabalho para a produção de bens ou serviços. Ao longo do tempo, foram se criando especificidades que categorizaram as empresas conforme seu destino e perfil no macrossistema social onde se inseriam. As empresas foram então classificadas em públicas ou privadas, com ou sem fins lucrativos, macro ou microempresas, etc.

Em um momento inicial de sua evolução, o chamado período artesanal, as empresas se constituíram a partir dos núcleos familiares como unidades grupais de organização do trabalho, dando origem às chamadas empresas familiares, que hoje ainda se constituem na imensa maioria das empresas no mundo todo.

Com o processo de globalização, entraram em cena as empresas multinacionais, cujo modelo gerencial ainda obedece ao padrão vertical do paradigma linear, em que o comando é exercido pela empresa do país onde se originou. Aos poucos, sob a égide do pensamento sistêmico, que privilegia as influências recíprocas, vão tais empresas se organizando em configurações descentralizadas e de cogestão internacionais.

O atual estágio evolutivo do mundo empresarial e a complexidade das relações institucionais no mundo contemporâneo aponta para o advento de redes empresariais, ou "interpresas", corolário do paradigma sistêmico relacional no âmbito das organizações.

Hoje se confundem as expressões *empresa*, *instituição* e *organização*, de tal sorte que as usaremos indistintamente no texto a seguir.

Por seu significado estatístico e suas peculiaridades pelas interfaces com o outro sistema humano estudado nesta obra, a família, vamos considerar as empresas familiares em capítulo à parte.

O fator econômico na existência das empresas

Para sobreviver, toda a empresa necessita de sustentação econômica. Mesmo as chamadas empresas sem fins lucrativos não sobrevivem sem aporte de capital.

O lucro está para as empresas em geral como o oxigênio está para o indivíduo: ambos são indispensáveis para assegurar a vida, mas não bastam para dar um sentido ou finalidade a ela.

Respiramos instintivamente e sem tomar consciência do ato de respirar a não ser quando o ar nos falta, assim como uma empresa busca o lucro automaticamente sem que se perceba, a não ser quando suas contas "entram no vermelho", ou seja, quando falta o ar indispensável à vida da empresa.

O objetivo precípuo de uma empresa, contudo, não é simplesmente lucrar ou oxigenar seus pulmões adequadamente: ela adquire sentido, tem uma identidade ou é reconhecida pelo que produz, pelo serviço que presta, pelo que realiza. No entanto, muitas vezes apenas a identificamos pelo lucro que gera, o que é uma distorção de seu significado institucional. Um bom atleta não é identificado por sua capacidade pulmonar, ainda que esta seja condição indispensável para seu desempenho; o que o distingue é sua competência específica na modalidade esportiva que escolheu. E um bom técnico é o que o auxilia a desenvolver suas habilidades e não apenas aumentar suas reservas respiratórias.

Medir a eficiência de uma empresa por sua capacidade de gerar lucro é como avaliar o atleta apenas por seu condicionamento físico; aprimorar sua forma, por si só, não lhe dá condições de sucesso, assim como uma consultoria centrada no propósito de auxiliar a empresa a aumentar seus ganhos nunca fará ela chegar ao pódio.

Dissemos anteriormente que uma empresa torna-se reconhecida por seus clientes pelo que faz. Cada dia mais tal reconhecimento origina-se não só no que faz, mas no *como* faz. E este *como*, que a distingue tanto entre os clientes externos como internos, é função não do modo como os negócios são geridos, mas da maneira como se processam as interações humanas dentro da empresa, de como seus dirigentes lidam com os conflitos inerentes ao convívio humano, da competência no exercer a autoridade e liderança e saber como motivar sua equipe.

Fala-se cada vez mais em inteligência emocional, privilegia-se a satisfação do cliente e a qualidade de vida dos funcionários, mas não basta a empresa enviar seus executivos para laboratórios de fins de semana onde recebem uma *overdose* de atividades que visam aliviá-los do estresse de suas funções profissionais, a par de palestras motivacionais ou exercícios de dinâmica grupal, se não houver uma continuidade deste espírito renovador e de valorização do indivíduo no dia a dia de sua rotina dentro da empresa. É preciso instrumentar as empresas, seus dirigentes e funcionários com as ferramentas que possam dar continuidade a esforços bem intencionados, geralmente dispendiosos, mas de efeitos pouco duradouros, que muitos empresários estão fazendo em nome da crescente demanda por humanização de suas equipes de trabalho.

Viver em grupo, trabalhar em equipe, resgatar o prazer da convivência, implementar a qualidade de vida no ambiente profissional – palavras de ordem no perfil da empresa do milênio que se inaugurou. Mas como habilitá-las a cumprir com os novos desígnios, considerados cada vez mais indissociáveis do sucesso de empresas que já não se comprazem em apenas cumprir a fisiológica tarefa de buscar o lucro?

Voltaremos a tais questões mais adiante, ao abordarmos nossa práxis com empresas.

Diferenciando empreendedor de empresário

É preciso que se diferencie "empreendedor" de "empresário". Nem todo empresário age como empreendedor. Apesar da confusão que se costuma fazer entre os dois termos, cada um deles tem um significado específico.

Empreendedor é o termo empregado para identificar o profissional inovador que altera, com sua maneira de agir, qualquer área da atividade humana. Normalmente é utilizado para designar o fundador de uma empresa, que constrói por sua iniciativa uma instituição com características que a diferencia das demais de sua área.

Empresário é um dono de empresa. Empresários podem ou não ser empreendedores, conforme seu perfil de personalidade. Muitos empresários apenas procuram manter sua empresa operativa, gerando lucro, mas sem transformá-la em um empreendimento propriamente dito.

Necessariamente um empreendedor não é um empresário: pode ser um profissional liberal, um empregado ou mesmo um estudante que, por sua capacidade inventiva criou algo inédito, a ser oferecido como bem de consumo ou serviço por uma empresa (vide história recente do criador do Facebook).

Donos de negócios que não agem como empreendedores fatalmente enfrentarão problemas. Um mundo em constante transformação como é hoje o dos negócios exige capacidade de iniciativa e adaptabilidade próprias da personalidade empreendedora.

Devemos distinguir a personalidade empreendedora e a conduta empreendedora; essa é passível de desenvolvimento e aprendizado, já aquela é, segundo alguns, uma dotação genética. O indivíduo já nasceria com uma predisposição a agir como empreendedor.

Os empreendedores geralmente não aceitam se subordinar à liderança de alguém nem conviver com as tarefas repetitivas de determinada função dentro da empresa e, por isso, se são inicialmente empregados optam por sair da empresa e criar seu negócio próprio para dispor de autonomia.

Os empreendedores muitas vezes experimentam ciclos de sucessos e fracassos em sua vida profissional em razão de uma tendência autodestrutiva presente em seu perfil psicológico. Arrogância, frieza afetiva e desconsideração pelas limitações que a realidade impõe a todos nós são alguns dos traços de caráter que levam muitos empreendedores ao comprometimento de sua vida de relação, com repercussões inevitáveis no êxito de seus empreendimentos.

Psicodinâmica dos empreendedores

Talvez a expressão que melhor defina a personalidade dos empreendedores seja "carisma". Os empreendedores são geralmente pessoas carismáticas e seu poder de sedução é por vezes o combustível que move sua caminhada rumo ao sucesso.

Entre os estudos sobre a personalidade dos empreendedores e os elementos decisivos em sua trajetória de vida para sua inclinação para a atividade empreendedora destacam-se os de Manfred de Vries, renomado psicanalista e consultor de empresas holandês. Filho e irmão de empreendedores, todos em diferentes empresas, de Vries (2010) comenta no prefácio de um de seus livros que isso indubitavelmente o influenciou. Conta ele: "nunca senti atração por essa área, e isso, em grande parte, porque, por razões misteriosas, meu pai pensou que eu não era apto para o mundo empresarial, o que, é claro, se transformou em uma profecia que se autorrealizou".

Pesquisas sobre a infância e a família de origem de empreendedores chegaram a interessantes constatações.

Infâncias com instabilidade emocional em lares desestruturados ou pobres são comuns entre os empreendedores. Pais ausentes ou rejeitadores e mães fortes e decididas estão entre as ocorrências mais frequentes no seu passado. Também é comum a incidência de pais que trabalhavam por conta própria, o que fornece um modelo de aceitação e manejo das instabilidades vinculadas à autonomia profissional.

Esse binômio "pai rejeitador e mãe controladora" pode desencadear sentimentos hostis e desejos de vingança que afetam o desenvolvimento da identidade e a futura vida de relação do empreendedor.

Empreendedores geralmente experimentam uma adolescência marcada por falta de objetivos e constantes enfrentamentos com figuras de autoridade. Segundo de Vries (2010):

> Em função das privações percebidas e frustrações experimentadas nos primeiros estágios da vida, o padrão predominante entre os empreendedores parece ser um senso de impulsividade, um sentimento persistente de insatisfação, rejeição e impotência, forças que contribuem para o prejuízo e depreciação do seu senso de autoestima e do processo cognitivo afetivo. O empreendedor é um homem sob uma grande tensão, que é continuamente atormentado pelo seu passado, um passado que foi experimentado e reexperimentado de fantasias, ilusões e pesadelos. Tais sonhos e fantasias geralmente possuem um conteúdo assustador em razão dos sentimentos de ansiedade e culpa recorrentes que remetem aos desejos hostis contra figuras paternas ou, de modo mais geral, contra todos os indivíduos em posição de autoridade.

Ainda, conforme de Vries (2010), essa situação instala o que chama "paradoxo do sucesso". As conquistas de um empreendedor não são suficientes para extinguir um constante sentimento de ansiedade, rejeição e medo do fracasso. Isso contribui para que ele crie um ambiente de trabalho excessivamente centrado em si próprio, com falta de delegação e de compartilhamento de informações estratégicas. Não estabelece sistemas de controle formalizados e suas decisões são muitas vezes tomadas impulsivamente – sem planejamento formal ou discussões prévias – abarcando um horizonte de tempo curto.

As características mais marcantes no comportamento dos empreendedores são sua busca de autorrealização, a ousadia e a disposição para correr riscos, a capacidade de inovar e aproveitar novas oportunidades no âmbito dos negócios, todas elas estimuladas por sua visão de futuro.

Determinantes socioculturais das empresas

Max Weber (1864-1920), sociólogo alemão, em sua obra mais conhecida *A ética protestante e o espírito do capitalismo* (1967), postulou que a religião era uma das razões pelas quais as culturas do Ocidente e do Oriente se desenvolveram de formas diversas, e salientou a importância de algumas características específicas do protestantismo ascético para o nascimento do capitalismo.

Para Weber, a reforma protestante trouxe subsídios para o estímulo ao espírito empreendedor, o que o levou a estabelecer a relação entre a prática religiosa e o desenvolvimento econômico. Os calvinistas em particular tinham um forte senso de predestinação e vocação para o trabalho. O protestantismo em geral pregava que a salvação não é obtida pelo respeito aos rituais da Igreja ou por atos de desprendimento. Cada um teria um papel mais ativo a desempenhar, um "chamado" a cumprir em nome do bem coletivo. O bom desempenho dos deveres impostos por esse chamado resultaria naturalmente em acúmulo de riquezas. Uma vez que o protestantismo desaconselhava o uso dessa riqueza para desfrutar prazeres, a única alternativa que restava era investir o lucro em novos empreendimentos.

Uma das pregações que chamou a atenção do sociólogo foi a condenação da vida monacal. Os protestantes a consideravam um gesto egoísta. Enclausurar-se em um mosteiro ou num convento e dedicar boa parte da sua existência às orações e rezas, parecia aos reformadores uma grave alienação que "afastava o homem das tarefas deste mundo". Propunham, no lugar disso, que cada um encontrasse uma vocação para o trabalho secular a fim de estabelecer um vínculo firme e permanente com seu próximo, para que os princípios da solidariedade e fraternidade cristã não se reduzissem a conceitos vazios.

Os luteranos difundiram a expressão *Beruf*, entendida como algo bem mais do que seguir uma vocação, mas um plano de uma vida inteira. A alteração proposta por eles de abandonar a vida contemplativa trocando-a para o empenho vocacional teve efeitos duradouros nas estruturas socioeconômicas que se seguiram. Foi ela – esta revolução ética – a principal responsável, segundo Weber, do sucesso material dos países protestantes que, a partir do século XVII, colocaram-se na vanguarda do desenvolvimento ao engajarem toda a população no mundo produtivo e não mais no contemplativo.

Weber observou que o advento do protestantismo na Alemanha, Suíça, Inglaterra e Holanda coincidiu com a difusão dos princípios capitalistas e com o rápido desenvolvimento econômico desses países. Para ele a valorização do lucro como crença contribuía para ampliar as chances de sucesso nos negócios, o que ampliava as possibilidades dos protestantes de gerar lucros e enxergar as oportunidades, enquanto os católicos teriam, por causa da cultura religiosa, visão menos focada nestes itens.

Um dado curioso é que os empreendedores de grande sucesso são frequentemente oriundos de minorias étnicas ou religiosas. Isso pode ser explicado pelo fato de que pessoas que pertencem a grupos minoritários enfrentam um tratamento discriminatório que impõe barreiras para a conquista dos papéis sociais mais elevados. Assim, essas pessoas se sentem impelidas a encontrar outros caminhos para alcançar o mesmo destino. Uma dessas possibilidades é o empreendedorismo.

Outro pesquisador das influências socioculturais na gênese do empreendedorismo, o psicólogo norte-americano David McClelland (1917-1998) defendia a ideia de que o grau de empreendedorismo de um país estava diretamente relacionado à necessidade de realização imposta por aquela cultura. Assim, uma cultura com elevada necessidade de realização possuiria, como consequência natural, um grande número de indivíduos empreendedores.

Estudos liderados pelo psicólogo norte-americano Harold W. Stevenson (1925-2005) na década de 1980 do século passado chegaram à conclusão de que a cultura ocidental aposta mais nas vocações manifestadas pelos jovens, enquanto a oriental prioriza o estudo. A cultura ocidental é, portanto, mais individualista, enquanto a oriental busca em primeiro lugar o bem-estar coletivo.

A equipe de Stevenson avaliou as diferenças de *performance* na escola de 1.440 crianças norte-americanas, japonesas e chinesas. Observando a expectativa das mães em relação aos filhos, percebeu-se que as norte-americanas os veem como vocacionados ou não para o estudo e, de certa forma, se conformam com isso, enquanto as asiáticas consideram que, com o esforço necessário, qualquer criança pode ser bem-sucedida na sala de aula.

As famílias asiáticas participam muito mais das atividades escolares dos filhos e cobram das crianças uma grande dedicação aos estudos e em todas as disciplinas. Já as famílias norte-americanas não participam tão intensamente das tarefas escolares e demonstram maior preocupação em verificar o desenvolvimento de características gerais, como a personalidade e a capacidade de raciocínio. Isso explicaria, para o autor do estudo, a razão para a maior valorização da disciplina e do esforço na cultura oriental – ideia transmitida desde cedo às crianças –, enquanto na cultura ocidental se dá maior ênfase à vocação, à inclinação demonstrada pela criança para determinada área. Os orientais se realizam quando percebem que estão sendo úteis, não necessariamente fazendo o que gostariam, enquanto, entre os ocidentais, a realização depende de fazer o que se gosta.

Essas diferentes formas de encarar o trabalho e a educação dos filhos resultaria em dois tipos de motivação; os orientais acreditam que é o esforço que os leva a cumprir tarefas com qualidade, enquanto os ocidentais apostam no talento. Isso implicaria uma maior preocupação com os resultados de grupo entre os orientais e uma visão mais individualista entre os ocidentais. Essa diferença ajudaria a explicar, por exemplo, o sofrimento dos decasséguis quando saem do Brasil para trabalhar no Japão. Eles passam a fazer parte de uma cultura que manda o tempo todo a mensagem "esqueça a vocação, esqueça o prazer, faça o que precisa ser feito".

Ciclo de vida de uma empresa

Em seu livro *Os ciclos de vida das organizações*, Ichak Adizes (1996) discorre sobre as características típicas das empresas em suas três fases de vida – infância, adolescência e plenitude.

Cada uma dessas fases tem uma duração esperada. A expectativa é de que em um prazo máximo de dez anos a partir da fundação a empresa alcance a maturidade. Mas a repetição de determinadas situações pode representar a permanência por tempo indefinido na fase da infância ou da adolescência.

A infância, período de extrema dedicação pessoal do empreendedor, é marcada pela falta de planejamento e de sistematização nos processos. Na adolescência, começam a surgir conflitos entre os funcionários e as tentativas de planejamento são ainda irregulares e pouco efetivas.

A fase de maturidade também tem seus problemas: há a tendência de repetir fórmulas prontas e cair na rotina. Funcionários antigos já não se adaptam tão bem à nova estrutura, o dono perde o controle dos detalhes e os conflitos internos se tornam mais complexos.

O Quadro 7.1 a seguir sintetiza os principais problemas típicos de cada fase e as respectivas estratégias indicadas por Adizes para combatê-los.

Quadro 7.1
Os principais problemas de cada fase do ciclo de vida de uma empresa e estratégias para combatê-los

Fase: Infância
Duração esperada: de 3 a 5 anos

Problema	O que fazer
Não há diretrizes claras e processos sistematizados.	Sistematizar os processos aos poucos, como parte da rotina da empresa.
Com tantos "incêndios" para apagar no dia a dia, não sobra tempo para planejamento de longo prazo.	Encontrar tempo para o planejamento, mesmo que isso signifique esticar ainda mais o expediente.

(Continua)

Quadro 7.1 (Continuação)
Os principais problemas de cada fase do ciclo de vida de uma empresa e estratégias para combatê-los

Fase: Infância
Duração esperada: de 3 a 5 anos

Problema	O que fazer
Alta vulnerabilidade: um pequeno problema mal resolvido pode gerar uma crise grave.	Permanecer atento aos detalhes e ter controle de absolutamente tudo.
Dívidas causadas por empréstimos bancários feitos em decorrência da necessidade de obter capital de giro.	Evitar o dinheiro caro dos bancos. Melhor se desfazer de bens ou pedir empréstimos a amigos, indexados pelo dólar ou poupança.
Cansaço físico pelo excesso de trabalho e certo desânimo diante da sensação de que tudo na vida se resume a trabalho.	Resignar-se a apostar no futuro: trabalhar 14 horas ou mais por dia é normal para uma empresa que está começando.
Cobrança de familiares e amigos em função da dedicação excessiva ao trabalho.	"Negociar", deixando claro que a dedicação extrema é essencial para o sucesso da empresa.

Fase: adolescência
Duração esperada: de 3 a 5 anos

Problema	O que fazer
Síndrome do "nós contra eles"; funcionários com muito tempo de casa resistem à chegada de novos profissionais.	Promover eventos de aproximação, como comemorações de aniversários e gincanas.
Plano de metas e orçamentos inconsistentes, com grandes variações entre o planejado e o ocorrido de fato.	Desenvolver sistemas de controle que facilitem a análise do passado da empresa, para que as projeções sejam mais precisas.
Falta padrão em termos de remuneração e recompensas – às vezes a empresa distribui prêmios, às vezes não.	Criar regras de conhecimento geral e que passem a ser seguidas à risca, com critérios que não sejam apenas a vontade do fundador.
Centralização excessiva no dono: tudo continua dependendo dele.	Delegar tarefas e responsabilidades na medida do possível.
Contratações predominantemente por confiança, e não por competência.	Privilegiar a competência na hora de selecionar novos funcionários.

(Continua)

Quadro 7.1 (Continuação)
Os principais problemas de cada fase do ciclo de vida de uma empresa e estratégias para combatê-los

Fase: adolescência
Duração esperada: de 3 a 5 anos

Problema	O que fazer
Reuniões que consomem muito tempo e não são tão produtivas.	Organizar a pauta para ser objetivo e prático na condução das reuniões, exigindo a mesma postura da equipe.

Fase: plenitude
Duração esperada: indefinida

Problema	O que fazer
Permitir que a empresa caia na rotina, repetindo fórmulas prontas e supervalorizando as conquistas do passado.	Buscar constantemente a inovação, essencial para que uma empresa se mantenha viva. Continuar estipulando metas arrojadas.
Funcionários antigos demonstram que já não acompanham o ritmo e quase não contribuem para a necessidade de inovação da empresa.	"Limpar" a empresa, ainda que isso inclua a dura tarefa de despedir velhos colaboradores de confiança.
A empresa ficou grande demais para que o dono tenha controle de tudo.	Estruturar organograma e abrir espaço para "braços direitos" – gerente comercial, administrativo, de operações, etc.
O ambiente torna-se excessivamente formal, a começar pela maneira de se vestir. Os diretores deixam de ser tão acessíveis quanto antes.	Combater a burocratização excessiva da empresa e preservar o máximo de informalidade na relação entre as pessoas.
Há conflitos, fofocas, "facadas pelas costas" e disputas internas.	Criar canais de comunicação que reduzam a força das fofocas e das "conspirações".

Em virtude das características da personalidade empreendedora do dono de empresa, muitas delas não ultrapassam a fase da adolescência, nem mesmo a da infância. Isso ocorre pela excessiva necessidade do empreendedor de centralizar e controlar todos os passos da empresa ou a resistência em receber *feedbacks*.

O pensamento sistêmico-relacional no mundo empresarial*

A mentalidade empreendedora, se é uma poderosa alavanca para a criação de empresas, nem sempre o é para sua manutenção.

Para o crescimento das empresas nos tempos atuais, é indispensável competência relacional por parte de seus dirigentes. E, como vimos, esse é um ponto vulnerável dos chamados "empreendedores francos", ou seja, aqueles que apresentam o comportamento típico das personalidades empreendedoras: alta necessidade de realização pessoal, desejo compulsivo por adquirir e manter poder; centralizar a tomada de decisão; abominar as tarefas rotineiras; relacionar-se preferentemente com quem acata suas ideias e o admira.

Empreendedores francos não gostam nem se dispõem a receber *feedbacks* e não sabem delegar, o que os coloca em rota de colisão com o que se espera de um líder organizacional hoje. Diz um provérbio chinês:

- O mau líder é aquele que as pessoas desprezam.
- O bom líder é aquele que as pessoas reverenciam.
- O grande líder é aquele de quem as pessoas falam: "Fomos nós que fizemos".

Um empreendedor franco até poderá ser reverenciado por seu carisma, mas tem dificuldade em reconhecer o talento de seus liderados, bem como não sabe obter o melhor deles.

O exercício verticalizado de sua liderança tende a mantê-lo aprisionado nas pautas do paradigma linear, enquanto todo o movimento contemporâneo de mudanças organizacionais sustenta-se na admissão dos princípios do pensamento sistêmico, que privilegia a interação e retroalimentação entre os membros e setores de uma empresa.

O momento emblemático da chegada do novo paradigma ao mundo empresarial talvez possa ser identificado pela publicação da obra de Senge (1990) sobre a quinta disciplina, que é como denomina o pensamento ou raciocínio sistêmico, alicerce e elemento integrador das outras quatro disciplinas (domínio pessoal, modelos mentais, objetivos comuns ou visão compartilhada e aprendizado do trabalho em grupo ou equipe) que, segundo ele, monitoram a inovação das empresas. A expressão disciplina é usada por Senge no sentido de "conjunto de técnicas que devem ser estudadas e dominadas para serem postas em prática".

---

* Parte dos conceitos e ideias externados aqui foi retirada de obra ainda inédita e sem título de autoria de Luiz Fernando Garcia e Luiz Carlos Osorio.

Pesquisadores brasileiros publicaram uma obra na qual apresentam a visão sistêmica como sustentáculo do que chamam as "mudanças profundas" necessárias para que as empresas possam se adequar aos novos tempos e darem conta de suas demandas (Andrade et al., 2006).

EMPRESAS FAMILIARES E SUAS PECULIARIDADES

Relações empresa familiar/atividade laboral

Cerca de 95% das empresas em nosso país são familiares. Esse número tende a crescer, pois a formação de microempresas familiares tem se mostrado a melhor alternativa para fazer frente ao desemprego crescente.

Tudo indica que o emprego é uma entidade em extinção, quer no âmbito público como privado, devendo ser gradativamente substituído pela livre prestação de serviços. É na raiz dessa realidade que está o ressurgimento, com força total, das empresas familiares no mercado de trabalho. Elas, que, aliás, sempre foram maioria significativa das empresas em geral, e são, em última análise, a fonte de todas as formas de organização das relações de trabalho desde tempos imemoriais.

Contudo, enquanto as grandes empresas familiares tendem a se profissionalizar ou desaparecer engolfadas pelos processos de megafusões que a globalização tem ensejado, as pequenas e médias empresas familiares investem em procedimentos visando melhorar seu desempenho na gestão de negócios, mas carecem de condições para lidar com os conflitos interpessoais que repercutem negativamente nos resultados buscados pela empresa, além de afetarem a qualidade de vida dos que nela trabalham.

Tanto nas micro quanto nas macroempresas familiares as relações interpessoais entre os membros da família são onipresentes, tanto no que se refere a seu potencial gerador de conflitos como de realizações solidárias. Esses fatores humanos, que estão ao lado ou se superpõem às questões ligadas à gestão dos negócios, estão intimamente ligados à satisfação imprescindível não só ao bom êxito da atividade laboral como à própria saúde mental de quem trabalha numa empresa. Afinal, é no seio da família e no ambiente de trabalho que passamos a maior parte de nossa existência e, se o doméstico e o profissional se confundem, como ocorre nas empresas familiares, existem razões para que possam interferir na qualidade de vida dos que nelas trabalham.

O enfoque gestor tem minimizado a questão humana em favor da eficiência, no contexto da ideologia consumista de nossa época, minimizando a importância das relações interpessoais no cotidiano da vida empresarial. Esboça-se, contudo, um movimento crescente entre os empresários de buscar a competente ajuda para entender e administrar as questões relativas às tensões e conflitos interpessoais que permeiam sua atividade gestora.

No que diz respeito especificamente às empresas familiares, observa-se que estas têm sido o lugar primordial dessa tomada de consciência do significado e importância das relações interpessoais para o bom desempenho dos negócios.

Até muito recentemente, o foco principal na gestão empresarial restringia-se ao exame e à busca de soluções na área administrativo-financeira, com eventual suporte jurídico quando se fizesse necessário. No entanto, o que se tem evidenciado é que os conflitos interpessoais são de mais difícil reconhecimento e manejo do que os aspectos operacionais do negócio, além de sempre repercutirem negativamente nos resultados buscados pela empresa.

Assim, não basta aprender a administrar os negócios para que uma empresa familiar seja bem-sucedida; é preciso também saber administrar as relações humanas no seio da família e da empresa.

Estamos em tempos de questionamentos sobre a natureza e as relações de trabalho. Já não está em tela apenas sua distribuição equitativa e formas adequadas de remunerá-lo neste momento histórico da civilização, mas o sentido a conferir a seu lugar em nossas existências. Viver para trabalhar (e consumir)? Ou trabalhar para (sobre) viver? O senso comum está a demandar a promoção de mudanças na maneira como encaramos a atividade laboral.

Para haver uma renovação do sentido da atividade laboral, é preciso haver o resgate de suas origens na família, em que o trabalho em tempos idos era fonte de vida, de saúde, de prazer, assim como um instrumento para a sobrevivência coletiva e fonte de bem-estar social para os que o compartilhavam.

Na espiral ascendente da evolução humana, a empresa retoma sua feição familiar para ressignificar o trabalho e para reelaborar sua função solidária no fazer do pão nosso de cada dia, que nutre não só o corpo, mas também igualmente o espírito, pela cumplicidade em sua feitura.

Quem sabe será no trabalho realizado em conjunto no seio da família, do qual Tofller (1983) já nos oferecia uma visão prospectiva em sua imagem da cabana eletrônica da terceira onda, que o ser humano irá resgatar a essência de sua condição existencial e estabelecer um novo ciclo em seu projeto transcendente de ascender a uma melhor qualidade de vida e que é aspiração comum a todos nós.

A empresa familiar é o lócus por excelência dessa busca do sentido original do trabalho como fonte de criação coletiva, da realização solidária permeada do prazer lúdico das tarefas compartilhadas e do reencontro com a natureza gregária do ser humano na sua herança animal de prover o sustento e facultar a procriação da espécie no regaço do grupo primordial – a família.

Há, pois, algo que transcende o ressurgimento do trabalho em família e que o coloca além da simples situação conjuntural de fazer frente à crise econômica ou repensar o gigantismo massificador e desumanizante das empresas convencionais de nossa época, padrão "linha de montagem", na qual os operários passam a ser engrenagens num sistema que privilegia o produto e não quem o faz ou irá utilizar. E este algo se vincula ao reaparecimento de antigas formas de aprendizado e execução compartida de atividades laborais, cimentadas pelo prazer da convivência que podem proporcionar.

Se, por um lado, a empresa familiar apresenta-se como um modelo viabilizador da requalificação do trabalho neste limiar do novo milênio, por outro, representa uma opção de inegáveis potencialidades na atual conjuntura socioeconômica brasileira como expressão dos mecanismos autorreguladores da sociedade que são, em última análise, o que determina o ritmo do progresso de uma nação.

Fronteiras família/empresa

Como vimos anteriormente, a palavra *família* se origina do vocábulo latino *famulus*, que significa servo ou escravo, sugerindo que primitivamente considerava-se a família como sendo o conjunto de escravos ou criados de uma mesma pessoa. Contudo, essa raiz etimológica alude à natureza possessiva das relações familiares entre os povos primitivos, em que a mulher devia obedecer incondicionalmente a seu marido e os filhos a seus pais. A noção de posse e a questão do poder estão, portanto, intrinsecamente vinculadas à origem e evolução do grupo familiar, bem como das empresas.

Lembre-se ainda que a noção de *empresa* traz em suas vertentes etimológicas o sentido de "aprisionamento" (*im + prendere*: prender dentro), como a sinalizar as dificuldades da instituição empresarial de separar-se de suas origens familiares e adquirir vida própria e autônoma.

Todas as ideias emergentes sempre foram apresentadas com o auxílio de metáforas, para melhor elucidá-las. A metáfora nada mais é do que a transposição de um significado já conhecido, a outro figurado, que pelo mecanismo analógico o torne melhor apreendido.

Vamos utilizar aqui a metáfora da evolução dos seres humanos para acessar a questão das fronteiras entre a família e a empresa nas empresas familiares.

Assim como um embrião se desenvolve inicialmente no corpo da mãe para depois sair dele e se constituir em um ser com identidade própria, a empresa sai do corpo da família para se constituir em outro sistema com características e identidade próprias:

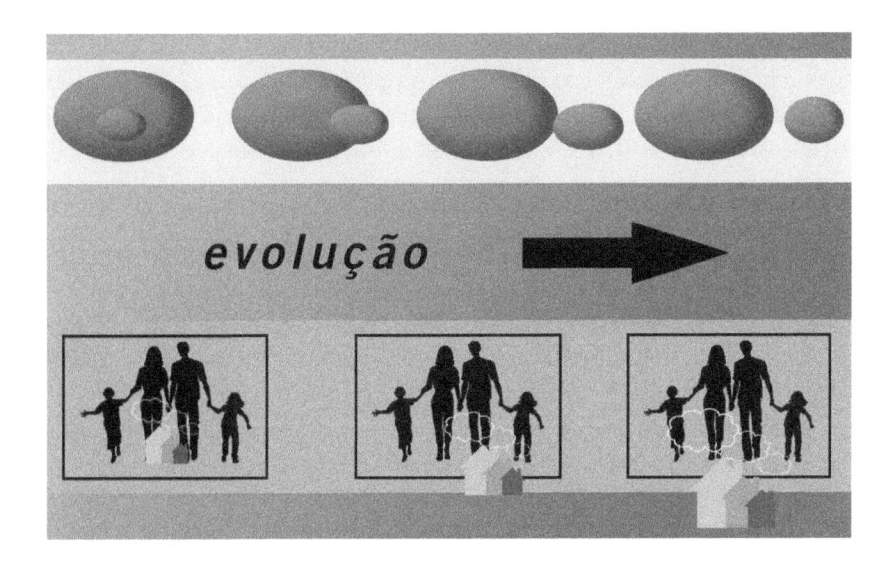

A empresa familiar nasce da família e, em um processo similar ao da separação/individuação dos seres humanos, adquire sua identidade própria como instituição, embora, a exemplo do que também ocorre com os seres humanos, mantenha sempre características que lembram a matriz de onde se originou. Os vínculos institucionais da empresa com a família que lhe deu origem assemelham-se aos do indivíduo com seus respectivos pais, podendo ser tão próximos que adquirem um caráter simbiótico (sem uma bem-definida separação/individuação) ou já tão distantes e descontinuados que pouco remetem à sua ascendência.

Vejamos agora como podem se comportar as fronteiras entre as famílias e as respectivas empresas e as vicissitudes decorrentes, seja da indefinição dessas fronteiras, seja da inadequada forma como interagem família e empresa.

No processo de constituição da empresa familiar pode acontecer que o crescimento da empresa ocorra à custa de um empobrecimento da identidade familiar original e até mesmo da perda de sua coesão ou ameaça de desestruturação dos laços familiares.

O contrário também poderá suceder, quando, por exemplo, uma empresa estiver preocupada em achar lugar em sua estrutura para todos os membros da família, mesmo quando esses careçam de qualificações para ocupá-lo.

Uma empresa familiar poderá não crescer, ainda, porque a família privilegia as hierarquias dentro do sistema familiar e não está disposta a fazer concessões que abalem privilégios e supostas competências pré-designadas em nome do progresso da empresa. Nesses casos pode ocorrer uma detenção, ou paralisação, no crescimento da empresa e até mesmo sua extinção.

Há situações em que, por inadequada percepção das fronteiras família/empresa, por mau gerenciamento das áreas compartilhadas ou pela agudização de conflitos familiares preexistentes à criação da empresa, ambas, família e empresa, possam se empobrecer: a família por não poder providenciar melhor qualidade de vida para seus membros e a empresa por não poder melhor prover o sustento de seus associados.

Rivalidades exacerbadas entre membros da família podem ser transpostas para a empresa e nela criar um desgastante processo competitivo com repercussão na eficiência da empresa e retroativamente nas relações familiares, de tal sorte que família e empresa familiar poderão se dissociar e até mesmo se antagonizar, com a correspondente perda de vitalidade de ambas.

O desejável é que ambos os sistemas possam experimentar a sensação de que se beneficiaram com sua associação, promovendo não só a prosperidade material como o bem-estar de todos.

Família e empresa familiar poderão crescer juntas, somando esforços e competências, em um clima solidário em que o prazer da convivência acrescenta-se ao do trabalho ludicamente compartilhado.

Família e empresa têm obviamente áreas compartilhadas, mas é importante que tenham espaços próprios, onde se preservem suas identidades peculiares. Além disso, é preciso que haja flexibilidade em ambos os sistemas, de tal sorte que em uma situação em que a família seja afetada (p. ex., por enfermidade grave ou morte súbita de algum de seus membros) o espaço por ela ocupado possa ser priorizado, assim como em função de uma crise conjuntural na economia do país ou por disfunções na estratégia para atender necessidades do mercado, a família se mobilize para ampliar o espaço dedicado à empresa.

Famílias e suas empresas devem "suplementar-se" (o que é distinto de "complementar-se") se quiserem ser bem-sucedidas, ou seja, é preciso que de sua interação ambas saiam "acrescentadas" e não "esvaziadas" de conteúdos inerentes à identidade grupal ou institucional que as define no contexto cultural em que se inserem.

As famílias e as empresas que elas constituem precisam ser ajudadas a estabelecer suas fronteiras como espaços demarcadores de identidades e competências e não como rígidas alfândegas que impedem o trânsito fluido das mercadorias que tem a intercambiar e que são, de um lado, as qualidades humanas dos membros da família e sua criatividade laboral e, de outro, por parte da empresa, o veículo institucional para a realização de projetos de vida compartilhados.

Entendemos que as fronteiras podem ser *funcionais*, quando permitem o livre acesso aos potenciais e às riquezas de ambos os lados e apenas servem para marcar territórios com identidades próprias e culturas distintas, tal qual nas aduanas de países vizinhos e cooperativos; mas serão *disfuncionais*, quando existirem conflitos que desencadeiem invasões recíprocas ou o bloqueio das intercomunicações com o isolamento pela quebra dos "canais diplomáticos".

O processo sucessório

> Os problemas relacionados com a sucessão e a herança se produzem, precisamente, nas interações entre o sistema da família e o sistema da empresa.
> (Rosenblatt et al., 1995)

A questão da sucessão necessita ser examinada, portanto, a partir das fronteiras entre a família e a empresa e para seu enfoque é de extrema valia a contribuição do paradigma sistêmico e sua abordagem das interações humanas, por não focarem a questão em alternativas binárias, evitando colocar o problema na formulação simplista do "com quem estão os direitos" ou "quem deve ceder para quem" ou "a quem dar razão".

É importante considerar que no processo de sucessão não se alojam apenas as questões intergeracionais, mas também as de ordem intrageracionais, referentes às disputas e conluios das alianças fraternas.

Não levar em conta os fatores emocionais presentes na interface entre a família e a empresa talvez explique por que menos de 1/3 das empresas familiares sobrevive à passagem da primeira para a segunda geração.

Como a empresa começa por seu ou seus fundadores, a primeira questão a formular ao tentarmos compreender as vicissitudes do processo sucessório é por que mais de dois terços dos fundadores de mais de 50 anos ainda não encaminharam o processo sucessório.

Muito se fala do perfil autocrático e centralizador dos fundadores de empresas, de sua habitual dificuldade em delegar funções de liderança e abrir mão do poder que detém, dos conflitos geracionais que eclodem no parto sucessório, e outras tantas questões circunjacentes, mas queríamos aqui pôr ênfase no que nos parece ser o ponto nevrálgico da questão sucessória do ponto de vista de quem vai ser sucedido e que está contida nos dilemas vinculados à finitude humana e o enfrentamento com a morte.

Imagine-se o fundador de uma empresa familiar, cuja maior parte de sua vida foi exercendo a direção da mesma, enfrentando a situação de sair *definitivamente* de seu comando (*"para nunca mais"*), tendo de abster-se daquela que provavelmente foi a grande motivação de sua vida profissional para enfrentar uma aposentadoria sem retorno. Pode-se deixar de considerar o seu intenso luto e, quem sabe, a decorrente impossibilidade de abrir mão do poder de que se acha detentor para passá-lo a seu(s) herdeiro(s)?

Por isso, julgamos que a sucessão bem encaminhada deve contemplar a necessidade do sucedido de continuar com direito a continuar participando de um projeto de vida, e não simplesmente palmilhando a estrada em direção ao fim.

A sucessão não pode se constituir na troca de um projeto de vida por um projeto de morte, o que acarretará o fim prematuro do sucedido e a instalação de um sentimento de culpa persecutório, de danosas consequências para o sucessor.

Mas se essas são ponderações a serem tomadas em conta pelos sucessores, os sucedidos precisam igualmente considerar que muitas mudanças ocorreram no mundo em que vivem e nas relações entre as gerações desde que fundaram suas empresas. De certa forma, como assinalava Margaret Mead (1970), prestigiada antropóloga norte-americana, os pais hoje são como imigrantes no mundo de seus filhos, que se tornaram, pela primeira vez na história da humanidade, capazes de serem mestres de seus pais, em razão da aquisição de conhecimentos e aptidões aportadas por avanços tecnológicos desconhecidos ou ainda não incorporados pela geração anterior. Portanto, a tão alegada experiência dos mais velhos deixou de ser um argumento definitivo e universal para justificar seu maior preparo para o exercício do comando de suas empresas.

No encaminhamento da questão sucessória há que ter em conta também a necessidade, cada vez mais evidenciável no mundo contemporâneo, de se conviver com as diferenças. Devemos respeitar e acolher a diversidade dos seres humanos, percebendo nessa diversidade não um fator adverso e sim um elemento que agrega valores na realização de tarefas compartilhadas.

O exercício da liderança nos dias atuais pressupõe a aceitação dessas diferenças e no caso da relação entre sucessores e sucedidos não há como deixar de considerar a hipótese de que tenham diferentes visões de mundo, além de distintos projetos de vida. Isso também é de suma importância quando está em tela a decisão sobre quais filhos devem permanecer e quais não na empresa.

A boa sucessão deve ainda contemplar a possibilidade de que nem todos queiram continuar a saga empresarial da família. Se para alguns isso pode significar a plena satisfação de suas aspirações e o trajeto para sua realização pessoal, para outros pode representar uma sobrecarga e a renúncia a um projeto de vida em maior conformidade com suas competências, habilidades e desejos.

No entanto, se alguém for excluído no processo sucessório por julgar-se que seu perfil não se coaduna com o desejado pela evolução ulterior da empresa, é importante do ponto de vista da manutenção do bom relacionamento familiar que se conotem positivamente suas qualificações, mesmo que essas não sirvam à empresa, pois todos nós necessitamos do reconhecimento alheio para nosso desenvolvimento pessoal, além de que ressentimentos por uma exclusão não aceita ou sem opções que a compensem, levam, quase sempre, a atitudes sabotadoras.

Nem sempre os que permanecem na empresa são os privilegiados e os que saem os prejudicados. O que sai pode sentir-se privilegiado pela oportunidade de realizar seu projeto de vida sem se submeter às expectativas da família para que assuma funções na empresa, enquanto o que fica pode sentir-se privado das oportunidades de revelar suas aptidões onde essas pudessem ser mais bem apreciadas e valorizadas.

Uma família, assim como a empresa de onde se originou, deve ser capaz de transmitir o orgulho de a ela pertencer, mesmo para os que, por opções de seu projeto de vida e pelo saudável exercício da autonomia, dela se distanciam.

Uma pergunta crucial que sempre ocorre quando se discute os impasses a que muitas vezes levam os problemas sucessórios é: "se tudo é assim tão difícil com a sucessão, por que não a profissionalização?"

E aí caímos no território dos "modismos" e "achismos", antes regidos por posições ideológicas do que por conclusões referendadas pelos fatos. Profissionalizar por meio de importação de dirigentes alheios aos quadros familiares ou profissionalizar os herdeiros, remetendo-os para período de aprendizagem fora da empresa, capacitando assim a geração sucessora?

Na raiz desse dilema, outro questionamento se oferece: quais os talentos específicos dos dirigentes para cada momento da história da empresa familiar? "O fundador é sempre uma pessoa de espírito empreendedor, enquanto o sucessor deve ser um aglutinador, alguém que respeita o que existe e procura transformar sem destruir. Criar algo a partir do nada é diferente de dar continuidade a um negócio já existente", observa Bernhoeft (1996).

Esquematicamente, há quem diga que, à primeira geração compete *criar*, à segunda, *consolidar* e, à terceira, *renovar*, o que, no entanto, nos conduz a um modelo excludente, como se a primeira não devesse se ocupar da consolidação e a segunda não pudesse também renovar.

A questão do gênero nas empresas familiares

> Ao deixarmos de uma vez por todas uma economia baseada no poder dos músculos e passarmos para outra que se radica no poder da mente, isso elimina desvantagens fundamentais no caso das mulheres.
> (Toffler, 1983)

A igualdade de direitos, deveres e opções entre os sexos é a pedra de toque das transformações por que passa a família contemporânea e se projeta no futuro sob a forma de um novo padrão relacional entre homens e mulheres, no qual a força física deixa de ser, como apontou Toffler, fator de desequilíbrio.

Essa mudança de paradigma na relação entre os sexos em nossos tempos não poderia deixar de trazer consequências para a empresa familiar, como trouxe para a família. Pensamos que não só é lícita como desejável a participação da mulher na condução das empresas, familiares ou não.

Como afirmamos anteriormente, há uma riqueza potencial na diversidade. Homens e mulheres são diferentes, sim, não apenas na anatomia como em suas características psicológicas e é nossa convicção que homem e mulher podem não só se complementarem como ainda se suplementarem (ou seja, acrescentarem qualidade) como companheiros de trabalho e no exercício de funções de liderança.

Nas empresas familiares as mulheres têm revelado sua força e importância, mesmo quando não exercem funções na gestão dos negócios. São elas, muitas vezes, as guardiãs do sonho familiar que gerou a empresa e, como temos constatado em nossa experiência com empresas familiares, podem ser valiosas mediadoras dos conflitos internos que surgem entre os membros da família no seio da empresa.

Não obstante, em outras tantas ocasiões, encontramos as mulheres fora do comando das empresas, mas não das famílias, exercendo um poder subterrâneo e o controle implícito das ações do marido e filhos no mundo dos negócios.

Já vimos que a família é uma instância promotora dos desígnios de poder dos seres humanos. A família monogâmica prevalente no mundo ocidental deve suas origens à afirmação do poder masculino para assegurar filhos de paternidade incontestE, garantindo, assim, a continuidade hereditária da propriedade privada e dos bens materiais em geral. E se mencionamos o poder masculino não foi aleatoriamente, pois a questão da sucessão nas empresas familiares não gira apenas em torno do vértice do confronto das gerações, mas igualmente – e cada vez mais – no âmbito do enfrentamento entre os sexos.

Não se pode entender a família de hoje, nem as empresas familiares, sem analisá-las à luz dessa busca de um novo equilíbrio no jogo de poder entre seus membros; entre marido e mulher, em função da nova ordem sexual e da redistribuição de papéis tanto no contexto familiar como no mercado de trabalho; entre pais e filhos, pela ascensão do poder jovem e a consequente revisão da autoridade parental; e entre irmãos, pela necessidade de substituir posturas de rivalidade por um padrão de cumplicidade e solidariedade para fazer frente ao mundo competitivo de nossos dias.

Parte III
PRÁXIS COM GRUPOS

8
NA ÁREA DA SAÚDE

GRUPOS TERAPÊUTICOS

O *grupo*, como um espaço terapêutico, remonta a tempos imemoriais. Podem-se imaginar seres primevos intercambiando cuidados recíprocos, seja no contexto das famílias primordiais ou nos arcaicos clãs que esboçaram a ordem social, quando a linguagem verbal não passava de grunhidos veiculando emoções ou tentando expressar conteúdos fragmentários de pensamento e mais se valiam do não verbal para comunicarem suas necessidades uns aos outros.

Dê-se agora um salto de muitos milênios no processo civilizatório, até o advento do século XX, para encontrarmos aquele que se considera o protótipo de um grupo com objetivos explicitamente terapêuticos na experiência de Pratt com seus pacientes tuberculosos. Pratt observou que esses pacientes, reunidos na sala de espera de um dispensário enquanto aguardavam suas respectivas consultas, interagiam e estabeleciam relações emocionais que melhoravam seu estado de ânimo. Isso o estimulou a reuni-los, inicialmente para dar-lhes um curso de higiene pessoal e logo mais com o propósito de que intercambiassem suas experiências na maneira como enfrentavam a enfermidade; mais adiante, introduziu no grupo o testemunho de pacientes que se haviam curado para animá-los com esperanças em relação aos resultados do tratamento, prática que foi retomada depois pelos chamados "grupos de autoajuda". Para tanto, estabeleceu um *setting* grupal que consistia em reuniões semanais de uma hora e meia de duração com a presença de aproximadamente vinte pacientes, sentando ao seu lado aqueles que haviam mostrado progressos e podiam se constituir em exemplos a serem seguidos pelos demais.

Pratt, portanto, foi o primeiro a se utilizar de forma sistemática e intencional das emoções suscitadas nas interações ocorridas em um espaço grupal para a obtenção de um resultado terapêutico.

Posteriormente, o advento da psicanálise e os distintos marcos referenciais teórico-técnicos que o sucederam, tais como o psicodrama, a teoria dos vínculos e os grupos operativos, a dinâmica de grupos e a gestalterapia, o enfoque cognitivo-comportamental, e outros mais, forneceram os subsídios para o desenvolvimento de modalidades de abordagens terapêuticas dos grupos como as temos hoje. Todas essas inseridas no padrão epistemológico que identifica o paradigma linear.

Na esteira do surgimento do paradigma circular, emergiu a terapia familiar sistêmica, que podemos considerar sua face clínica. O pensamento relacional-sistêmico exerceu forte influência na ressignificação dos processos grupais e suas abordagens terapêuticas. Já não se pode conceber um terapeuta de grupos contemporâneo que, ao menos, não tenha se deixado influenciar pelos aportes do novo paradigma.

Como em outro livro[*] abordamos extensamente a evolução dos grupos terapêuticos sob o marca-passo dos mencionados referenciais teórico-práticos, nos limitaremos neste capítulo a referir o que diz respeito especificamente à práxis com grupos na área de saúde como a visualizamos nos dias atuais, independentemente de sua matriz teórica.

Modalidades de atendimento grupal

Os grupos terapêuticos, quanto a sua constituição, podem ser classificados em "homogêneos" e "heterogêneos". A homogeneidade ou heterogeneidade de um grupo, por sua vez, pode ser determinada por vários elementos de sua constituição: a população-alvo a que se destina, o sexo ou idade de seus componentes e a condição mórbida de seus membros.

A história dos grupos terapêuticos iniciou-se, conforme mencionamos anteriormente, por um grupo homogêneo quanto à condição mórbida de seus componentes, a tuberculose; já os grupos analiticamente orientados, hegemônicos em meados do século passado, eram heterogêneos quanto à sintomatologia neurótica apresentada por seus componentes, embora pudessem conservar certa homogeneidade quanto à faixa etária desses.

Na prática, consideram-se grupos homogêneos aqueles que privilegiam a homogeneidade com relação a determinado aspecto, em função dos objetivos a que se destinam. Por exemplo, são grupos homogêneos os grupos de crianças,

---

[*] OSORIO, L.C. *Grupoterapias*: abordagens atuais. Porto Alegre: Artmed, 2007.

adolescentes ou idosos (faixa etária), independentemente da condição mórbida de seus elementos constituintes; igualmente são considerados grupos homogêneos os de indivíduos com sofrimento compartilhado, tais como diabéticos, obesos, asmáticos, depressivos, drogaditos, portadores de deficiências físicas, colostomizados, mastectomizadas e demais pacientes de uma lista quase interminável de situações, cujo atendimento em grupo tem revelado significativos resultados no alívio de seus padecimentos.

A família seria um grupo homogêneo ou heterogêneo? Nem uma coisa nem outra. Aqui se necessita diferente critério para defini-la quanto a sua constituição enquanto grupo. Alguns autores a designariam como "grupo natural", para diferenciá-la dos demais grupos tidos, então, como "artificiais", por não existirem como tais *a priori* da intervenção terapêutica e serem constituídos em função desta intervenção. Essas denominações, contudo, não nos parecem adequadas; preferimos designar a família como um grupo com história ou convivência prévia, que é o que a distingue dos demais, cuja história como grupo e convivência entre seus membros começa ao se iniciar o processo grupoterápico.

Seriam também grupos com história prévia aqueles já constituídos como tais antes da presença do grupoterapeuta ou em que, como muitas vezes ocorre com grupos atendidos em instituições de ensino ou ambulatórios de saúde mental, o grupo já vinha em atendimento com outro terapeuta e tem com esse uma história prévia ao ingresso de um novo coordenador.

Em resumo, poderíamos classificar os grupos quanto a sua constituição em:

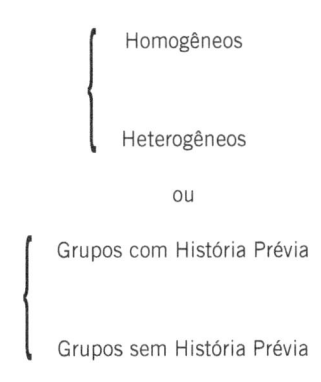

{ Homogêneos

Heterogêneos

ou

{ Grupos com História Prévia

Grupos sem História Prévia

Os grupos ainda podem ser classificados em "abertos" e "fechados", conforme seja aceito ou não o ingresso de novos membros após seu início. Por sua própria natureza os grupos abertos são de tempo ilimitado e os fechados costumam ser de duração previsível, embora não necessariamente.

Semelhanças e diferenças na abordagem terapêutica de grupos distintos

Como já referido em outro capítulo, os fenômenos do campo grupal são ubíquos e comparecem em qualquer grupo, terapêutico ou não, e independentemente de quem é o terapeuta ou coordenador e quem são os pacientes ou participantes.

A constituição de um grupo homogêneo quanto à condição mórbida de seus membros poderá oferecer outro fator de similaridade com relação à emergência das queixas ou dos conflitos vinculados a essa condição. As demais semelhanças que possam existir entre os distintos grupos terapêuticos atendidos por um mesmo terapeuta residem no referencial teórico-técnico que emprega.

Assim, um grupo de pacientes obesos, atendido por terapeutas com referenciais teórico-técnicos diferentes, apresentará semelhanças quanto à ocorrência dos fenômenos grupais e os sofrimentos compartilhados por seus membros, mas diferirá no andamento do processo grupal e nas intervenções terapêuticas propostas.

Um grupo de pacientes diabéticos e outro de pacientes portadores de deficiências físicas diferirão significativamente quanto ao caráter do sofrimento que trarão para discussão no grupo, mas poderão ser similares quanto à forma de abordagem proposta por um mesmo terapeuta, além de manifestarem fenômenos do campo grupal similares, sejam estes identificados pelo terapeuta e objeto de suas intervenções ou não.

Com isso, queremos enfatizar, respondendo às inquietudes de muitos profissionais em busca de bibliografia especializada sobre o atendimento de uma crescente gama de grupos homogêneos quanto ao sofrimento compartilhado, que as variáveis não estão centradas propriamente nas técnicas para abordar tais grupos e sim nos quadros clínicos que apresentam seus participantes; desta maneira, quem se propõe a tratar, por exemplo, grupos de epiléticos ou hipertensos, além de dispor de um referencial teórico-técnico para a abordagem grupal em geral, precisa é conhecer as peculiaridades da patogenia desses distintos quadros mórbidos. Dizendo de outra forma, não há uma especificidade, dentro da abordagem empregada por determinado grupoterapeuta, para cada tipo de paciente ou situação clínica que apresente; as diferenças estão nas vivências e sofrimentos determinados pela condição mórbida que determinou a escolha do agrupamento grupal homogêneo.

Contudo, um comentário que nos parece pertinente fazer aqui, é que, se pacientes com um sofrimento similar compartilhado forem reunidos, pode ser altamente favorável ao estabelecimento de um processo terapêutico pela identificação imediata de uns com outros membros do grupo, mas, ao longo do tempo, a homogeneidade pode funcionar como um fator de incremento da discriminação a que são submetidos, e se submetem aqueles que se sentem diferentes e inferiorizados socialmente pelos problemas que apresentam. Por isso, recomendamos aos grupoterapeutas que têm a seus cuidados grupos com tais características que procurem diversificá-los em fases posteriores do atendimento, de tal maneira que seus componentes possam conviver "terapeuticamente" com quem não pertença exclusivamente ao que determinado paciente cognominou sua "tribo patológica".

Como formar um grupo terapêutico: seleção e agrupamento, indicações e contraindicações

A formação de um grupo terapêutico será feita a partir de três elementos: a constituição do grupo, conforme as modalidades apresentadas no item anterior; o marco referencial teórico-técnico do grupoterapeuta e, *last but not least*, as idiossincrasias pessoais deste, ou seja, suas preferências por trabalhar com grupos de determinada faixa etária, composição psicopatológica ou que se vinculem à sua experiência anterior como terapeuta individual.

Tomamos aqui os termos *seleção e agrupamento* no sentido que lhes foi conferido por Zimmermann (1969): "a *seleção* consiste em investigar as características de um paciente a fim de verificar a indicação ou não de psicoterapia de grupo, enquanto por *agrupamento* deve-se entender a eleição adequada do paciente já selecionado para determinado grupo terapêutico".

Obviamente a seleção e agrupamento diferirão conforme se trate de um grupo homogêneo ou heterogêneo. Para o segundo grupo, a complexidade da tarefa de selecionar e agrupar será maior, pois é justamente na eleição da diversidade esperada e desejada que reside a funcionalidade operativa do grupo. Tem-se como regra que, quanto maior for essa diversidade, tanto maiores serão as dificuldades iniciais para obter-se uma fluidez do processo grupal e integração dos participantes, mas, correspondentemente, tanto maiores serão os benefícios terapêuticos colhidos ao longo da evolução do grupo.

Embora se credite frequentemente o sucesso ou o fracasso de um grupo terapêutico aos critérios vigentes na seleção de pacientes, a verdade é que ainda dispomos de escassas coordenadas para nos guiar nesse procedimento preliminar ao início do processo grupal propriamente dito. O critério predominante parece ser, por enquanto, o *contratransferencial*, de bases mais intuitivas do que científicas, e que foi glosado no jocoso aforismo: *cada terapeuta tem o grupo que merece*. Está claro está que o próprio critério contratransferencial apoia-se em elementos diagnósticos e, sobretudo, prognósticos, incorporados à nossa experiência pregressa como grupoterapeutas.

Outros elementos não menos significativos para a seleção adequada são o modo como se processa o contato inicial do candidato à grupoterapia, as motivações e justificativas que apresenta para vir tratar-se em grupo, a avaliação de sua receptividade ao convívio e intimidade com outros participantes e, finalmente, aquilo que à falta de uma melhor denominação poderíamos chamar sua teoria sobre o que está determinando a busca por ajuda psicoterápica e a fantasia que tem sobre como obterá essa ajuda do grupo.

Quanto ao agrupamento, quando se tratar de um grupo já em andamento, contamos com o expediente de imaginar como aquele determinado paciente que selecionamos poderá se situar no contexto dos demais participantes do grupo, o que é uma vantagem considerável em relação ao agrupamento feito por ocasião de um grupo a se iniciar.

No que diz respeito às *indicações* e *contraindicações* também essas estarão diretamente relacionadas com a modalidade do grupo em questão. Devemos dizer, contudo, que há certas contraindicações universais para o atendimento em grupo: pacientes com alto potencial paranoide, hipomaníacos ou monopolizadores, com acentuados distúrbios de conduta, portadores de deficiências intelectuais ou em estados de desagregação mental de diferentes origens, estão entre aqueles que não só não obtêm proveitos das abordagens grupais como as obstaculizam e impedem que outros delas se beneficiem.

As regras do jogo terapêutico: o *setting* grupal

Estabelecer o *setting* ou enquadre grupal consiste na constituição de um ambiente normativo (continente) onde se desenvolverá o processo grupal (conteúdo). Ele inclui desde o espaço físico onde as sessões transcorrerão até as combinações prévias sobre horários, frequência e duração das mesmas, além da própria composição do grupo. É como se fosse a formatação que nos permite a redação de um texto num computador.

Já no estabelecimento do *setting*, vamos ter configuradas as distinções entre as várias modalidades grupoterápicas: no psicodrama o espaço cênico exigido para a realização das sessões é bem distinto da habitual composição de cadeiras em círculo para uma sessão de grupoterapia analítica; uma sessão de grupo com crianças exigirá a utilização de material lúdico, enquanto um grupo de psicoprofilaxia cirúrgica terá que ocorrer em um ambiente hospitalar.

O *setting* grupal, com todo o conjunto de procedimentos e normas que o constituem, poderá se tornar um elemento mais bloqueador que facilitador do processo grupal. Já Winnicott (1982) observava, referindo-se às exigências do *setting* analítico convencional, que

> o paradoxo do *setting* analítico é que oferecemos ao paciente tempo, espaço e oportunidade para se expressarem na linguagem em que são capazes de fazê--lo, mas ao mesmo tempo exigimos submissão ao regime rigidamente organizado de nossas técnicas de falar conosco numa forma que está muito acima de seus recursos e aptidões.

É conveniente que todas as regras não explicitadas no contrato com os pacientes ao início do processo grupal sejam objeto de discussão e busca de consenso com o próprio grupo no transcurso do referido processo; no entanto, as regras explicitadas por ocasião do contrato devem ser justificadas e suficientemente flexíveis para que não prejudiquem a interação dos membros do grupo e destes com o terapeuta. Seria ainda aconselhável que tais regras se limitassem ao estabelecimento do que seja indispensável ao balizamento do processo grupoterápico, confiando em que o próprio grupo deva ter, com seu ulterior desenvolvimento, condições de repensá-las e eventualmente modificá-las em consonância com os propósitos da terapia e o respeito recíproco entre todos seus participantes. Assim, por exemplo, se cabe ao terapeuta fixar seus honorários profissionais e reajustá-los dentro de critérios que, por si só, possam ser avaliados e aceitos pelo grupo, ao grupo caberá eventualmente, com a anuência do terapeuta, a decisão quanto à modificação de horários que se tornem incompatíveis com a presença da maioria dos participantes (como não raro ocorre com grupos de adolescentes quando ingressam na universidade).

Com relação ao sigilo do material trazido ao grupo, não é certo que sua explicitação *a priori* possa resultar em maior comprometimento do grupo em cumpri-lo; nada é tão eficaz para efetivá-lo como uma regra a ser obedecida que a própria circunstância de estarem todos expostos aos mesmos inconvenientes com seu eventual descumprimento. E se apesar desta reciprocidade dos efeitos alguém vier a quebrar tal norma o próprio grupo habitualmentetrata de eliminar o infrator, com a devida concordância do terapeuta, não sem que este procure antes analisar com o grupo as circunstâncias e motivações para tal deslize.

Em resumo, se as regras e leis são feitas para serem cumpridas, sabemos que, na prática, a sua simples existência é estímulo suficiente para que muitos as queiram ver desobedecidas. Neste contexto, colocaria a proibição de que os membros de um grupo terapêutico tenham no decurso do mesmo relações amorosas ou sexuais.

Poucas e bem fundamentadas regras são mais facilmente aceitas e cumpridas que muitas regras geralmente unilaterais, como as que vemos frequentemente circularem nos contratos terapêuticos. Igualmente, um consultório psicoterápico não é uma instância legislativa e muito menos um tribunal; mantenhamo-lo, pois, em um reduto da confiabilidade e da crença na dignidade humana, sem o que nossa tarefa carece de sentido e eficácia.

O processo grupal

O processo grupal, ou andamento terapêutico do grupo, difere quanto ao referencial teórico que o referencia. Assim, numa grupoterapia analítica o marca-passo do processo é a atividade interpretativa do grupanalista visando tornar consciente o material inconsciente veiculado pelas manifestações verbais ou paraverbais dos membros do grupo; já em uma terapia familiar sistêmica, o foco são as interações grupais, e as intervenções do terapeuta visam, sobretudo, a agir sobre as estereotipias presentes nestas interações e catalisar as mudanças necessárias para a criação de novas pautas inter-relacionais entre os componentes do grupo familiar.

Há um aspecto que me parece prevalente no processo grupal tanto de uma grupanálise, como em uma abordagem psicodramática ou em uma terapia familiar sistêmica, evidenciando ser esta uma peculiaridade do contexto das terapias em grupo. Trata-se da circunstância de que, ao contrário do que ocorre, por exemplo, em um processo psicanalítico ou psicoterápico individual, não é o passado, e sim o presente e o futuro, que monitoram o processo grupal. Como bem o explicitam a grupanalista portuguesa Maria Rita Leal e colaboradores (1997):

> percebe-se (no processo grupal) que os relatos estão muitas vezes mais orientados para o presente e para o futuro do que para o passado, uma vez que a múltipla referenciação das experiências relatadas leva à partilha de projetos pessoais e mobiliza sentimentos de destino pessoal. O grupo só de vez em quando tem ocasião para se ocupar da restituição de uma história pessoal ou da reconstrução do passado individual.

Outro fator determinante das diferenças nos delineamentos do processo grupal é o fato dos grupos serem *abertos (ou de tempo ilimitado)* ou *fechados (ou de tempo limitado)*. Como nos últimos tanto sua constituição quanto sua duração são predeterminadas, ou seja, não ingressam novos membros no decorrer do processo e este tem um prazo fixo para extinguir-se, há uma tendência a que o grupo funcione "focado" em determinados tópicos ou elementos conflitivos comuns a seus componentes.

Os *grupos fechados* são mais frequentes em instituições (como uma forma de corresponder à demanda, possibilitando que mais pacientes possam ser atendidos em determinado período de tempo) e no atendimento a pacientes "homogêneos", sendo que, em ambas as circunstâncias, o caráter focal ou de terapia breve faz com que o processo funcione como um modelo que chamaríamos *em funil*, para diferenciar do modelo *em leque*, característico do processo grupal nos *grupos abertos*.

A comunicação nas grupoterapias

Grande parte do sofrimento humano no convívio grupal radica-se no problema dos *mal-entendidos*. E *mal-entendidos*, na perspectiva psicanalítica, decorrem, sobretudo, do jogo de projeções e distorções por sentimentos preexistentes nas inter-relações humanas. Assim, alguém pode "mal-entender" o que lhe está sendo comunicado pelo interlocutor por atribuir a ele determinadas intenções a partir de seu relacionamento prévio com ele; e aí entram em questão as fantasias pessoais do que sinta e pense o interlocutor em relação a si. Em resumo, o campo comunicacional está minado de emoções que interferem e distorcem o conteúdo do que se quer ou está a comunicar. É o que metaforicamente se designa como *ruídos* na comunicação.

Poderíamos dizer – e não me parece que se esteja a exagerar – que toda a eficácia de um processo psicoterápico, seja ele individual ou de grupo, se apoie no estabelecimento de um *processo comunicacional operativo* entre terapeuta e paciente. A via natural para o exame e correção do comprometimento que possa sofrer este processo é sem dúvida a *transferência*, mas como a ênfase de sua utilização no método psicanalítico é na compreensão do que se passa no mundo interno dos pacientes, ou seja, na abordagem dos fenômenos *intrapsíquicos*, pensamos que muito se perde na observação das vicissitudes comunicacionais em nível *interativo*; essas se tornam particularmente evidenciáveis no contexto pluritransferencial da situação terapêutica grupal e sua leitura sistêmica.

O paradigma circular, que indubitavelmente veio acrescentar qualidade e potenciais aos processos psicoterápicos com a noção de *feedback* ou retroalimentação emocional, teve, como vimos, como um dos elementos axiais de sua sustentação epistemológica os estudos e achados na área dos fenômenos comunicacionais.

Lembremos de passagem que comunicação etimologicamente vem do latim *communicare*, significando ter algo em comum, repartir, compartilhar, que posteriormente deu origem a estar em contato ou relação com alguém. Portanto, a boa comunicação pressupõe o ter algo em comum ou a predisposição ao compartilhamento do que possuímos com alguém. No entanto, como insinua o mito da torre de Babel ("Deus puniu o orgulho e a ambição dos filhos de Noé confundindo-lhes a linguagem") a soberba, o desejo de poder e a rivalidade entre os humanos solapam a possibilidade de comunicar-se efetivamente. Mesmo que a intenção seja fazê-lo, muitas vezes as motivações inconscientes para boicotar o acesso do interlocutor à informação que se possui faz com que essa lhe chegue de tal forma distorcida que o confunde em lugar de esclarecê-lo. E aí se instalam os *mal-entendidos*.

Quem reparte ou compartilha, entrega-se. Comunicar-se de maneira autêntica e eficaz representa, portanto, uma entrega, uma doação não só de significados como de si próprio. E isso pressupõe a confiabilidade no interlocutor, o que, nas circunstâncias das grupoterapias, implica não só confiar no terapeuta como nos demais participantes. O tema da confiabilidade intragrupal tangencia com o do sigilo, do qual já nos ocupamos.

O campo grupal é um espaço privilegiado para retificar mal-entendidos por meio do reiterado trabalho em cima das dissimulações na comunicação verbal e na identificação de quando as palavras expressam algo distinto dos sentimentos a elas subjacentes. Mas para tanto é preciso ir além do registro das motivações inconscientes que permeiam tais distorções na comunicação.

A teoria psicanalítica, nascida sob a égide do paradigma linear, alicerçada na noção fisicalista dos mecanismos de causa e efeito e que redundaram no referencial heurístico do determinismo psíquico, pouco contribuiu para o exame e uma melhor aproximação aos fenômenos comunicacionais incidentes no decorrer de um processo psicoterápico; foi com o advento do paradigma sistêmico-relacional, alicerçado na noção de *feedback* ou retroalimentação, que a fenomenologia comunicacional passou a ser mais bem compreendida e, por conseguinte, melhor trabalhada no contexto psicoterápico, com consideráveis proveitos, sobretudo nas grupoterapias, por razões óbvias.

Liberman (1976), psicanalista latino-americano que se interessou particularmente pelo estudo da comunicação em psicanálise, afirmava textualmente: "na época atual o modelo mental que corresponde mais adequadamente à disciplina psicanalítica pode ser extraído de uma disciplina totalmente alheia ao campo da tarefa do psicanalista: refiro-me à *teoria da comunicação*".

Entre as peculiaridades da comunicação no processo grupal, sobressai-se a importância que nela adquirem os aspectos não verbais, tais como gestos, olhares, mímicas, espaços determinados entre os participantes e o terapeuta, atitudes corporais e outros elementos que pertencem ao que os semiologistas chamam de códigos prosódicos, cinésicos e proxêmicos da linguagem. E todo este complexo comunicacional se insere ou dá sentido ao que denominamos o *clima grupal*, objeto de nosso próximo tópico.

O clima grupal

Cada vez mais, nos parece que o vetor terapêutico primordial de uma grupoterapia, independentemente do referencial teórico em que se sustenta, é o estabelecimento de uma atmosfera ou *clima grupal* propício à manifestação mais livre, espontânea e autêntica possível dos sentimentos que transitam entre os membros do grupo, assim como à expressão do material associativo vinculado a suas experiências prévias e atuais. A manutenção da espontaneidade grupal (e aqui incluímos também a do terapeuta) é elemento essencial para a criação de um clima grupal adequado ao fluir de um processo grupoterápico que se evidencie proveitoso para todos.

A responsabilidade do terapeuta pela criação e pela manutenção desse clima e sua densidade como elemento psicoterápico dependerá, sobretudo, da *atitude* do terapeuta. Essa atitude radica-se em sua *integridade* pessoal, na maneira como sabe manter-se *coerente*, em sua disposição *empática* para com o sofrimento alheio, e, *last but not least*, no prazer com que executa sua tarefa.

As intervenções do terapeuta

As intervenções do terapeuta durante o processo grupal dependem, obviamente, do referencial teórico-técnico em que sustenta sua práxis clínica. Assim, os psicanalistas privilegiam as interpretações dirigidas aos sentimentos transferenciais que circulam no grupo e aos conteúdos inconscientes que emergem do material aportado pelos componentes do grupo. Os psicodramatistas morenianos focam sua ação terapêutica no viés catártico das dramatizações e do jogo de papéis nelas ocorridos. Os terapeutas familiares sistêmicos objetivam propiciar mudanças nas interações entre os membros da família e corrigir mal-entendidos criados pelas vicissitudes comunicacionais. Os behavioristas prescrevem novas atitudes e comportamentos aos membros do grupo, e assim por diante.

Há, no entanto, um fator terapêutico presente e subjacente a qualquer tipo de intervenção do grupoterapeuta e que é proporcionado pela inter-relação estabelecida entre ele e os componentes do grupo e desses entre si. O vínculo interpessoal permanece como o agente terapêutico primordial em qualquer forma de psicoterapia. Sem ele ou quando ele está, por qualquer razão, bloqueado, as intervenções, por mais adequadas e corretas que sejam do ponto de vista da teoria em pauta, serão terapeuticamente ineficientes.

GRUPOS DE AJUDA RECÍPROCA

Os grupos de ajuda recíproca na área de saúde (impropriamente chamados de "auto"- ajuda, já que sua proposta implícita é que uns ajudem aos outros) surgiram a partir dos AA (Alcoólicos Anônimos).

Os grupos AA surgiram nos Estados Unidos, em 1935, a partir do encontro de dois alcoólatras tentando superar seus problemas com a bebida, um corretor da bolsa de Nova Iorque e um cirurgião de uma cidade de Ohio, que depois expandiram sua experiência de mútua ajuda para outros alcoólatras e, assim, criaram um programa que hoje alcança um grande número de dependentes do álcool em diversos países do mundo.

Os grupos AA referenciam-se na prática da conotação positiva às conquistas de seus membros na luta diuturna para superar suas respectivas adições e usam a força da motivação grupal como principal instrumento de sua ação terapêutica. Muitos desses grupos sustentam-se em fundamentos espirituais, ainda que não sectários.

Curiosamente, tais grupos, que não são coordenados por profissionais da área de saúde, e sim por lideranças emergentes do próprio grupo, deram origem a outros grupos de características similares, mas conduzidos por grupoterapeutas, como os grupos ditos homogêneos, ou portadores de um sofrimento compartilhado, tais como os grupos de obesos, artríticos, hipertensos, colostomizados, diabéticos, asmáticos, aidéticos e outros tantos. Também hoje encontramos, ao lado dos AA, grupos coordenados ou não por especialistas em drogadição e que se ocupam não só dos alcoólatras, mas dos portadores de outras dependências químicas.

COMUNIDADES TERAPÊUTICAS

O movimento de humanização dos hospitais psiquiátricos, iniciado por Philippe Pinel em fins do século XVIII, teve seu apogeu com o surgimento das comunidades terapêuticas, a partir de meados do século XX.

A expressão comunidade terapêutica foi pela primeira vez empregada incidentalmente por Sullivan, em 1931, para designar a ação benéfica que uma coletividade poderia ter sobre o doente mental; mas foi com Maxwell Jones que ela se popularizou e passou a ser empregada na sua acepção atual, a partir de seu livro, considerado um clássico na literatura psiquiátrica, publicado em 1953 com o título *A Comunidade Terapêutica*. Por sua vez, segundo Rodrigué (1965), foi Maine, em um artigo intitulado *O hospital como instituição terapêutica* (1946), quem propôs, de maneira explícita, a participação tanto da equipe técnica quanto dos pacientes na estruturação da rotina hospitalar com objetivos terapêuticos.

Maine também discutiu as resistências surgidas para implementar as comunidades terapêuticas, que propunham uma mudança na postura dos membros da equipe técnica, principalmente dos psiquiatras, habituados a centralizar as iniciativas terapêuticas nos antigos nosocômios e que experimentavam muitas dificuldades em renunciar ao poder de que eram detentores. Contudo, como muitas vezes verificava-se um aumento da tensão e da desordem grupal com a convocação dos pacientes para assumir responsabilidades na administração do seu dia a dia, a equipe técnica nem sempre resistia à tentação de recorrer a medidas arbitrárias para manter o *status quo* anterior às mudanças. Em resumo, no microcosmo das comunidades terapêuticas, verdadeiros laboratórios sociais, também se ensaiavam novas formas de exercer a autoridade e estabelecer lideranças funcionais e operativas nas interfaces do poder que passou a circular entre todos os componentes do sistema institucional.

A ação terapêutica dessa nova orientação no atendimento hospitalar psiquiátrico exercia-se, sobretudo, por meio da organização da vida diária com a participação ativa dos pacientes e postulava-se que o ambiente institucional criado sob tal orientação era o principal agente dessa ação terapêutica, daí a designação também como *ambientoterapia* do método terapêutico então criado no âmbito das instituições psiquiátricas.

Blaya (1963), conceitua a ambientoterapia como "uma matriz operacional indispensável ao tratamento hospitalar, em cuja trama se inserem os demais métodos terapêuticos".

A influência da psicanálise e das práticas psicoterápicas dela derivadas tiveram papel determinante na concepção das comunidades terapêuticas, não só fornecendo-lhes substratos metapsicológicos para justificar seus propósitos, como lhes proporcionando técnicas acessórias para a abordagem institucional dos pacientes psiquiátricos, entre as quais, as terapias grupais então emergentes.

Entretanto, o progresso da psicofarmacologia, com o aparecimento de fármacos mais eficazes no controle dos distúrbios mentais em geral, e dos quadros psicóticos em particular, permitiram um melhor acesso aos pacientes com os recursos de natureza psicodinâmica empregados nas comunidades terapêuticas.

Assim, as novas práticas psicoterápicas e os avanços da psicofarmacoterapia encontraram na ambientoterapia a sustentação propícia à expressão e ao desenvolvimento de suas possibilidades como recursos na abordagem dos pacientes psiquiátricos institucionalizados. O ambiente hospitalar passou a ser considerado a matriz em que se inseriam os demais métodos terapêuticos, mas ele mesmo constituindo o principal vetor dos benefícios proporcionados aos pacientes internados nas comunidades terapêuticas.

A ambientoterapia (ou *milieu therapy*, como era então denominada) foi introduzida entre nós com a criação da primeira comunidade terapêutica brasileira em Porto Alegre, RS, por Marcelo Blaya, em 1960. A Clínica Pinel, como então se chamou, passou a ser não só foco irradiador da nova orientação para os demais hospitais psiquiátricos do País como se constituiu em um importante núcleo formador de psiquiatras habilitados a empregar as técnicas ambientoterápicas.

Inspirados na experiência da Clínica Pinel, um grupo constituído por três psiquiatras, uma neurologista e um pediatra[*] criou, em 1965, também em Porto Alegre, a primeira comunidade terapêutica para crianças e adolescentes da América Latina, que igualmente veio a se constituir em referência nacional e internacional para outras instituições congêneres a partir de então.

Tendo estabelecido novos e originais padrões para o atendimento institucional da faixa etária para a qual se destinava, a Comunidade Terapêutica Leo Kanner (nome com o qual foi batizada em homenagem àquele que é considerado o pai da psiquiatria infantil), agregando às funções assistenciais o propósito de desenvolver o ensino e a pesquisa, tornou-se o primeiro centro brasileiro de treinamento e formação de psiquiatras de crianças e adolescentes em regime de residência, tendo sua equipe projetado internacionalmente o trabalho nela realizado por meio de artigos publicados em revistas da Europa e América do Norte.

Por se tratar de uma experiência pioneira oriunda em nosso meio e cuja originalidade a fez merecedora de reconhecimento no exterior, vamos referir, ainda que brevemente, às singularidades que a notabilizaram.

Levando-se em conta as peculiaridades evolutivas das faixas etárias infanto-juvenis criamos para eles uma comunidade terapêutica que se constituísse num amálgama de lar-escola-clube, e nisso provavelmente residiu a maior originalidade e o que distinguiu nossa experiência das que na época se ensaiavam no hemisfério norte com as características de "escolas terapêuticas", partindo do pressuposto de que seu modelo pedagógico era o que deveria servir de referência para a abordagem ambientoterápica de crianças e adolescentes problematizados.

Considerando-se, no entanto, que as vivências familiares antecedem às escolares e constituem o contexto no qual se plasmam todas as demais experiências

---

[*] Drs. Nilo Fichtner, Luiz Carlos Osorio, Salvador Célia, Newra T. Rotta e Ronald P. de Souza.

sociais do indivíduo, tratamos de criar uma estrutura hospitalar tanto quanto possível similar a um lar, onde as funções familiares estivessem representadas nos membros da equipe técnica e demais pacientes, por meio dos quais pudéssemos oferecer novos e mais sadios modelos de identificação e estabelecer vivências relacionais mais satisfatórias do que as que haviam experimentado em seus lares de origem.

No entanto, não se descurou dos elementos educacionais, em que os pacientes pudessem continuar na rotina hospitalar mantendo contato, ainda que de uma forma não curricular, com o que a escola proporciona de conhecimentos sobre o mundo.

Levando em conta a importância dos elementos lúdicos ou recreativos para a satisfatória evolução psíquica de crianças e adolescentes, a comunidade terapêutica abriu espaço para a criação de um "clube" a ser gerenciado pelas próprias crianças. A motivação inicial da equipe técnica para estimular os pacientes a organizarem um clube partiu da observação de iniciativas similares então em curso efetivadas por crianças e adolescentes em seus bairros ou escolas. No entanto, logo o "clube" ultrapassou as fronteiras que lhe destinávamos em nossos objetivos iniciais, passando a constituir-se no núcleo centralizador de nossa experiência comunitária. Assim, da sala destinada inicialmente para sediá-lo, o "clube" espalhou-se por todas as demais dependências da comunidade. Suas atribuições também foram hipertrofiando e encampando tarefas e responsabilidades até então adstritas à equipe técnica, tais como a manutenção do patrimônio da instituição, organização de festas mensais, planejamento de torneios esportivos e recepção a novos pacientes.

Paralelamente à progressiva autodeterminação dos pacientes no que dizia respeito à sua vida dentro da comunidade hospitalar com a criação do "clube", houve uma crescente participação destes no próprio processo terapêutico, do qual deixaram de ser apenas "pacientes" para se tornarem também "agentes". E, com isso, o "clube" passou a se constituir no eixo em torno do qual gravitavam pacientes e membros da equipe técnica na direção do objetivo comum: o retorno das crianças e adolescentes institucionalizados à condição pré-mórbida e sua reintegração nos ambientes de origem.

Algo a salientar, ainda, não só por seu caráter original e talvez sem precedente em instituições similares mesmo com pacientes adultos, é o fato de terem as próprias crianças e adolescentes reformulado "sua" comunidade terapêutica, a partir do paulatino englobamento da estrutura hospitalar pelo "clube". Foi como se os pacientes assim tivessem indicado a seus terapeutas o caminho para instituir o ambiente mais adequado às finalidades terapêuticas, o que ficou plenamente comprovado após a "impregnação" comunitária pelo espírito do "clube".

Sempre tendo em mente que a comunidade terapêutica não pode se distanciar das pautas da realidade cotidiana do ambiente de onde os pacientes provêm e para onde retornarão, preocupava-nos que ela se tornasse uma versão idealizada do que poderia ser o "mundo lá fora" e que em seu retorno para os ambientes de origem os pacientes experimentassem novas frustrações e exacerbassem conflitos em casa ou na escola. Para nossa surpresa o que se verificou foi uma salutar influência sobre os demais familiares dos hábitos, atitudes e formas de se relacionar adquiridas pelas crianças e adolescentes na comunidade terapêutica.

Sem dúvida, a mais expressiva contribuição trazida pela ambientoterapia à psiquiatria hospitalar foi a "descoberta" do paciente como agente terapêutico. Até então, era o paciente considerado como um receptador passivo dos tratamentos a que o "submetiam" nos hospitais psiquiátricos. Clinoterapia, eletrochoque, insulino ou farmacoterapia exigiam um mínimo de participação do paciente; e quanto mais dócil e passivamente aceitava as intervenções terapêuticas, maiores as expectativas quanto a sua recuperação.

O advento da comunidade terapêutica estabeleceu um giro de 180 graus na posição agora esperada do paciente; passa a ser ele a partir de então o núcleo dinâmico e atuante do tratamento institucional.

Funcionando com os núcleos sadios de sua personalidade, o paciente centraliza o processo ambientoterápico, do qual se torna, ao mesmo tempo, origem e destinação. É ele quem, a modo de um diapasão, dá a frequência segundo a qual devem vibrar e se afinar os componentes da equipe técnica, e essa será tanto mais eficiente quanto melhor perceber as necessidades emocionais básicas do paciente, souber captar os rumos que esse determina para sua recuperação e ajudá-lo a desenvolver seus potenciais de funcionamento social.

Quanto aos terapeutas ou membros da equipe técnica, o psiquiatra foi o primeiro a ser instado a abrir mão de tendências conservadoras ou centralizadoras e abandonar o postulado tradicional de que é sobre ele que recai toda a iniciativa terapêutica. Sua ação passou a ser calibrada pelo comportamento comunitário dos pacientes e demais componentes da equipe técnica, que, por sua vez, precisam acompanhar e aprender a reconhecer as flutuações e mutações inerentes ao processo ambientoterápico.

Do ponto de vista psicodinâmico, a ação curativa das comunidades terapêuticas passa pela recomposição das perturbadas relações interpessoais com que os pacientes nelas ingressaram e para tanto se espera que os membros da equipe técnica possam funcionar como novos e mais saudáveis modelos de identificação para os pacientes, assim como proporcionar-lhes experiências emocionais corretivas no contexto da vida comunitária.

Quanto às atividades comunitárias, elas não constituem apenas uma forma de manter os pacientes ocupados durante sua estada na comunidade ou pô-los a cumprir as tarefas domésticas que precisam ser compartilhadas; mas, principalmente, têm o propósito de reconectá-los com suas habilidades e talentos obscurecidos pela enfermidade mental, estimular-lhes o prazer lúdico do trabalho realizado coletivamente e devolver-lhes a motivação para voltar às ocupações prévias à internação e ao convívio de sua rede social.

A comunidade terapêutica teria como objetivo criar um clima de tolerância e absorção das manifestações regressivas dos pacientes mentalmente perturbados, ensejando-lhes satisfações mais adaptadas de suas necessidades instintivas básicas e permitindo-lhes utilizar os núcleos íntegros ou sadios de sua personalidade na busca de novos padrões transacionais com a sociedade.

Como método grupoterápico, a ambientoterapia situa-se em uma faixa própria, ainda que parcialmente nutrida pelo enfoque teórico da psicanálise e incluindo em sua prática contribuições de outras procedências. Embora atuando em um *setting* sistêmico, a maioria das comunidades terapêuticas existentes hoje não tem se beneficiado dos aportes da visão neoparadigmática para orientar a sua práxis.

CUIDADOS COM OS CUIDADORES

O que entendemos por *cuidadores*? São os profissionais da área de saúde (médicos, dentistas, enfermeiros, fisioterapeutas, psicólogos, assistentes sociais, etc.), cuja função precípua é cuidar de pacientes e promover seu bem-estar físico, psicológico e social.

Habitualmente, esses cuidados requerem uma atitude e disponibilidade por parte desses profissionais que vai além de suas competências técnicas para o exercício de suas funções, além de que lidar com o sofrimento que sempre acompanha a perda da saúde, muitas vezes exercendo suas atividades nas fronteiras entre a vida e a morte, é fator altamente estressante e, por si só, determinante de uma sobrecarga emocional a tais "cuidadores"; somem-se a esta as sobrecargas, não específicas de suas funções, mas certamente por elas exacerbadas, provindas da relação com colegas e do contexto institucional em que atuam.

Por tudo isso, são eles também merecedores de cuidados, para que não enfermem também, tanto no plano físico como mental. Não por acaso, é alta a incidência de distúrbios de natureza psicossomática entre esses profissionais.

Quando os cuidadores necessitam de cuidados?

Quando, para utilizarmos a metáfora anteriormente proposta, há um acúmulo de *lixo psíquico* em função de situações de estresse provindas de:

- Atendimento a pacientes e seus familiares.
- Relação com colegas.
- Contexto institucional em que exercem sua atividade profissional.
- Rompimentos no tecido de sua rede familiar e social.

Como tais situações tendem a ser ubíquas nas equipes de saúde e não afetam isoladamente cada profissional, mas a todos no contexto do grupo que constituem, os cuidados devem ser ministrados no âmbito da própria equipe, desde que haja consenso quanto à necessidade coletiva.

Desde meados dos anos 1980, temos sido solicitados por equipes da área de saúde, no Brasil e também em Portugal, para desenvolver programas de cuidados com os cuidadores com um duplo propósito: oportunizar aos participantes o aprendizado de como lidar com as consequências do estresse acumulado pelo trabalho com pacientes em sofrimento físico ou psíquico e proporcionar-lhes ferramentas grupais para manejar as tensões intragrupais, muitas vezes decorrentes da natureza de seu trabalho.

Para tanto, desenvolvemos uma metodologia que se apoia nas seguintes modalidades de intervenção:

- Atenção continuada
- Interconsultorias vivenciais
- Laboratórios de relações interpessoais

Atenção continuada

Consiste em reuniões de grupos de profissionais da área da saúde, em número não superior a 15 (*face-to-face groups*), de periodicidade e duração variáveis, conforme as conveniências dos interessados, em que são trazidas situações vivenciais geradoras de estresse no relacionamento com pacientes e seus familiares, com participantes do próprio grupo ou com outros colegas do local de trabalho, bem como com as instâncias administrativas das instituições onde exercem suas atividades profissionais.

Os recursos técnicos utilizados em tais ocasiões consistem no emprego de atividades reflexivas sobre o cotidiano profissional dos cuidadores com o modelo proposto pelos grupos operativos de Pichon Rivière, o emprego de *role playings* como recurso de exteriorização das situações estressantes e sua elaboração e a inserção de interconsultorias vivenciais.

Nessa modalidade de cuidado com os cuidadores, nosso propósito é proporcionar-lhes a oportunidade de reciclar seu "lixo psíquico" em uma ambiência adequada e que passe a fazer parte de sua rotina de trabalho (daí a denominação "atenção continuada") como um momento em que se ocupem com os efeitos da sobrecarga emocional decorrente da natureza de seu trabalho e possam examinar os reflexos dele em seus relacionamentos interpessoais.

Esses programas de atenção continuada não têm, contudo, duração indeterminada: podem ser contratados por períodos de tempo renováveis, enquanto o grupo entenda que lhe sejam úteis ou até que seus participantes adquiram as ferramentas operacionais que lhes permitam realizar por conta própria a tarefa proposta, transformando-se, então, em um grupo de ajuda recíproca.

Pensamos que tais programas introduzidos na graduação dos profissionais da área de saúde poderiam se constituir em valiosa contribuição, não apenas para o alívio das tensões a que estão sujeitos os estudantes da mencionada área, como para a aprendizagem do relacionamento com pacientes e seus familiares e com colegas da sua e de profissões afins no contexto de atividades que compartilham. É muito possível que com isso pudéssemos reduzir significativamente, não só o grau de sofrimento psíquico dos cuidadores advindo do exercício de suas funções, mas também prevenir a ocorrência de conflitos interpessoais emergentes nas equipes e instituições onde desenvolvem seu trabalho.

Geralmente trabalhamos com grupos que já vêm atuando como equipes interdisciplinares e que solicitam nossa intervenção com um foco bem definido: por exemplo, profissionais do setor de oncologia de determinado hospital buscam ajuda para melhor suportar e aprender a lidar com as ansiedades decorrentes do trabalho com pacientes terminais; ou uma equipe recentemente constituída para desenvolver uma nova modalidade assistencial em uma instituição prestadora de serviços na área médica encontra dificuldades para ajustar profissionais de distintas procedências em um projeto compartilhado e seu objetivo primordial é aprender como conviver com as diferenças de enfoques e técnicas empregadas: ou, ainda, profissionais de disciplinas com fronteiras mal definidas querem estabelecer parâmetros éticos e técnicos que permitam aparar as arestas de um relacionamento conflituoso em função da rivalidade exacerbada pela disputa de fatias do mercado de trabalho. Como podemos perceber, nas situações mencionadas estão presentes os ingredientes estressores e que levam ao acúmulo de "lixo psíquico" por parte dos componentes dessas equipes.

Em outras circunstâncias, recebemos essa solicitação para uma ação preventiva em equipes ainda em formação, mas cujos participantes, seja por experiências prévias em outros grupos de trabalho na área de saúde, seja por já terem se beneficiado de ajuda psicoterápica anterior, estão cônscios da natureza ansiogênica das interações em ambientes saturados de sofrimento físico e psicológico.

Interconsultorias vivenciais

Essa modalidade pode ser desenvolvida tanto como uma atividade independente, quanto como parte da atenção continuada referida no item anterior ou dos laboratórios que mencionaremos a seguir.

Trata-se de um exercício grupal em que um dos participantes (o consultado) relata uma situação de trabalho que o tenha sobrecarregado emocionalmente, seja pela condição mórbida do paciente alvo de seus cuidados, seja pelas dificuldades em lidar com os familiares desse paciente ou ainda por desentendimentos com colegas de equipe ou outros profissionais no âmbito da instituição em que trabalha. Outro participante, escolhido pelo consultado e não comprometido com a situação a ser trazida, funciona então como consultor, procurando auxiliar o consultado a visualizar sob diferentes ângulos a situação que o perturba, bem como a ensaiar distintas maneiras de lidar com ela. O consultor é instruído a não sugerir soluções que lhe ocorram, por mais pertinentes que lhe possam parecer, mas a incentivar o consultado a perceber seus próprios e novos caminhos para encontrar saídas. A proposta é trabalhar para que uma situação que muitas vezes parece dilemática e gera um impasse possa se transformar em uma situação dialética, em que o consultado possa dialogar com o consultor (e depois consigo mesmo), buscando alternativas para reduzir o campo tensional subjacente ao tema trazido à interconsultoria. Enquanto isso, outros participantes funcionam como observadores, tanto da interação entre consultor e consultado como do desenrolar do processo da consultoria.

Em uma ocasião posterior repete-se o exercício, alternando-se os papéis: quem foi o consultado agora poderá ser o consultor ou um dos observadores e, por sua vez, o consultor poderá ser consultado ou observador, de tal sorte que todos tenham a oportunidade de exercer distintos papéis e assim trocarem suas experiências no manejo de situações estressantes usuais e muitas vezes compartilhadas no seu cotidiano profissional.

Ao coordenador do processo cabe estabelecer as coordenadas de tempo e espaço para o exercício, além de funcionar como memória retroalimentadora da experiência. Ao final relata sua síntese do que presenciou, tendo o cuidado de manter-se na mesma posição de abstenção proposta aos consultores (seu objetivo é estimular o grupo a buscar formas de reciclar seu "lixo psíquico" a partir de sua própria competência relacional) e oferecer um espaço continente onde todos se sintam predispostos a intercambiar vivências ansiogênicas de seu dia a dia profissional, bem como a refletir prospectivamente sobre formas de mitigá--las e promover as mudanças necessárias para atenuar sua reincidência futura.

Laboratórios de relações interpessoais

São encontros intensivos de fins de semana com propósitos similares aos das opções já referidas e que eventualmente se oportunizam pelo desejo dos cuidadores de, a curto prazo e em caráter emergencial, resolverem situações agudas de "acúmulo de lixo psíquico" em sua práxis profissional.

Tais laboratórios podem, contudo, ser solicitados por razões bem distintas, tais como as dimensões do grupo a ser atendido; nesse caso, há necessidade de ser considerada a fragmentação em pequenos subgrupos (sempre com as características dos *face-to-face groups*) e se proporem atividades intergrupais que possam potencializar os resultados buscados. Em tais circunstâncias, a formatação do laboratório permite que sejam obtidos esses valores agregados ao trabalho com grupos maiores.

Quanto à sistemática e atividades a serem desenvolvidas nesses laboratórios, remetemos os leitores a um dos capítulos seguintes, em que estaremos examinando em mais detalhes esta modalidade técnica de abordagem grupal que, utilizada tanto com fins terapêuticos quanto pedagógicos, tem sua principal aplicação no trabalho institucional.

9
NA ÁREA EDUCACIONAL

O GRUPO COMO ESPAÇO PRIMORDIAL DE ENSINO/APRENDIZAGEM

Dos bancos escolares aos cursos de pós-graduação, o grupo é o espaço primordial das tarefas de ensino/aprendizagem. Em tempos idos, a situação grupal visava apenas estender a um maior número de alunos a transmissão de conhecimentos por parte do professor, que era feita no modelo verticalizado do paradigma linear. Com o advento do paradigma sistêmico-relacional, verificou-se a possibilidade de enriquecer o processo de ensino/aprendizagem com atividades grupais propiciadoras de trocas entre os estudantes; mais adiante, a interação professor-aluno amplificou o intercâmbio de conhecimentos, quer no ensino presencial quer no ensino à distância, proporcionado pelos avanços da tecnologia a serviço da informação.

As transformações das instituições de ensino provocadas pela emergência do pensamento sistêmico-relacional conduzem, necessariamente, à sua ênfase no trabalho com grupos e coloca o professor não só como emissor de conhecimentos, mas também como ativador dos processos interacionais que objetivam o preparo dos alunos para viver em um mundo fortemente influenciado pela visão do novo paradigma.

O professor, pela própria natureza de suas funções, está convocado a exercer o papel de coordenador de grupos no exercício cotidiano de suas atribuições. E melhor o faria, seguramente, se em sua formação profissional, ao lado do preparo pedagógico, recebesse subsídios sobre como desempenhar essa tarefa, apoiando-se na compreensão e manejo dos fenômenos grupais.

A pedagogia moderna vê o professor não mais como um mero "instrutor" de seus alunos, mas como um "mediador" entre estes e os conhecimentos disponíveis. Mais "educação", menos "ensino", é a palavra de ordem, e, se atentarmos para a etimologia dessas palavras, nos daremos conta de quão adequada é essa colocação: "ensino" (*in+signo*) quer dizer pôr nossa marca ou sinal em alguém, enquanto "educação" (*e+ducare*) significa exteriorizar ou conduzir para fora (no caso, o conhecimento latente ou potencial do educando).

Pois bem, nessa mudança de paradigma, o professor está convidado a desempenhar menos o papel de quem, detentor do suposto saber, o deva transmitir ao aluno e mais, muito mais, o de um catalisador da curiosidade epistemofílica desse. O processo de aprendizagem é, sobretudo, ativo e seletivo: só se aprende o que quer e o que interessa. O resto "apreende-se": pode ser retido na memória o tempo suficiente para que se o despeje no cumprimento formal dos procedimentos de avaliação, ou automatizado para efeitos de sobrevivência, mas não para o *imprint* intelectual que o torne disponível para o exercício criativo de nossas funções mentais.

Quando dizemos que o ser humano é um ser gregário queremos com isso dizer que se inclina ou está motivado para o aprendizado do viver grupal. Logo, cresce de importância e significados a função do professor como agente desse aprendizado em sala de aula. É algo que transcende seu papel de preceptor de conhecimentos para inserir-se na pauta do que – para fugirmos à conotação de gênero do termo "hominização" – poderíamos denominar a "pessoalização" do ser humano. Somos "pessoas" e não apenas "indivíduos" quando introduzimos a noção de alteridade em nosso universo cognitivo-afetivo. Existe a expressão interpessoal, mas não interindividual, para caracterizar esse espaço relacional virtual entre os seres humanos.

Dirá, alguém, que o aprendizado da interpessoalidade começa no seio da família e que o indivíduo vem para a escola com o selo desse aprendizado (ou ausência dele) familiar prévio. Há, contudo, uma peculiaridade que coloca a escola como um lócus ao mesmo tempo privilegiado e crucial para este aprendizado: nela se experiencia a condição prototípica da diversidade humana, pela convivência de indivíduos provenientes de distintas "culturas" familiares. E essa experiência é orquestrada pelo professor, que pode enriquecê-la com os ingredientes da tolerância, da solidariedade, da cumplicidade amiga, ou mantê-la empobrecida e desvirtuada pelo estímulo à rivalidade, à intransigência e à discriminação entre os diferentes.

Estar em grupos, viver em grupos, trabalhar em grupos, ideologizar-se em grupos, pensar, sentir e agir grupalmente – tal é a práxis a que nos conduz o gregarismo de nossa condição humana. Para isso *é preciso* aprender-se a *con+viver*, a *con+duzir* nossos processos grupais de maneira que os esforços individuais se suplementem em busca da prosperidade, do entendimento e bem-estar coletivos. A escola é o inestimável laboratório para esse aprendizado, assim como os professores são inegavelmente os guias das futuras gerações nas trilhas que levam a uma melhor qualidade de vida relacional.

A pauta desse aprendizado está no desenvolvimento de interações satisfatórias e no estabelecimento de comunicações operativas entre todos os componentes do sistema educacional (docentes, discentes e familiares).

Pode-se dizer que o grande obstáculo ao progresso humano – expresso no mito da torre de Babel – está na incomunicabilidade humana, alimentada pelo insopitável desejo de poder e o consequente desrespeito ao direito alheio.

A alteridade humana, que se exercita no contexto dos grupos, pressupõe a aceitação e a convivência com as diferenças, sendo a vida escolar o primeiro grande teste de capacitação do indivíduo para o que será o cotidiano de sua existência: viver em grupo.

Aprender a estar e trabalhar em grupo é, sobretudo, aprender a conversar. Um dos sentidos etimológicos da palavra conversar é "mudar juntos" (*con* + *versare*). De uma conversa os que dela participam devem sair "transformados", isto é, tanto uns como outros tendo experimentado o enriquecimento com a troca de pontos de vista. Ou seja, é preciso escutar para conversar. Se cada um quer apenas apresentar seus argumentos e ser ouvido (como ocorre tantas vezes em um casal discutindo), o mais provável é que ambos saiam da discussão mais arraigados a seus pontos de vista e empobrecidos na interação. E a "conversa" não terá passado de um monólogo a dois (ou "diálogo de surdos").

Tudo isso para enfatizar que o aprendizado de estar em e com grupos começa pela disponibilidade em "conversar", no sentido supracitado. A escola, nesse ponto de vista, é, então, um espaço privilegiado para que se aprenda antes e acima de tudo a conversar, a "mudar juntos", professores e alunos, pela experiência da mútua convivência.

APRENDENDO A TRABALHAR COM GRUPOS EM GRUPO

A capacitação para o trabalho com grupos ou equipes de qualquer natureza pressupõe a utilização do próprio grupo como veículo pedagógico. Esse propósito consubstanciou-se com o surgimento dos *grupos de reflexão*.

Os *grupos de reflexão* apareceram no cenário das práticas grupais na década de 1960 do século passado como uma variante dos grupos operativos criados alguns lustros antes por Pichon-Rivière e destinados a proporcionar a médicos residentes em psiquiatria no Instituto Borda de Buenos Aires a oportunidade de neles elaborar as tensões geradas no trabalho com pacientes psiquiátricos. Posteriormente, já no limiar dos anos 1970, foram incorporados à formação de profissionais para coordenar grupos em geral e grupos terapêuticos em particular, com o propósito de criar um espaço reflexivo em que os alunos pudessem vivenciar a experiência de participar como membros de um grupo.

Não se sabe ao certo quem empregou pela primeira vez a expressão *grupos de reflexão*, mas foi certamente um dos membros do grupo pioneiro em sua introdução como instrumento de aprendizagem nas práticas grupais, Alejo Dellarosa (1979), quem a consagrou, no seu livro, hoje já clássico, publicado em 1979, em que narra o surgimento e primeiros desenvolvimentos da técnica.

Essa modalidade reflexiva na formação de profissionais voltados ao trabalho com grupos tem como antecedentes os *T-groups*, ou grupos de formação em dinâmica de grupos (criados a partir de 1956), que por sua vez são oriundos da proposição original de Lewin, na década anterior, de que se examinasse que bloqueios na comunicação interpessoal impediam o progresso das investigações em seu Centro de Pesquisas sobre Dinâmica de Grupos do M.I.T.

Dellarosa, ao sistematizar a técnicas dos *grupos de reflexão*, observou que seu objetivo, precípuo era propiciar aos alunos, durante seu treinamento, a oportunidade de viverem a experiência de participar como membros de um grupo e que esse grupo se constituísse em um espaço onde pudessem elaborar as tensões engendradas pelas atividades do curso, a relação com os professores e entre os colegas. Ainda que o foco fosse o exame das dificuldades relacionais presentes durante a tarefa de aprendizagem, não se deveria esperar que tais grupos cumprissem funções terapêuticas, devendo, portanto, seus coordenadores evitar a utilização do material emergente para fazer considerações que invadissem a vida privada dos participantes.

Segundo Dellarosa (1979) "Nos grupos operativos, a tarefa interna exige que os membros realizem uma permanente indagação das operações que se realizam no seio do grupo, em função da relação com a tarefa externa, vista como organizadora do processo grupal". Esta atitude de "re-fletir(se)" sobre a experiência do próprio grupo enquanto grupo é o ponto de partida dos *grupos de reflexão*.

Os *grupos de reflexão* têm por finalidade precípua desenvolver as habilidades dos participantes de "pensar" o próprio grupo a partir de uma experiência compartilhada de aprendizagem, mantendo, contudo, uma cuidadosa discriminação entre a proposta de utilizar os sentimentos emergentes do grupo para compreender os fenômenos grupais (e simultaneamente desenvolver as habilidades de seus componentes) e qualquer outra intenção de cunho psicoterápico dirigida a seus membros. Esta intenção, sempre que estiver presente, seja na mente do(s) coordenador(es) como na dos demais participantes, será entendida como uma interferência indesejável e que compromete a eficiência do grupo de reflexão enquanto instrumento de aprendizagem.

Nossa experiência com o emprego sistemático dos grupos de reflexão no ensino das práticas grupais data dos anos 1980, e desde então os incluímos como atividade primordial em nossos cursos de capacitação de profissionais para trabalhar na coordenação de grupos, terapêuticos ou não.

Mais recentemente introduzimos em nossos cursos de especialização em terapia de casais e famílias um espaço vivencial denominado *"grupos de reflexão sobre as vivências familiares"*, em que os alunos trazem suas reflexões sobre as famílias de origem e as atuais para compartilhar com o grupo de colegas, sob nossa coordenação. Para auxiliar o aporte de informações sobre suas respectivas famílias os alunos são encorajados a se valerem dos meios que julguem melhor para expressar suas impressões e sentimentos, desde a clássica elaboração do genetograma comentado até a apresentação de fotos, vídeos, desenhos, textos ou melodias evocativas, e tudo o mais que sua escolha espontânea e criativa proponha.

Esses momentos são subdivididos em duas fases: *apresentação* e *revisão*, de duração variável conforme o número de participantes da turma e as necessidades de cada um, destinando o segundo deles à avaliação por parte do apresentador, com o auxílio dos demais componentes do grupo e do(s) coordenador(es) do curso, do impacto mobilizador de tais vivências, bem como de sua contribuição potencial ao trabalho de cada um com as famílias que atende.

Seguindo os delineamentos técnicos e os propósitos dos grupos de reflexão evitamos que tais momentos se transformem em "sessões psicoterápicas", embora reconhecendo, com Pichon-Rivière, que, na prática, aprendizagem e terapia se confundem. Alguns de nossos alunos têm emergido de tais exercícios vivenciais sobre suas relações familiares mobilizados para continuar examinando tais relações no contexto de terapias individuais ou grupais fora do âmbito do curso.

Mencionamos essa adaptação que fizemos do modelo original proposto por *Dellarosa*, para incluí-lo na formação de terapeutas de casais e famílias, com o objetivo de enfatizar o amplo espectro de aplicações dessa modalidade de grupo operativo a que denominamos "grupo de reflexão" na prática pedagógica em geral.

Os grupos de reflexão, inicialmente empregados na formação dos grupoterapeutas latino-americanos, têm recentemente ampliado seu leque de aplicações para outras áreas pedagógicas, mesmo fora do eixo psicoterápico. Assim, podemos encontrá-los, em suas variantes e sob denominações outras, no âmbito dos programas de educação médica continuada, nas consultorias empresariais, nos laboratórios de relações interpessoais e nos cuidados com os cuidadores.

SUPERVISÃO (INTERVISÃO) NO TRABALHO COM SISTEMAS HUMANOS

A relação do mestre com seus aprendizes, na transmissão de conhecimentos sobre como exercer um ofício, é o protótipo do que hoje conhecemos como "supervisão". A *supervisão*, como a etimologia do termo sugere, pressupõe a existência de um profissional mais experiente que lance um olhar sobre o trabalho de seu colega – menos experiente e geralmente mais jovem – e que, da posição privilegiada de quem detém o saber desejado, o oriente *paternalisticamente* nos meandros da sua prática profissional.

O termo "supervisão" denota uma postura hierarquizante, colocando quem supervisiona como detentor de um suposto saber que irá transferir ao aprendiz do ofício, mediante a prática do trabalho supervisionado. Essa postura é um resquício da verticalização do conhecimento proposto pelo paradigma linear; no paradigma sistêmico-relacional, a vivência singular do aprendiz, no exercício de sua tarefa, passa a ser valorizada como um conhecimento *per se*, que irá retroalimentar a função do supervisor. A supervisão torna-se, então, uma intervisão, ou seja, um olhar compartilhado pelo mestre e seu aprendiz sobre o objeto do aprendizado.

A *super-visão*, nesta concepção, transforma-se, então, em uma *co-visão* ou *inter-visão*, em que o olhar mais experiente necessariamente não é o que melhor percebe ou discrimina, mas tão somente o que aponta os trajetos já palmilhados ou participa conjuntamente com o supervisionado da descoberta dos caminhos a percorrer. É daí que se deriva o uso pedagógico da expressão ensino-aprendizagem ou "ensinagem" (Anastasiou; Alves, 2010). Por se tratar de um termo consagrado pelo uso, feitas as ressalvas anteriores, passamos a utilizar a expressão "supervisão" para identificar o procedimento em pauta neste tópico.

No campo das ciências psicológicas, foi a psicanálise que introduziu em sua práxis educacional a supervisão como um dos pilares do treinamento de novos psicanalistas. A relação dual psicanalista – paciente foi transferida para a relação dual supervisor – supervisionado. Mais adiante, com o surgimento das práticas terapêuticas grupais, a supervisão passou a ser também uma tarefa compartilhada por vários supervisionandos com seu supervisor.

As modalidades de supervisão apresentam um largo espectro determinado por inúmeras variáveis; referenciais teórico-técnicos do supervisor, propósito a que se destinam, objetivos a alcançar, recursos pedagógicos disponíveis, lembrando que os avanços tecnológicos propiciaram condições para que as supervisões se processassem "a distância" e por veículos midiáticos distintos.

Coaching

No âmbito da práxis educacional com o ambiente empresarial a abordagem do momento é o *coaching*. O *coaching* nasceu nos Estados Unidos em fins do século passado e chegou ao Brasil, há pouco mais de uma década, como uma metodologia capaz de otimizar o desempenho dos líderes empresariais e dos executivos de maneira geral. Popularizou-se de tal modo que estendeu seus supostos benefícios em derivações tais como *coaching* para a vida pessoal, para atingir metas financeiras, para *performances* em geral, para fins de saúde ou propósitos espirituais, e até para auxiliar noivas em seus casamentos ou pessoas que querem emagrecer.

O *coaching* provém do ambiente esportivo, em que se tornou prática corrente entre os atletas de alto nível ter um *coach* (palavra que se traduz por treinador) para auxiliá-lo a melhorar suas *performances*. Dele, derivam-se os *personal trainers* que se dedicam a supervisionar as atividades físicas de qualquer pessoa, mesmo não sendo atletas.

A expansão do *coaching* a outras áreas que não a esportiva deve-se ao sucesso alcançado pelo livro de Timoty Gallwey, *The Inner Game of Tennis*, publicado em meados de 1970. Gallwey, que era um *coach* profissional de tênis, focou o processo de conseguir melhor desempenho não nos competidores do mundo externo, mas no que ele considerou os oponentes internos do indivíduo, que são suas próprias limitações e fraquezas. O que ele chamou, então, de jogo interno é esta luta de cada um para superar o que inibe a obtenção de melhores resultados, seja em que área for.

O *coaching* diferencia-se das tradicionais consultorias voltadas à gestão de negócios, embora com elas mantenha pontos de tangência.

Hoje, existem no País diversos centros de formação de *coaches*, que são profissionais procedentes de distintas áreas, com ou sem graduação acadêmica prévia.

Em uma empresa, os *coaches* podem ser contratados como prestadores de serviço externo ou serem os diretores ou gerentes que exercem tais funções internamente, capacitando-se para tal em um dos inúmeros cursos existentes.

Pelas origens da metodologia e por seu caráter de desenvolvimento individual, o *coaching* não se insere nas pautas do paradigma sistêmico-relacional, e os profissionais são questionados se o que exercem conta com os subsídios necessários para ajudarem seus *trainees* a adquirir a visão sistêmica indispensável para o sucesso no mundo dos negócios em um futuro não tão remoto.

Em nosso entender, há um vício de origem ainda vigente na formação dos *coaches*, que provém de uma tendência à univocidade característica do paradigma linear. Assim, parte-se do pressuposto de que há uma maneira certa ou um conjunto de regras a se cumprir para chegar a determinado objetivo. Como consequência, entende-se que é preciso estabelecer um *programa* de treinamento para alcançar o alvo.

Qualquer metodologia apoiada no modelo do paradigma linear tem um direcionamento *em funil*, ou seja, procura-se chegar a uma só causa, uma só verdade, um só procedimento correto ou eficaz de lidar com determinada situação. Já a metodologia inspirada no pensamento complexo trabalha com a abertura do *leque* de possibilidades a considerar e sempre toma na devida conta o princípio da incerteza.

No pensamento complexo, derivado do paradigma sistêmico-relacional, privilegia-se a *estratégia*, e não o *programa*, e a estratégia está focada no desenvolver competências para lidar com o inesperado e com os imprevistos.

Em suma, o que queremos com isso dizer? Que um *coach* embebido pela visão neoparadigmática, pensando *em leque*, e não *em funil*, voltado para *estratégias*, e não para *programas*, com um olhar prospectivo no que poderá vir a ser, e não no que é ou foi, terá mais condições de ser de utilidade para os homens de negócios.

Parte IV
PRÁXIS COM CASAIS E FAMÍLIAS

10
TERAPIA DE CASAIS E FAMÍLIAS

Para alguns psicanalistas, a terapia de famílias começou com Freud, quando ele empreendeu o tratamento do menino com fobia a cavalos, o pequeno Hans, em 1905, cujo pai foi introduzido como agente terapêutico. Mas foi Ackerman, psiquiatra infantil e psicanalista que migrara com sua família para os Estados Unidos, fugindo do antissemitismo e das consequências da Primeira Guerra Mundial, considerado o verdadeiro pai da terapia familiar ao publicar, em 1937, o primeiro artigo sobre o tratamento de famílias visualizadas como uma unidade psicossocial.

Diz-se que a psicoterapia de casais nasceu coincidentemente com o surgimento do psicodrama como técnica psicoterápica, quando, em 1922, Moreno, seu criador, atendeu o primeiro casal utilizando-se de seu método.

Mas foi com o advento do paradigma sistêmico-relacional que tanto a terapia de famílias como a de casais experimentou seu *boom* como modalidade psicoterápica. Pode-se afirmar que a terapia familiar é a expressão clínica do pensamento sistêmico-relacional. Sendo assim, é lícito que reservemos um espaço privilegiado neste capítulo para a chamada terapia familiar sistêmica.

TERAPIA FAMILIAR SISTÊMICA: A EXPRESSÃO CLÍNICA DO NOVO PARADIGMA

A terapia familiar sistêmica nasceu *pari passu* com a elaboração das teorias que balizaram a entrada em cena do novo paradigma. Se fôssemos escolher um evento emblemático do surgimento da terapia familiar sistêmica esse seria a publicação do artigo sobre o duplo vínculo de Bateson, em 1956, (ver Cap. 3 deste livro) e os estudos posteriores sobre a comunicação nos esquizofrênicos, que deram origem à teoria da comunicação humana e sua aplicação ao atendimento de famílias pelo chamado grupo de Palo Alto. Esse grupo, uma equipe interdisciplinar liderada por Bateson, na cidade de Palo Alto, na Califórnia, Estados Unidos, foi responsável pela introdução formal da que depois seria denominada *terapia familiar sistêmica*.

Segundo Bateson, o comportamento esquizofrênico resultaria do emprego reiterado de comunicações tipo duplo vínculo no contexto familiar. Esse seria o primeiro passo para a consideração de que o paciente seria um emissor da patologia familiar (correspondendo à denominação "paciente identificado", de uso corrente a partir de então entre os terapeutas sistêmicos).

Até aqui, Bateson continuava navegando nas águas do paradigma linear, padrão causa (duplo vínculo) → efeito (esquizofrenia); mas, então, entra em cena a contribuição da cibernética, com sua noção de *feedbacks* positivos (que induzem às mudanças no sistema) e negativos (que procuram manter a homeostasia do sistema), acolhida por Bateson (1985) com o entusiasmo expresso hiperbolicamente nesta frase: "A cibernética foi a maior mordida na árvore do conhecimento que a humanidade deu em 2 mil anos".

Por seu turno, o estudo dos sistemas abertos em contínuos processos de mudança/equilíbrio e permanentes trocas com o exterior, como são os sistemas biológicos estudados por Von Bertalanffy, forneceu, por isomorfia, o modelo para se pensar os grupos humanos segundo a ótica circular que caracteriza o novo paradigma, em que o que conta não é o que se passa na mente dos indivíduos que compõem o grupo, mas nas interações entre eles.

A ênfase posta no intrapsíquico pela psicanálise cedeu passo, então, à hierarquização do interpessoal no estudo do que se passa na intimidade dos grupos humanos. Essa mudança de foco do *intrapsíquico* para *o relacional*, ou *interpessoal*, é, sem dúvida, a pedra de toque da visão neoparadigmática no que diz respeito aos sistemas humanos.

Voltando à hipótese do duplo vínculo, alimentada pelas noções subsequentemente incorporadas dos *feedbacks* positivos ou negativos e das influências recíprocas entre os componentes de um sistema, vamos nos encontrar com o questionamento básico dos pioneiros da terapia familiar; se mudarmos os padrões interativos no seio de uma família, podemos alterar o comportamento de seus membros e por consequência a patologia de seu(s) membro(s) enfermo(s)?

Procurando responder a essa questão e tendo o objetivo de obter tais mudanças no jogo interativo dos membros de uma família, os terapeutas familiares sistêmicos passaram a desenvolver uma série de estratégias e variantes técnicas visando a alcançar tais propósitos; entre elas, mencionaríamos a aplicação "terapêutica" e, portanto, paradoxal, do duplo vínculo e suas mensagens contraditórias, a prescrição ou conotação positiva do sintoma, a provocação terapêutica, o questionamento circular, e outras mais (Osorio, 2002).

Nos momentos iniciais, sob a influência da chamada cibernética de primeira ordem, e ainda com o pressuposto da objetividade da posição do terapeuta-observador (crença compartilhada com o paradigma linear), a terapia familiar sistêmica pôs sua ênfase na correção dos desvios apresentados pela família (pela retroalimentação negativa ou manutenção da homeostase familiar) ou no incremento desses desvios (pela retroalimentação positiva ou desequilíbrio da homeostase familiar).

Por isso, há quem diga que só com o advento da cibernética de segunda ordem, incluindo o observador no contexto dos fenômenos observados e considerado incapaz da pretendida objetividade enquanto participante do processo, ocorreu na sua plenitude a mudança paradigmática e, por sua vez, deu-se um novo rumo à terapia familiar sistêmica, em que o espaço terapêutico passou a ser cada vez mais considerado como o de uma (re)construção de significados na relação não hierarquizada entre terapeuta e família (Grimberg et al., 1957).

Na verdade, mesmo com sua breve história de pouco mais de meio século, a terapia familiar sistêmica vem apresentando contínuas transformações, que são referenciadas pela ascensão da cibernética de segunda ordem à condição de nova epistemologia e à criação de uma matriz sistêmico-cibernética para a prática da terapia familiar.

Foi com a terapia familiar sistêmica que os novos paradigmas foram introduzidos no âmbito das terapias grupais, a partir dos anos 1960 do século XX. Enquanto presenciávamos o gradativo declínio das modalidades de terapias grupais com o esgotamento epistemológico do paradigma linear, a terapia familiar sistêmica experimentava um verdadeiro *boom* a partir dos anos 1980 em várias partes do mundo.

A terapia familiar sistêmica seguiu acompanhando a evolução do pensamento neoparadigmático, transformando sua práxis à medida que incorporava os conhecimentos dele advindos. Assim, na passagem da primeira para a segunda cibernética emerge a corrente do *construcionismo social*, propondo que o processo terapêutico seria uma construção compartilhada pelo terapeuta e os membros da família no espaço relacional entre eles.

Influenciadas pela corrente construcionista surgiram as terapias centradas na *dissolução do problema* em oposição às centradas no *sintoma*, e introduziu-se na metodologia terapêutica o emprego das chamadas *equipes reflexivas*, que se opunham à orientação demasiado hierarquizada e centralizada na figura do terapeuta dos primeiros modelos da terapia familiar sistêmica, preconizando a circulação e trocas de reflexões entre membros da equipe terapêutica e a própria família. Seguindo o fluxo do construcionismo social, passou-se a criticar a visão cibernética, por se entender que ela prioriza o *controle* do que ocorre nos sistemas em lugar da *compreensão* do que nele se passa e com isso os círculos de *feedback* dos sistemas cibernéticos foram substituídos pelos círculos intersubjetivos do diálogo.

O pressuposto que as pessoas são "construídas" pelas histórias que vivem e que na trama dessas histórias entram elementos provenientes do ambiente sociocultural no qual os sistemas familiares estão inseridos conduziram às *intervenções nas redes sociais*, ultrapassando os limites do território familiar para contextualizar a família na comunidade e nela criar espaços terapêuticos, como os que veremos na apresentação das terapias comunitárias.

Devemos mencionar, ainda, por sua antecipação da visão sistêmica-relacional na abordagem da família, o autor da teoria dos vínculos e criador dos grupos operativos, Pichon-Rivière (1978, 1980), cujos conceitos de bode expiatório e porta-voz do grupo anteciparam, de certa forma, o conceito sistêmico de paciente identificado, assim como sua teoria do vínculo em tudo e por tudo relaciona-se com a visão sistêmica interacional. Já em 1975, Pichon-Rivière abordou o grupo familiar com seu enfoque operativo e mencionava os "mal-entendidos" como a enfermidade básica da família.

Como trabalhamos com casais e famílias

Já assinalamos que o paradigma sistêmico-relacional é na sua essência includente e, portanto, predispõe à interdisciplinaridade. Nossa abordagem terapêutica com casais e famílias situa-se dentro dessa postura interdisciplinar. Fazemos, por assim dizer, os marcos referenciais teórico-técnicos que empregamos "conversarem entre si" durante o processo terapêutico que conduzimos.

Assim, a psicanálise contribui com sua compreensão das motivações inconscientes do comportamento dos membros do sistema familiar; o psicodrama agrega seu recurso técnico do jogo dos papéis familiares no decurso de uma sessão terapêutica; a teoria da comunicação humana permite-nos identificar os nós comunicacionais na interação familiar; a cibernética nos fornece o *feedback* como ferramenta operacional no processo terapêutico, e, *last but not least*, a visão sistêmica nos leva a considerar a família como um sistema constituído de seus subsistemas (conjugal, parental, fraterno) se articula com outros sistemas do entorno (escola, comunidade).

A seguir, vamos listar o que consideramos relevante em nossa maneira de atender casais e famílias:

- Postura do terapeuta: ênfase em sua inserção no sistema terapêutico e nas funções de facilitador das interações e catalisador das soluções que o próprio casal ou família deve encontrar para seus problemas, respeitando as culturas familiares de origem.
- Maior valorização da criação da ambiência adequada dentro do sistema terapêutico e direcionamento das intervenções no sentido de proporcionar relações de sentido dos conteúdos trazidos pelas falas dos membros do casal e/ou da família, com o foco no interpessoal, em vez do intrapsíquico.
- Atenção à comunicação não verbal dos participantes do processo terapêutico, com sua explicitação quando se fizer necessário.
- Além de seu papel como facilitador das interações e decodificador da comunicação entre os membros do casal ou família, o terapeuta funciona como uma "memória viva" do que ocorre no processo terapêutico, conectando os fragmentos do material associativo emergente e estabelecendo nexos entre eles, bem como estimulando os participantes a uma atividade reflexiva sobre o que se passa no processo terapêutico.
- Menos atividade interpretativa do terapeuta em favor de mais possibilidades de intervenções do casal e/ou dos familiares.
- Ter sempre em mente que a resolução das situações conflituosas aportadas não é obtida apenas com a ajuda da função do terapeuta como emissor de significados (atividade interpretativa), mas, sobretudo, por meio da participação dos membros do casal e/ou da família e do emprego do *feedback* como instrumento de correção das distorções perceptivas de todos (incluindo o terapeuta).
- Visualizar os membros do casal e/ou da família cada vez menos como "pacientes" e mais como "agentes" de seu processo terapêutico.
- O processo terapêutico é entendido como uma rede de relações e significados tecida conjuntamente entre terapeuta e aqueles a quem se destina o referido processo.

Durante nossa experiência de mais de três décadas no atendimento de casais e famílias, desenvolvemos um "estilo" como terapeutas e que se caracteriza por:

- Ouvir o casal ou a família e o que esperam de nós.
- Saber o que já tentaram fazer para solucionar seus problemas.
- Não sobrecarregá-los com nossas próprias expectativas.
- Não colocá-los no leito de Procusto de nossas teorias.
- Ajudá-los a descobrir seus próprios caminhos e soluções.

- Ser um catalisador, e não um interventor do processo.
- Funcionar, quando necessário, como emissor de significados que permitam aos membros da família compreender suas vicissitudes inter-relacionais.
- Respeitar e tentar compreender a cultura familiar para criar o clima terapêutico adequado.
- Atendê-los no seu próprio ambiente, quando necessário, retomando a práxis dos antigos médicos de família.

Esse último item diz respeito ao que denominamos "terapia familiar a domicílio", que remonta a nossa prática como pediatras nos primeiros anos de vida profissional. Cremos que atender as famílias em seu ambiente, desde que se respeite a concordância de seus membros, proporciona ao terapeuta oportunidade de entrar em contato com o clima vigente no sistema familiar de uma maneira como não seria possível fazê-lo em um consultório.

Uma observação final sobre o que se entende por técnica do terapeuta:

- A técnica é um meio, não um fim em si mesma. É uma ferramenta de trabalho a serviço de quem a emprega. Um instrumento cujo manejo vai depender da habilidade de quem o emprega.
- A técnica não deve ser uma "ideologia" para o terapeuta ou algo como se fosse o fio condutor de sua vida profissional.
- Técnicas que servem para a abordagem focada em um casal ou uma família específicos podem não servir ou até serem contraindicadas para a abordagem de outros casais ou famílias.
- Cada terapeuta, uma técnica; cada casal ou família, uma abordagem própria.
- A ênfase na técnica muitas vezes atrapalha nossa percepção do que se passa no processo terapêutico. O foco deve estar nos membros do casal ou da família, não na técnica com que os abordamos.
- É possível sermos terapeutas sem sermos *experts* em qualquer técnica, mas certamente não o poderemos ser sem empatia pelo sofrimento alheio. Nessa empatia reside a essência do ser terapeuta, seja qual for nossa formação profissional.

Psicoterapia de casais: suas peculiaridades

Como observam Nichols e Schwartz (2007) em livro sobre conceitos e métodos em terapia familiar, muitos autores não distinguem terapia de casais de terapia familiar, considerando a terapia de casais uma terapia familiar aplicada a um específico subsistema familiar. Os autores dizem estar inclinados a concordar com isso, e nós também.

Embora o atendimento de casais em sua essência não difira do enfoque teórico-técnico com que abordamos o grupo familiar, ele possui certas peculiaridades que nos predispõem a abrir um tópico para sua consideração.

É o casal um grupo? Essa é a primeira questão que se nos oferece quando pensamos na estratégia de como abordá-lo psicoterapicamente.

Pensamos que, fora do contexto clínico, o casal não é um grupo, pois é uma relação diádica que poderia ser comparada estruturalmente à do terapeuta com seu paciente em uma psicoterapia individual. É a introdução de um terceiro no sistema – no caso, o terapeuta – que transforma o casal em uma estrutura grupal, pois só então se configura a interação não dualística, que define a situação grupal.

Vamos apresentar, a seguir, a versão do autor deste livro sobre como fazer a abordagem terapêutica de um casal, com a ressalva de que esta é uma das tantas maneiras de fazê-lo.

Nosso modelo teórico-técnico para o atendimento de casais apoia-se no tripé *psicanálise – psicodrama – teoria sistêmica e na comunicação humana*. Esses referenciais foram se articulando em nossa experiência clínica de uma forma que nos pareceu relativamente satisfatória e adequada ao objetivo que tínhamos em mente, qual seja, tratar casais segundo o enfoque das impropriamente chamadas "psicoterapias breves". Dissemos "impropriamente chamadas" porque o que as caracteriza, em nosso entender, não é a duração do atendimento e sim o trabalho em cima de um determinado foco conflituoso. Preferimos, portanto, chamá-las "psicoterapias focais" e, no caso do atendimento a casais, o foco está centrado nas disfunções da relação conjugal.

As "regras do jogo" (quadro ou setting)

Vamos nos referir genericamente a alguns aspectos que reputamos importantes no estabelecimento de um padrão, ou continente, para o processo psicoterápico e a forma como o apresentamos ao casal.

Ainda que, como mencionado anteriormente, não priorizemos o fator duração do atendimento como elemento determinante da abordagem focal, cremos ser útil colocar de saída ao casal que nossa tarefa compartilhada não se estenderá por tempo indeterminado, mas consistirá em uma série de aproximadamente *dez a vinte sessões semanais de sessenta a setenta e cinco minutos cada*. Com isso, busca-se não compactuar com a tendência inercial dos casais de cronificarem as situações conflitivas que motivaram a procura do atendimento. Paradoxalmente – embora por razões psicodinamicamente compreensíveis –, os casais tentam obter nossa conivência com seu projeto inconsciente de não alterar o *status quo* conjugal, por temerem as incertezas de uma mudança que possa ser vivida como catastrófica para os propósitos defensivos da aliança conjugal. Assim, ao tornar o casal ciente dos limites temporais dentro dos quais nos moveremos (há flexibilidade para alterá-los para mais ou menos sempre que julgarmos conveniente), pauta-se, dessa maneira, o objetivo de introduzir, a curto prazo, o exame das situações conflitivas. No entanto, serve isso ao propósito de evidenciar ao casal nossa disposição de não aceitar pactos resistenciais, que tornem o processo psicoterápico tão cronificado e sem saída, como costuma apresentar-se o contexto conjugal por ocasião da procura de ajuda.

Habitualmente, informamos ao casal, por ocasião do contrato terapêutico, que, de acordo com comunicação verbal, por vezes poderão ser utilizados recursos psicodramáticos (sobre os quais lhes são oferecidas uma sumária explicação, quando necessário), não só para permitir outras vias de acesso à compreensão de seus conflitos, mas também para tentar desatar certos "nós relacionais" que se formam a partir de certos mal-entendidos tão frequentes na comunicação entre os membros de um casal.

Também, por ocasião do contrato, postula-se ao casal a conveniência de ampliarmos seu comprometimento com o propósito de examinar, o mais amplamente possível, sua relação e o que a perturba; para tanto, antecipamos que por vezes iremos solicitar-lhes – à guisa do que metaforicamente denominamos "temas para casa" – que realizem tarefas, entre duas sessões consecutivas, com o propósito de estenderem o trabalho psicoterápico para além do espaço convencional das sessões. Essas tarefas possibilitam não só mantê-los ocupados durante um período continuado com a tarefa de "se refletirem" como pessoas no campo especular da relação conjugal, mas também viabilizam o adquirirem consciência de que só alcançarão os objetivos a que se propõem com a terapia na medida em que aprendam a utilizar, por conta própria e no âmbito da intimidade compartilhada, os instrumentos epistemológicos que essa possa lhes oferecer.

Outra observação que fazemos durante a formulação do contrato – quando o casal possui filhos adolescentes ou já suficientemente amadurecidos para participar com proveito de uma sessão – é sobre a eventualidade de incluirmos os filhos em algum momento do processo psicoterápico. Com isso, estaríamos dando origem a uma intervenção familiar que, no entanto, reputamos ser bastante diversa da que ocorre em uma terapia familiar convencional, pois, aqui, o foco psicoterápico, continua sendo o casal e seus conflitos e os filhos devem comparecer apenas quando se perceber que eles estão inseridos demais no contexto desses conflitos ou padecendo significativamente por suas consequências.

Por fim, estabelecemos como regra básica o não iniciar uma sessão com um só dos membros do casal presente, bem como não aceitamos entrevistas isoladas com algum deles, a não ser com a condição de ali encerrarmos a terapia do casal. Embora nos pareça que esta é uma prática que se justifica pela própria natureza do atendimento psicoterápico em questão, como não é uma praxe universal entre os terapeutas de casal entendemos ser conveniente, imperativo até, dar conhecimento prévio ao casal dessa norma técnica e, se necessário, das razões que a sustentam; entre estas, para não nos alongarmos no que possa ser de conhecimento geral para aqueles a quem se destina essa exposição, figura a necessidade de o terapeuta não ser depositário de "segredos tidos como inconfessáveis" de um para o outro membro do casal e que, não podendo ser instrumentados pelo terapeuta na interação com o casal, inviabilizam o processo psicoterápico.

Um breve comentário, de caráter predominantemente subjetivo, sobre critérios de indicação em terapia de casais. Aceitamos casais em tratamento quando:

1. Ambos os membros do casal estejam suficientemente motivados para encontrar "via terapia" uma forma de atenuar o sofrimento psíquico a que foram levados por uma relação que não consegue ser minimamente satisfatória;
2. Haja, de nossa parte, um necessário grau mínimo de empatia com o casal em questão;
3. Estejamos convictos de que podemos nos manter suficientemente equidistantes e imparciais, sem tomar partido de nenhum dos cônjuges nas desavenças que inevitavelmente se mostrarão ao longo da terapia e nas quais buscarão, consciente ou inconscientemente, a cumplicidade do terapeuta.

Embora não nos guiemos habitualmente por elementos psicopatológicos para pautar as indicações e, correspondentemente, as contraindicações da terapia de casais, sistematicamente a desaconselhamos em situações em que um ou ambos os participantes evidenciem sintomatologia do tipo paranoide, sociopático ou psicótico.

Excluindo tais situações e outras mais que, por sua singularidade, não seriam possíveis categorizar aqui, diríamos que nosso critério pessoal para selecionar casais para o atendimento a que nos propomos fundamenta-se, mais do que em um diagnóstico clínico dos participantes, na avaliação da decisão conjunta de buscarem ajuda e no grau de motivação compartilhada, assim como no *fee-*

ling contratransferencial de que, mesmo com as alegadas dificuldades para funcionarem como parceiros de uma relação conjugal, sejam capazes de compartirem uma experiência psicoterápica.

E, com essas considerações sobre o que entendemos como pré-requisitos para a abordagem psicoterápica de casais, passamos ao processo terapêutico propriamente dito e como o conduzimos.

O processo

Como em um jogo de xadrez, muitas são as "aberturas" para o início do processo psicoterápico. Em um atendimento individual geralmente cabe ao paciente propô-las e ao terapeuta acompanhá-lo na sequência de associações. Já em uma terapia de casal, após a(s) entrevista(s) de avaliação – e, a menos que angústias de maior intensidade vinculadas à situação conflitiva que motivou a procura de ajuda mobilizem a emergência espontânea de material associativo –, o que mais frequentemente ocorre é o casal esperar pela iniciativa do terapeuta no desencadeamento do processo.

Tal como no jogo de xadrez, em que as aberturas podem ser distintas, mas não contrariam certos princípios básicos, também na terapia de casais elas não fogem à proposta fundamental de se conhecer o perfil dos cônjuges e sua história como casal.

Entre nossas aberturas favoritas está o que denominamos "biografias cruzadas". Em lugar de solicitar aos membros do casal que cada um forneça dados sobre si mesmo, propomos que cada cônjuge conte o que sabe da vida do outro até o momento em que se conheceram. Assim, a par da obtenção de dados anamnésicos, já se cria uma situação interativa que, via de regra, aporta elementos significativos sobre o funcionamento do casal. Não raro, constata-se como cada cônjuge desconhece aspectos relevantes da vida pregressa do outro e, ao solicitar que um dos "biografados" confirme se sentiu-se adequadamente "retratado" pelo cônjuge, temos como resposta um enfático "não", seguido da correção do que entende tenham sido as distorções ocorridas. Em outras circunstâncias, com espanto, assinalam como vivências tidas como marcantes em sua história pessoal passaram em branco no relato do cônjuge biógrafo ou, ao contrário, acham que esse pôs ênfase em fatos que considera irrelevantes para traçar seu perfil individual.

Tais situações voltam a ocorrer quando, mais adiante, solicita-se que o casal nos fale de seu primeiro encontro ou das circunstâncias em que vieram a se envolver afetivamente; também encontramos versões díspares, quando não francamente contraditórias, ao se referirem à forma como planejaram e tiveram os filhos ou à maneira como interagem com os respectivos pais, irmãos e demais parentes, bem como com os amigos em geral.

Após essa fase inicial de (re)conhecimento mútuo seguimos adiante com os jogos interativos, utilizando-se com frequência o exercício psicodramático da troca de papéis, para oportunizar – por meio da experiência do "colocar-se na pele do outro" – a vivência identificatória com os sentimentos do(a) parceiro(a), ampliando assim a possibilidade de percebê-lo(a) de forma distinta da habitual, pela permuta projetiva/introjetiva que então se estabelece, ensejando o exame de suas divergências sob um distinto enfoque e evitando o modo estereotipado como os casais discutem, cada qual encastelado em seus próprios pontos de vista e argumentos.

Todo o processo, como dissemos anteriormente, está a serviço de quebrar esses estereótipos que os casais estabelecem em sua relação íntima e, assim, mobilizar a disposição para acionar as mudanças pretendidas.

O psicoterapeuta é, sobretudo, um agente de mudanças. O rumo que essas tomarão não é sua atribuição determinar; sua função é tão somente catalisar o que esteja latente nas motivações inconscientes dos membros do casal, de tal sorte que esses possam redirecionar seu destino: a manutenção do vínculo em bases mais satisfatórias ou sua dissolução com o menor sofrimento possível para as partes envolvidas (incluindo aqui os filhos).

O término

Vejamos agora como geralmente se dá o término dos atendimentos de casal no modelo que adotamos.

Como a abordagem centra-se nos desajustes atuais do casal e o objetivo primordial é mobilizar os cônjuges a encontrarem suas próprias soluções e saídas para os impasses a que chegaram, tão logo esse objetivo se delineie ou haja indícios de que o casal está cônscio dos caminhos a percorrer, tratamos de ir encaminhando a terapia para sua conclusão. Por vezes, o término é abrupto; em determinado momento há um consenso do par terapeuta-casal de que é chegada a hora de pormos um final à nossa tarefa compartilhada, seja porque a levamos a bom término ou porque nos pareça que fomos até onde era possível; em outras ocasiões, no entanto, quando se percebe uma tendência de os cônjuges retornarem à situação inercial em que se encontravam ao procurar a terapia tão logo esta se interrompa, tratamos de manter o vínculo, mas espaçando as sessões, que passam a ser, então, quinzenais ou mensais, até que possamos reverter essa tendência ou, ao menos, dar-lhes subsídios para que possam seguir instrumentalizando as necessárias mudanças relacionais para uma melhor qualidade de vida conjugal.

11
TERAPIA COMUNITÁRIA: NO ÂMBITO DAS REDES SOCIAIS

> [...] assim como as teorias psicodinâmicas não prestaram atenção ao contexto do indivíduo, os terapeutas familiares atuais ignoram ativamente o contexto da família
>
> Salvador Minuchin, no prefácio do livro
> *A rede social na prática sistêmica*, de Carlos Sluzki e Berliner (1997)

A corrente do construcionismo social trouxe duas consequências, uma teórica e outra clínica, à terapia do grupo familiar: a primeira o deixar de considerar-se a família como um ente ao qual se aplicará um procedimento terapêutico (tal como antes se procedia com as psicoterapias individuais) e a segunda a introdução do trabalho com as redes sociais em que estão inseridas as famílias.

O fulcro dessa nova visão, ou desdobramento do pensamento sistêmico, é levar-se em conta que as famílias estão inseridas num contexto sociocultural do qual não podemos dissociá-las e que também é compartilhado pelo terapeuta. Concomitantemente, passou-se a adotar uma nova dimensão no processo terapêutico com a introdução das histórias em comum compartilhadas pelas famílias e pela comunidade onde estão inseridas. Como sugerem Sluzki e Berliner (1997), ser membro de uma família significa compartilhar histórias, descrições, valores, relatos, da mesma forma como fazer parte de um grupo social significa compartilhar hábitos, crenças, visão de mundo, ideologias. Ao que acrescentaríamos que também o momento histórico em que se vive cria determinados condicionamentos incorporados a esse contexto sociofamiliar.

Ferrarini (1988) fala-nos de uma *narratividade múltipla*, ou seja, que na relação do indivíduo com a família há uma narrativa, outra com a escola, uma terceira com o grupo de amigos, para acrescentar: "A narratividade múltipla torna-se fundamental para a construção de uma experiência terapêutica significativa e participativa que considere a versão do profissional, da família e das organizações da comunidade".

A intervenção em redes na práxis clínica pode ser ilustrada com a *terapia comunitária*, da qual nos ocuparemos a seguir. Por seu estreito vínculo com o surgimento e expansão da terapia familiar sistêmica, deixamos para abordá-lo aqui, e não no capítulo sobre práxis com grupos na área de saúde.

Embora os fundamentos da terapia comunitária sustentem-se na visão neoparadigmática, não se pode dizer que ela tenha se originado de um contexto teórico.

Seu criador foi um brasileiro, Dr. Adalberto Barreto, psiquiatra e antropólogo, professor da Universidade Federal do Ceará, que, em meados da década de 1980, atendendo solicitação de seu irmão, o advogado Airton Barreto, militante dos direitos humanos, propôs-se a dar atendimento à população carente de uma favela da cidade de Fortaleza, conhecida como Pirambu. Lá, criou o projeto "Quatro Varas", destinado à prestação de serviços voltados à saúde mental dessa comunidade.

O projeto, que nasceu vinculado ao Departamento de Saúde Comunitária da UFC, dirigido pelo prof. Adalberto, ganhou corpo, criou uma identidade e formatação próprias, constituindo-se em uma original proposta de atenção às demandas e necessidades de um grupo de pessoas cujo número extrapolaria a possibilidade de proporcionar-lhes atendimento similar no exíguo espaço de um ambulatório de saúde mental.

Resumidamente, o método consiste no seguinte:[*]

Uma vez por semana, os membros da comunidade participam de uma reunião de três horas de duração, para compartilharem suas narrativas de vida, seus temores, aflições, conflitos ou padecimentos. Essas reuniões, no projeto original "Quatro Varas", ocorrem em um grande círculo sob uma palhoça tendo no piso o desenho de uma teia de aranha, para simbolizar a rede de sustentação sociocultural a que se propõe o método. Como diz Barreto, "a cultura é para o indivíduo assim como a teia é para a aranha: ela nutre, agrega e sustenta a vida".

Esses encontros são gratuitos e abertos a todos que quiserem participar. Neles, os presentes contam suas experiências e dificuldades, seus receios e desilusões, falam de violência doméstica, traições conjugais, angústias geradas pelo desemprego, preconceitos, dores do corpo e da alma, trocam confidên-

---

[*] BARRETO, A. Coleção de vídeos em que apresenta e ilustra seu método de terapia comunitária (Mismed-Ce e UFC). DVD adquirido em um Congresso de Terapia Comunitária da Universidade Federal do Ceará. É o volume 3 da coleção.

cias sobre questões familiares, tendo o terapeuta como monitor da "busca da cura para a miséria interior pelo resgate da autoestima", conforme as palavras de Barreto.

Há uma sequência proposta para o balizamento da reunião:

O primeiro momento é designado como de *acolhimento*, em que se procura criar um clima de proximidade entre todos, indagando-se, por exemplo, quem aniversariou naquele mês e festejando os aniversariantes cantando "parabéns a você"; na sequência, *escolhe-se o tema*, isto é, alguns narram resumidamente suas aflições do momento e que gostariam de trazer ao grupo para discutir, e os demais participantes escolhem o que é capaz de causar maior mobilização entre os presentes (aqui, entra em cena o fator "identificação" com o sofrimento daquele que for o escolhido para apresentar o tema do dia); a *contextualização* vem a seguir, ou seja, o escolhido fala de seu problema, e, aos demais, só é permitido fazer perguntas que esclareçam melhor o sofrimento que está sendo trazido para ser compartilhado, não sendo permitidas observações que possam ser tomadas como conselhos, sermões ou admoestações, nem que se tire o foco do narrador com o relato de suas próprias vicissitudes; na fase seguinte, denominada *problematização*, é solicitado aos presentes que tragam situações suas que se relacionem direta ou indiretamente com a descrita pelo apresentador do tema do encontro e, finalmente, encerra-se com uma reflexão sobre o que cada um leva como proveitoso daquele momento de compartilhamento (o encontro geralmente termina com música e cantos entoados pelo grupo todo).

Quando a reunião termina, há uma conscientização geral de que ninguém vive seus dramas e sofrimentos sozinhos. Essa é a via para a obtenção dos resultados terapêuticos colimados pela terapia comunitária.

No dizer de Barreto,

> a terapia comunitária é um instrumento que nos permite construir redes sociais solidárias de promoção da vida e mobilizar os recursos e as competências dos indivíduos, das famílias e das comunidades. Ela procura suscitar a dimensão terapêutica do próprio grupo valorizando a herança cultural dos nossos antepassados indígenas, africanos, europeus e orientais, bem como o saber produzido pela experiência de vida de cada um.

Sua linha-mestra de atuação pode ser consubstanciada nos itens seguintes:

- Ir além do unitário para atingir o comunitário.
- Sair da dependência para a autonomia e corresponsabilidade.
- Ver além da carência para ressaltar a competência.
- Sair da verticalidade das relações para a horizontalidade.

- Sair da descrença na capacidade do outro para acreditar no potencial de cada um.
- Ir além do privado para o público.
- Romper com o clientelismo para chegarmos à cidadania.
- Romper com o isolamento entre o "saber científico" e o "saber popular".
- Romper com o modelo que concentra a informação para fazê-la circular.

Hoje, o projeto de terapia comunitária criado para a pequena comunidade de Pirambu estende-se pela maioria dos estados brasileiros, em estreito contato com os programas de saúde da família e já sendo adotado como política oficial de saúde pública em muitos locais do País.

Paralelamente, tornou-se conhecido no exterior pela atividade docente do prof. Adalberto, e hoje já encontramos núcleos em cidades como Lyon, Marselha, Grenoble e Genebra. Assim como ocorreu com as comunidades terapêuticas infanto-juvenis, a terapia comunitária vem se constituindo em um modelo terapêutico "exportado" pelo Brasil para outros países, tais como Suíça e França.

12
PROGRAMAS DE SAÚDE DA FAMÍLIA (PSF) E CENTROS DE ATENÇÃO PSICOSSOCIAL (CAPS)

Resultam de iniciativas do poder público no sentido de humanizar e "des-hospitalizar" o atendimento de pacientes no País, surgidas na década de 1990, e que, por focarem o atendimento no âmbito familiar, aqui estão citadas.

O PSF nasceu com o intuito de priorizar a atenção primária na saúde pública, visando a dar prevalência a condutas preventivas e reverter o modelo assistencial até então vigente, centrado no atendimento emergencial (atenção secundária) e de recuperação de sequelas (atenção terciária).

Precedido pelo programa de criação dos agentes comunitários de saúde e tendo como modelo de intervenção a visita aos lares pertencentes a determinado território comunitário, o PSF descentralizou a práxis até então restrita aos ambulatórios, ou seja, embora mantendo sua base nesses ambulatórios da rede pública de saúde, os profissionais do PSF vão ao encontro da família em seus domicílios para prestar-lhes o necessário atendimento, como já se disse focado em práticas preventivas. Retorna assim à cena o antigo médico de família, que, conquanto sediado em seu consultório, exerce predominantemente sua prática em visitas domiciliares.

O PSF, além do propósito de esvaziar a supervalorização das práticas de assistência curativa levadas a efeito por especialistas, geralmente em ambiente hospitalar, tem o objetivo de reduzir o excesso de procedimentos tecnológicos e medicamentosos.

No que diz respeito ao tema deste livro, contudo, é a ênfase no atendimento centrado no sistema humano *família* o que nos interessa aqui assinalar.

Quanto aos CAPS, surgidos na esteira do movimento visando à extinção dos hospitais psiquiátricos na Itália das últimas décadas do século passado, propõem-se a dar assistência ao doente mental em nível ambulatorial e focado na sua reinserção no ambiente familiar e de trabalho. Para tanto, a família passa a ser uma parceira indispensável na tarefa a ser desenvolvida pela equipe multidisciplinar (psiquiatras, psicólogos, assistentes sociais, enfermeiros, terapeutas ocupacionais, entre outros). É a família, em última análise, o sustentáculo do vínculo terapêutico do paciente com a equipe do CAPS.

Embora reconhecendo e preconizando o atendimento em grupo como importante recurso para a abordagem dos doentes mentais em geral, os CAPS ressentem-se pela falta de profissionais habilitados a dar essa assistência com as técnicas grupais.

Não obstante, não se inserir no contexto dos projetos supracitados, por se tratar de uma estratégia similar de reduzir os procedimentos nosocomiais, merecem aqui serem referidos os *home cares*, programas de atendimento domiciliar a pacientes crônicos ou terminais. Trata-se de levar a equipe hospitalar ao encontro dos lares dos pacientes para lá proporcionar-lhes o atendimento necessário e poupá-los de longas e deprimentes internações hospitalares. Também aqui, a parceria com a família é imprescindível para se alcançarem os resultados buscados.

13
OUTRAS MODALIDADES DE ATENDIMENTO A CASAIS E FAMÍLIAS: MEDIAÇÃO DE CONFLITOS CONJUGAIS E GRUPOS PSICOEDUCATIVOS

Cada vez mais, práticas mediadoras dos conflitos conjugais inserem-se como recurso dos profissionais da área jurídica para evitarem prolongadas ações litigiosas entre casais em processo de separação. É importante que se distinga objetivos de uma mediação conjugal dos de uma terapia de casais, tema a que retornaremos quando abordarmos a questão da mediação nas empresas familiares.

Os grupos psicoeducativos aqui mencionados referem-se a abordagens com propósitos que transitam na interface entre as terapias e os procedimentos educacionais e se destinam a objetivos tão díspares quanto a preparação de gestantes para o parto, a orientação de pais e mestres quanto ao manejo de problemas como a violência e o uso de drogas nas escolas e os laboratórios de relações familiares nos "recasamentos", de que nos ocuparemos no tópico correspondente.

Parte V
PRÁXIS COM EMPRESAS

14
CAPACITAÇÃO PARA O TRABALHO EM EQUIPE NAS EMPRESAS

Para que as empresas contemporâneas possam se integrar ao espírito neoparadigmático, sob a égide do pensamento sistêmico-relacional indispensável à sua inserção nos novos tempos, é preciso que dirigentes e funcionários se capacitem a trabalhar como equipes.

O fenômeno que centraliza a atividade de qualquer empresa é a *interação* entre seus membros. Nas vicissitudes dessa interação, vamos encontrar a fonte das principais dificuldades na gestão de uma empresa.

Para entender tais vicissitudes, é preciso que se considerem alguns elementos presentes na modelagem psicossocial dos indivíduos em geral.

No processo educacional dos seres humanos, predominam as chamadas "conotações negativas", ou seja, somos socializados pelo reiterado assinalamento do que *não* devemos fazer, o que faz com que o desenvolvimento das crianças seja balizado por críticas e desqualificações, e não por reconhecimento de acertos e elogios.

Conotar negativamente, em vez de positivamente, nossos semelhantes é hábito adquirido pela criança na infância por identificação com os adultos e que ela leva posteriormente para o âmbito de suas relações profissionais, com todas as implicações que isso possa ter para criar um clima interpessoal desfavorável nas empresas.

Contudo, também é fato que somos mais estimulados a competir que a colaborar ao longo de nossa trajetória da infância à idade adulta. E o espaço institucional de uma empresa funciona como uma caixa de ressonância para que nela apareçam sentimentos alimentadores de comportamentos competitivos e não colaborativos.

A aprendizagem do trabalho em grupos ou equipes passa pelo reconhecimento, tanto por parte dos líderes como de seus liderados, dos sentimentos que albergam e que possam incrementar o clima competitivo intragrupal e acionar mecanismos obstrutivos na realização de determinada tarefa.

Para essa aprendizagem, contamos com alguns recursos ferramentais, entre os quais destacaríamos aqui o emprego do *feedback*.

O *feedback*, como sabemos, originou-se da cibernética e é a principal contribuição dessa disciplina para o paradigma sistêmico-relacional. Podemos ilustrá-lo com o funcionamento do termostato, em que a temperatura do meio ambiente e do aparelho de ar-condicionado interagem por mecanismos de *feedbacks*.

O *feedback*, termo que aqui empregamos por ter sido consagrado pelo uso, apesar de contarmos, em nosso idioma, com seu equivalente, a "retroalimentação", é hoje utilizado em acepções distintas, conforme é utilizado no contexto da avaliação de desempenhos por parte de funcionários de uma empresa – quando tende a ser unilateral, ou seja, é o diretor ou gerente que dá *feedbacks* a seus subordinados –, ou no do relacionamento interpessoal dentro da equipe, quando só se mostra eficaz se for bilateral, isto é, quem dá também recebe *feedbacks*.

A técnica, no entanto, se aproxima em ambas as situações e poderíamos ainda acrescentar que uma empresa inserida na visão sistêmica deve adotar também nos *feedbacks* de avaliação de desempenho o modelo bilateral, ou seja, tanto chefes como subordinados dão e recebem *feedbacks* sobre seus respectivos desempenhos.

Eis os delineamentos da técnica:

- *Setting*
  - O *feedback* necessita de certas condições de "ambiência" para se processar adequadamente. Assim, de preferência deve ocorrer em um local neutro (nem na sala do diretor, nem no local de trabalho do funcionário), em horário especificado para tal (e não no tempo destinado para outra atividade ou reunião entre os participantes). Sua duração deve ser acordada previamente, não necessitando ultrapassar quinze minutos a meia hora. De preferência, no horário de expediente, para caracterizá-lo como algo a ser um hábito institucionalizado na empresa e não uma ocorrência eventual, que exija "hora extra".
- Regras (forma e conteúdos)
  - *Feedbacks* podem ser dados *vis a vis* (dois a dois, face a face) ou em grupo, conforme os movimentos de uma roda denteada, de tal sorte que ao final da sessão de *feedbacks* todos tenham dado *feedbacks* para todos.

- Quanto aos conteúdos, variarão conforme o *feedback* seja de avaliação de desempenhos ou de relacionamentos interpessoais. Quanto a estes últimos, na prática, dificilmente conseguem se descontaminar da interferência da compulsão a avaliar desempenhos por parte dos chefes.
- Do pontual ao processual: *feedbacks*, para contribuírem significativamente à melhora do clima organizacional, não podem ser apenas pontuais, mas devem ser efetivados como uma rotina nas atividades da organização, tornando-se assim processuais.

Orientações para *feedbacks* de relacionamento interpessoal.

- *Para quem dá o* feedback:
  - Evitar expressões que carreguem juízos de valor ou julgamento sobre as ações do interlocutor, procurando antes centrar-se em suas próprias percepções do que lhe agrada ou desagrada nele. Em lugar de frases que comecem por "eu acho que você...", procurar iniciá-las por "eu me sinto assim quando você...", "me agrada ou desagrada se você...".
  - Iniciar pelo assinalamento dos aspectos que sente como positivos e só depois mencionar os que lhes parecem negativos.
  - Referir-se a situações concretas do aqui e agora do relacionamento, evitando pinçar ocorrências passadas que possam carregar mágoas ou ressentimentos.
  - Dê a sua informação de forma a que realmente possa ajudar e eventualmente possa provocar mudanças na atitude do outro.
  - Seja o mais sucinto e sincero possível.
  - Ofereça sua impressão, não imponha sua aceitação; admita que você possa estar equivocado.
- *Para quem recebe o* feedback:
  - Não argumente nem se defenda; apenas escute.
  - Peça informações que possam lhe esclarecer sobre os conteúdos do *feedback*, evitando mal-entendidos.
  - Receba de maneira aberta e receptiva as observações a seu respeito, para que delas possa se beneficiar.
  - Ao final, apenas agradeça a contribuição de quem lhe deu o *feedback* e se disponha a refletir no que ouviu.

A arte de dar e receber *feedbacks* vai mais além desses procedimentos técnicos e se vincula à competência relacional dos participantes.

DESENVOLVIMENTO DOS RECURSOS HUMANOS DA EMPRESA

No mundo empresarial, mais do que em qualquer outro setor das atividades humanas, encontram-se justificativas para afirmar que decididamente estamos saindo da era da *individualidade* para ingressarmos na era da *grupalidade*.

Foram-se os tempos do *self made man*. O sucesso do dirigente de empresas contemporâneo não se apoia apenas na sua competência pessoal, mas requer disponibilidade e aptidão para o trabalho em grupo. A interdisciplinaridade e as parcerias estão na rota do bom desempenho de seus negócios. Contudo, em lugar das lideranças carismáticas e centralizadoras vemos surgirem e se afirmarem líderes capazes de captar e traduzir as aspirações de seus liderados, bem como dispostos a compartilhar o poder e hábeis na busca de soluções consensuais.

À medida que o capital humano passou a ser reconhecido como a maior riqueza de uma empresa, desenvolver os potenciais interativos dos que nela atuam passou a ser prioridade. Os departamentos de recursos humanos já não podem ficar restritos ao recrutamento, seleção e treinamento do pessoal, mas precisam capacitar-se a visualizar sistemicamente a empresa e ampliar seu raio de ação para operacionalizar a abordagem grupal com os referenciais teórico-práticos disponíveis, a fim de criar a ambiência que corresponda às demandas de todos os estratos da organização, favorecendo a emergência de soluções compartilhadas e criativas capazes de mantê-la à frente da concorrência.

O próprio conceito de empresa tem se atualizado em consonância com tal enfoque, já que a encontramos definida por Chiavenato (1999) como "um conjunto de atividades empreendidas por uma ou mais pessoas, com o objetivo de satisfazer a todos os parceiros envolvidos no seu funcionamento". E por *todos os parceiros* devemos aqui entender desde os fornecedores e os clientes externos até os funcionários (ou clientes internos, como têm sido denominados pela nova concepção empresarial).

A desverticalização e descentralização dos processos decisórios dentro das empresas, com a consequente busca de sinergia entre as chefias departamentais, trouxe a necessidade de visualizá-las sob um vértice sistêmico, monitorando o gerenciamento de pessoal com uma reiterada retroalimentação (*feedback*) de informações, propósitos e atitudes.

Já não basta para a empresa contemporânea ser bem-sucedida estar atenta aos concorrentes e captando o que se passa nas tendências do mercado; é hoje imprescindível o olhar para dentro da própria empresa, perceber os fenômenos interacionais que nela se sucedem, reconhecer as influências recíprocas entre os comportamentos de todos aqueles envolvidos na trama institucional, compreender e lidar com os processos obstrutivos que sabotam o desenvolvimento da organização.

Em suma, não basta bem administrar os negócios; é preciso também administrar as relações humanas dentro da empresa.

Foi nesse contexto que entrou em cena a *psicologia organizacional*.No entanto, os psicólogos organizacionais geralmente têm exercido seu papel *dentro* das empresas, a elas aprisionados por vínculos empregatícios, o que lhes tira o necessário distanciamento crítico e isenção para perceber os fenômenos que devem identificar e cujas consequências nocivas devem ajudar a modificar, pois estão eles próprios inseridos no contexto desses fenômenos na condição de funcionários das instituições que os empregam. Ou seja, quer nos parecer que, além da capacitação dos psicólogos organizacionais com os conhecimentos provindos da Psicologia Grupal, sua atuação seria mais eficaz no papel de *consultores externos* das organizações, como prestadores de serviços, e não como empregados, condicionados às limitações de sua autonomia para exercer seu papel de promotores de interações entre chefes e subordinados.

Lembremos que, na visão sistêmica a organização, além de incluir em sua estrutura clientes, fornecedores e quem lhe presta serviços, faz parte ainda de uma malha social, que abrange a família de seus membros, a comunidade em que se insere e outros sistemas institucionais de natureza similar ou distinta, todos exercendo sua influência retroalimentadora recíproca. Como assinala Zanelli (2002) sobre o homem em suas relações de trabalho, "o crescimento individual que se pretende deve conduzi-lo a aprender sua inserção nas relações com o grupo e as relações do grupo com a estrutura organizativa e com a sociedade".

Até muito recentemente o foco na demanda de consultoria por parte das empresas era a gestão dos negócios e restringia-se à busca de soluções na área administrativo-financeira. Gradualmente, essa demanda tem se direcionado para os fatores humanos, à procura de um melhor suporte para lidar com os inevitáveis conflitos interpessoais e mitigar sua influência negativa sobre os objetivos da organização.

Nossa tarefa primordial, como especialistas em grupos, ao trabalhar com empresas, é identificar os fatores que impedem a integração grupal no seio dessas organizações e promover a competência relacional latente entre seus componentes. Interações que exacerbam conflitos e comunicações geradoras de mal-entendidos são habitualmente os primeiros "nós" a desfazer, para deixar fluir o processo evolutivo de um grupo de trabalho.

Contudo, cada vez mais se leva em conta a importância da *cultura* e do *clima* organizacionais como fatores a serem considerados para o direcionamento das ações administrativas. Por *cultura organizacional* entende-se o sistema de valores de uma empresa, enquanto *clima organizacional* diz respeito ao que procuramos caracterizar como *ambiência*, ou seja, o espaço físico, estético, psicológico e social em que se desenvolvem as atividades laborais dos componentes da organização.

Para o bom desempenho da empresa, é preciso que se desenvolvam ambiências adequadas, em que não se acumule lixo psíquico; quando isso ocorrer, podemos lançar mão de práticas grupais que viabilizem a reciclagem do "lixo psíquico".

Como vimos anteriormente, o processo de socialização dos seres humanos é feito predominantemente por meio de conotações negativas de suas atitudes no relacionamento interpessoal. Entretanto, o estudo, e posteriormente o trabalho, são apresentados como deveres, tarefas desagradáveis a que não podemos nos furtar enquanto seres responsáveis. A busca do conhecimento e dos meios de subsistência, são, pois, conotados negativamente e não nos são apresentados como fontes de prazer em que evidentemente também podem se constituir.

A repercussão dessa atitude educacional no comportamento adulto traduz-se em uma inclinação a considerar o trabalho uma obrigação fastidiosa e a esperarmos, em sua realização, novas conotações negativas ao modo como o desempenhamos, sempre com a ênfase posta nos erros, e não nos acertos. Concomitantemente, a interação com colegas, chefes ou subalternos se faz sob a égide da expectativa de tais conotações, o que leva à consequente acumulação de "lixo psíquico" no ambiente de trabalho.

Resgatar o emprego continuado de "conotações positivas" é, pois, o antídoto que possuímos contra essa sobrecarga emocional e esse mal-estar interacional determinados pela repetição no âmbito de uma empresa do "vício" educacional do qual sucessivas gerações de pais e educadores ainda não se libertaram.

15
CONSULTORIA EM EMPRESAS FAMILIARES

Tradicionalmente, as empresas familiares buscavam ajuda, sob a forma de consultorias, para assessorá-las em dificuldades relacionadas com a gestão de seus negócios. Ultimamente, contudo, vem ocorrendo uma progressiva conscientização por parte dos dirigentes de empresas familiares – e lembremos que cerca de 95% das empresas em nosso país são empresas familiares – de que os fatores humanos são tão ou mais importantes do que as questões técnicas ligadas à gestão dos negócios.

Portanto, não basta administrar bem os negócios para que uma empresa seja bem-sucedida, é preciso também saber administrar as relações humanas no seio da família e da empresa. Os conflitos interpessoais não só repercutem negativamente nos resultados buscados pela empresa como afetam a qualidade de vida dos que nela trabalham, desmotivando-os.

Devemos focalizar a questão empresarial sob o ângulo da *saúde*, aqui tomada em seu conceito mais abrangente, conforme enunciado pela OMS, ou seja, segundo os vértices físico, mental e social. E, para fazê-lo, é necessário apoiar-nos no exame e compreensão dos fatores interpessoais, esses, sim, indispensáveis para alcançar a procurada *qualidade total* a que se refere o enfoque gestor, que tem minimizado a questão humana em favor da eficiência, no contexto da ideologia consumista de nossa época.

Até muito recentemente, as consultorias a empresas, familiares ou não, tinham seu foco principal na gestão do negócio e restringiam sua ação ao exame e busca de soluções na área administrativo-financeira, com eventual suporte das assessorias jurídicas, quando se fizesse necessário. Nossa experiência trabalhando com empresas familiares ou com famílias de empresários evidenciou que os conflitos interpessoais são de mais difícil manejo do que os aspectos gerenciais, além de, como frisamos anteriormente, repercutirem de forma negativa nos resultados buscados pela empresa. Também observamos que tais dificuldades ocorrem não só pelos conflitos porventura existentes entre os membros da família empresarial como, e principalmente, por seu desconhecimento de como lidar com as situações intragrupais inerentes à vida institucional. Em suma, não basta aprender a administrar os negócios para que uma empresa seja bem-sucedida; é preciso também saber administrar as relações humanas no seio da família e da empresa.

Isso nos levou a estabelecer um modelo de consultoria a empresas familiares que privilegia o enfoque dos *fatores humanos*, como o que já se vem fazendo no campo da *gestão empresarial*. Essas abordagens não são excludentes, mas complementares. Tratamos apenas de aportar à abordagem das vicissitudes das empresas familiares a contribuição de nossa experiência anterior com os marcos referenciais teórico-técnicos que utilizamos na práxis com grupos em geral e com a família, em particular.

QUE MARCOS REFERENCIAIS TEÓRICO-TÉCNICOS UTILIZAMOS EM NOSSO TRABALHO COM EMPRESAS FAMILIARES?

- Da *dinâmica de grupos* retiramos as noções básicas de campo grupal e suas contribuições ao estudo do papel do líder e do exercício da autoridade.
- Da *psicanálise* a compreensão das motivações inconscientes das ações humanas.
- Da *teoria dos grupos operativos* a forma de clarificar os objetivos (tarefa) da instituição e o modo de abordá-los operativamente, a partir dos vínculos relacionais.
- Do *psicodrama* a visualização dos papéis designados no cenário da família empresária e a utilização do *role playing* como ferramenta operacional da consultoria.
- Da *teoria sistêmica* a possibilidade de perceber as interações dos subsistemas família/empresa familiar e catalisar as mudanças possíveis, trabalhando com os elementos fornecidos pela *teoria da comunicação humana* no sentido de esclarecer os "mal-entendidos" e desfazer os "nós" comunicacionais.
- Da *cibernética* a noção de *feedback* e seu emprego sistemático como ferramenta interativa para o desenvolvimento interpessoal dentro da empresa.

O sucesso de uma consultoria a empresas familiares passa, invariavelmente, pela identificação dos problemas de fronteiras e seu adequado manejo *ab initio*. E aqui queremos mencionar a importância da abordagem interdisciplinar como modelo referencial para levar a família e as empresas que constituíram a funcionalizarem suas fronteiras.

O que queremos dizer com "abordagem interdisciplinar como modelo de referência para famílias e empresas"?

Contrapor *gestão e fatores humanos* em consultoria é como colocar *família e empresa familiar* como excludentes. Elas podem conviver, sim, e com vantagens. Como também será extremamente vantajosa para a empresa uma consultoria que não crie antagonismos entre os aspectos gerenciais do negócio e os fatores de ordem afetiva e emocional que subjazem a toda e qualquer atividade humana. Não é, portanto, família *ou* empresa e sim família *e* empresa, como não é gestão *ou* fatores humanos e sim gestão *e* fatores humanos. Fronteiras definidas; competências respeitadas. Ou, se preferirem, separação de ofícios e convergência de esforços.

CUIDAR DA FAMÍLIA E/OU DA EMPRESA?

Essa é uma questão sempre presente nas inquietações que nos trazem os dirigentes de empresas familiares. Ao cuidarmos da empresa, estamos cuidando da família e vice-versa. Portanto, a alternativa "ou", a nosso ver, está equivocada. É cuidar de uma "e" de outra.

Evidentemente, como já assinalamos, há momentos em que uma está a requerer mais atenções que a outra e aí é preciso maleabilidade, para que a convergência de esforços se dirija ao sistema que está mais vulnerável. O que seria desaconselhável é que continuadamente se priorize uma em detrimento da outra e isso pode ocorrer quando, nas mencionadas ocasiões de maior vulnerabilidade de uma ou outra, se cristalize a noção de que aquela que estiver fragilizada deve doravante receber permanentemente atenção e cuidados que serão subtraídos da que esteja supostamente mais saudável, o que, a médio ou longo prazo, irá igualmente fragilizar essa.

Desde logo, não há fórmula mágica para se prevenir conflitos em uma família ou empresa. Conflitos fazem parte da vida e são inerentes à condição humana. Tanto que, como disse alguém jocosamente, nem existe uma palavra para designar ausência de conflitos.

Não há por que temer ou esconder a cabeça na areia, à moda dos avestruzes, cada vez que um conflito se instala, na vã expectativa de que, como os temporais, eles passem, e a bonança se instale, até porque, como se passa com a natureza, essa não será definitiva e outros temporais ocorrerão.

Conflitos se manejam, se negociam, são mediados e por aí se resolvem, até que outros se instalem, para serem novamente manejados, negociados ou mediados. Quanto mais cedo e corajosamente reconhecermos sua existência e sua inevitabilidade, mais eficazes poderão ser as medidas tomadas para mitigar seus efeitos nocivos. Pensamos que, assim como em certas artes marciais utiliza-se a própria força do oponente para derrubá-lo, os conflitos poderão ser utilizados para superar os próprios obstáculos que parecem criar; para o que, contudo, será indispensável incrementar o grau de mútua tolerância, o que só será obtido com muita conversa, recordando mais uma vez a etimologia dessa palavra que pode sugerir "mudar juntos" (*con* + *versare*).

16
MEDIAÇÃO DE CONFLITOS NAS EMPRESAS FAMILIARES

Nas empresas familiares, nossa intervenção é, sobretudo, na função de "mediadores de conflitos", e não como terapeutas do sistema familiar. Devemos estabelecer distinção entre essas duas abordagens, de limites muitas vezes tênues e que podem ficar indefinidos se o terapeuta familiar não se conscientizar de que está a lidar com contextos e objetivos distintos.

Vejamos a seguir alguns dos pressupostos básicos da tarefa mediadora e das funções do mediador em empresas familiares.

ORIGENS DA MEDIAÇÃO FAMILIAR

A mediação familiar é uma prática milenar, portanto muito anterior a qualquer modalidade de terapia de famílias. Para situá-la melhor cronologicamente, digamos que remonta aos tempos bíblicos. Os judeus foram os que a institucionalizaram e a trouxeram até os tempos modernos. A tradição judaica de solucionar conflitos via mediação comparece em todas as áreas de sua vida social (trabalho, relações familiares, religião, política) e é atribuída à necessidade de proteção de sua identidade cultural, pois fornece aos judeus um meio de resolução de suas disputas, já que muitas vezes estavam impedidos de buscá-la nas sociedades em que estavam inseridos em razão de leis segregadoras.

Outras sociedades ou grupos étnicos em que a mediação tem capital importância, encontram-se entre os povos orientais, que enfatizam a busca de consenso social, a persuasão moral e procura de equilíbrio e harmonia nas relações humanas. Também certas religiões, como o hinduísmo e o budismo, influenciaram significativamente a prática da mediação. Nós ainda a encontramos praticada entre os conselhos indígenas nos nativos do continente americano.

CONCEITO

Moore (1998) comceitua a mediação "[...] como a interferência em uma negociação ou conflito de uma terceira parte aceitável, tendo um poder de decisão limitado ou não autoritário que ajuda as partes envolvidas a chegarem voluntariamente a um acordo mutuamente aceitável com relação às questões em disputa [...]".

PRÁTICA CONTEMPORÂNEA DA MEDIAÇÃO

Encontramos a mediação exercida atualmente nos mais variados campos da atividade humana, tais como nas áreas trabalhista, comercial, familiar, interpessoal, comunitária, organizacional, ambiental, de política pública, conflitos internacionais, etc.

> Somente a partir da virada do séc. XX, a mediação tornou-se formalmente institucionalizada e desenvolveu-se como uma profissão reconhecida [...] esse crescimento deve-se, em parte, a um reconhecimento mais amplo dos direitos humanos e da dignidade dos indivíduos [...] a mudança também tem sido motivada pela crescente insatisfação com os processos autoritários de tomada de decisão. (Moore, 1998)

No Brasil, acrescentaríamos, ainda, como fator predisponente à crescente institucionalização da mediação, a desmesurada procrastinação vigente no sistema judiciário, em que não é raro ações sobreviverem às partes em litígio (demandantes). Os herdeiros muitas vezes herdam não os bens, mas as ações para assegurar a posse desses bens.

A mediação tem se incrementado significativamente em muitos países nas últimas décadas, mas, sobretudo, nos Estados Unidos e no Canadá. O primeiro setor em que foi instituída formalmente nos Estados Unidos foi o das relações trabalhistas.

Um dos setores de crescimento mais rápido e significativo da mediação é o das disputas familiares, existindo comunidades onde já se exige que as partes experimentem a mediação antes de um juiz examinar o caso. Contudo, via de regra, os acordos mediados mostram-se mais adequados e satisfatórios do que os acordos em juízo.

A prática da mediação, embora venha se desenvolvendo rapidamente no mundo ocidental, é melhor aceita nas chamadas *culturas de negociação direta,* como são as do oriente; as *culturas de negociação indireta*, que predominam no ocidente, tentam evitar o reconhecimento explícito da existência do conflito e sua exposição pública, esforçando-se para evitar o confronto direto entre as partes e valendo-se de intermediários para advogar suas razões. Já os membros das culturas de negociação direta valorizam as interações face a face, aceitam o conflito como normal, não têm medo e até buscam o confronto direto e sentem-se mais à vontade com a discussão aberta e as negociações sem intermediários. Como os povos latinos incluem-se em culturas desse tipo, é previsível a maior aceitação e consequente extensão da prática mediadora na América Latina do que, por exemplo, nos países de linhagem germânica, anglo-saxônica ou escandinava. Pode-se até inferir que o *boom* mediador nos Estados Unidos tenha relação direta com o aumento do movimento migratório de orientais e latino-americanos para aquele país nas últimas décadas.

CONFLITOS E MEDIAÇÃO

Embora a prática da mediação possa ser instituída em uma negociação não conflitiva (ou até mesmo para prevenir a emergência de conflitos nessa negociação), quase universalmente ela decorre da presença de uma situação conflitiva. "O conflito não é necessariamente ruim, anormal ou disfuncional; é um fato da vida [...] ele parece estar presente em todos os relacionamentos humanos e em todas as sociedades" (Moore, 1998).

O objetivo precípuo de toda a mediação é evitar a alternativa vencedor/perdedor na relação entre as partes. No entanto, mediação não significa necessariamente obter consenso. Soluções negociadas não são o mesmo que soluções consensuais. É importante frisar, contudo, ser indispensável o consenso entre as partes com relação à necessidade e objetivos da mediação, *conditio sine qua non* para que se inicie o processo. Esse é o consenso primordial e o único que não pode faltar durante toda a mediação.

A presença do mediador é necessária sempre que as partes tenham esgotado suas capacidades para resolver por sua conta seus conflitos. O mediador seria um auxiliar para recolocar limites e fronteiras dos direitos de cada parte em outro contexto.

A mediação visa a transformar uma situação dilemática em uma situação dialética, ou seja, quando havia um impasse, criam-se condições para que se estabeleçam conversações. E para conversar, como sugere o termo (*con* + *versare*), é necessário que as partes estejam dispostas a "mudar juntas".

O CONSENSO PRIMORDIAL COMO PRÉ-REQUISITO PARA A MEDIAÇÃO

Queremos enfatizar a necessidade de que as partes tenham pleno conhecimento do processo mediador e concordem previamente com seus objetivos. Algumas solicitações que recebemos para exercer a mediação na sucessão de uma empresa familiar, por exemplo, já estão comprometidas *ab initio* pela presença de um impasse em relação à própria indicação da mediação.

CONDIÇÕES REQUERIDAS QUANTO AO MEDIADOR

Exige-se do mediador que preencha basicamente três condições: senso de justiça, imparcialidade (o que é diferente de neutralidade) e capacidade de empatia. Vejamos, por exemplo, o que se espera de um mediador solicitado a intervir em uma situação conflitiva envolvendo o processo sucessório de uma empresa familiar:

Um mediador não pode nem deve se aproximar de uma empresa familiar que o chamou para mediar o processo sucessório com o desejo de que a empresa adote o que ele entende que seja melhor. Ou por outra, o único desejo compatível com a função de mediador é o de promover um acordo, tendo como elemento norteador de sua ação mediadora o respeito às partes envolvidas e a preocupação em não prejudicar a qualidade de vida dos que dirigem ou trabalham na empresa. E isso, obviamente, não inclui o monitoramento de destinos alheios.

O mediador não é um interventor, e sua função restringe-se a acionar, com sua ação catalisadora, um processo sucessório que se interrompeu ou está bloqueado pelo rompimento dos canais de comunicação. Seu maior compromisso ético é com a isenção em relação às decisões que venham a ser tomadas, mantendo-se estritamente em um papel que em tudo e por tudo corresponde ao que etimologicamente está expresso na função de educador, ou seja, aquele que conduz para fora um saber que está em estado embrionário na mente de quem o busca.

A solução para a sucessão de cada empresa em particular está na empresa, nas entrelinhas de sua história, no contexto sociocultural em que se inseriu. O mediador é, antes de tudo, um tradutor; a ele cabe traduzir a sucessores e sucedidos o que em seus idiomas privados, carregados de conotações afetivas, esses não conseguem comunicar uns aos outros.

É o mediador um agente facilitador das interações família/empresa por meio de sua condição de profissional experiente na decifração dos códigos comunicacionais da linguagem afetiva, seus ruídos, suas lacunas. Diria que ele é, sobretudo, um rastreador de mal-entendidos. E não há terreno mais propício para a geração de mal-entendidos do que as conversações em torno de um processo sucessório.

O mediador não pode ser uma edição contemporânea de Procusto, querendo adaptar a empresa ao divã de suas teorias pré-estabelecidas. Para avivar-nos a memória, eis o mito: Procusto era um famoso salteador que agia entre Megara e Atenas. Atacava os viajantes, despojava-os de seus bens e submetia-os a um suplício cruel. Forçava-os a se deitarem em um leito que nunca se ajustava a seu tamanho. Cortava as pernas dos que excediam a medida e, por meio de cordas, esticava os que não a atingiam. Teseu o matou, infligindo-lhe igual martírio.

Do mediador, não se espera que seja neutro, mas sim imparcial. Neutralidade implica negação de sentimentos ou opiniões, o que é uma quimera em se tratando de seres humanos como somos; além disso, para tentar alcançá-la, podemos nos colocar em uma posição de distanciamento afetivo e falta de empatia com o sofrimento das partes que estão em litígio e buscam nossa mediação. O compromisso do mediador é com não tomar partido, o que é distinto de ficar alienado da realidade crucial do conflito. A neutralidade é uma posição rígida, estática e passiva; a imparcialidade exige uma postura flexível, dinâmica e ativa.

Finalmente, queremos lembrar que é no futuro, e não no passado, que residem as expectativas de mudança e solução de conflitos; portanto, o mediador deve ter sempre um olhar prospectivo, antes voltado para as alternativas e possibilidades de um entendimento futuro do que no escrutínio das razões do fracasso das tentativas de acordo no passado. Uma excessiva preocupação com os porquês do impasse no passado pode levar a uma paralisação da ação mediadora.

E O QUE SE ESPERA, EM CONTRAPARTIDA, DOS SOLICITANTES DE UMA MEDIAÇÃO?

Além do consenso primordial referido anteriormente, quanto à necessidade e objetivos da mediação, espera-se que os solicitantes estejam dispostos a escutarem-se, a alterarem os pontos de vista originalmente expressados e estarem cônscios de que, como a mediação não visa estipular vencedores, ambas as partes terão que necessariamente fazer concessões durante o processo. O sucesso da mediação é diretamente proporcional à flexibilidade dos solicitantes e, inversamente, seu fracasso está na razão direta de sua rigidez.

Que cada parte possa escutar a outra, embora não concorde com ela, é vital para o curso do processo. E escutar implica estar receptivo a colocar-se em outro lugar que não o próprio. Já não se demandaria que cada parte pudesse se pôr no lugar da outra, porque isso seria esperar demais de litigantes; mas, sem dúvida, é imprescindível que se ponham noutro lugar que não o de sua posição original quanto ao enfoque da situação conflitiva que determinou a busca da mediação.

"FORMAÇÃO" PROFISSIONAL DO MEDIADOR

Por ser uma especialização apenas muito recentemente reconhecida de modo formal, a exemplo de outras tantas surgidas nas últimas décadas acompanhando o *boom* da era da prestação de serviços, os que a exercem geralmente provêm de áreas profissionais afins, a saber, advogados e psicólogos. Isso já nos coloca diante da necessidade de mencionar a interferênciados "cacoetes" ou deformações profissionais prévias dos mediadores na práxis, uns presos ao hábito de julgar ações e outros ao de interpretar sentimentos. Tais inconvenientes podem ser em parte obviados pela atividade interdisciplinar na prática da mediação.

Ainda que esta não seja a ocasião para considerações sobre a formação de profissionais em geral em nossa época, desejaríamos pontuar que entendemos que apenas sofisticamos os meios de transmissão de conhecimentos profissionais, mas que, na essência, o processo de aquisição desses conhecimentos e de sua eficácia se mantém mais ou menos inalterado em relação à antiga prática dos mestres de ofícios e seus aprendizes, desde tempos bíblicos. O trabalho supervisionado (que preferimos chamar "intervisionado") continua sendo a grande fonte de transmissão de conhecimentos e habilidades. Nenhuma formação acadêmica (ou para-acadêmica) substitui a prática supervisionada como fundamento para aprender um ofício, seja ele qual for. Sabemos que tais formações estão antes a serviço das definições e reservas do mercado de trabalho do que da qualificação de seus praticantes; esta é função, sobretudo, de atributos pessoais do postulante, bem como de suas inclinações vocacionais ou habilidades específicas para o *métier* e de sua curiosidade epistemofílica voltada para o campo específico das atribuições profissionais a que se destina.

Aptidões para o exercício da função de mediador, pois, estão mais no preenchimento das condições requeridas para quem se dispuser a exercê-la, e que foram mencionadas no item correspondente, do que na bagagem de conhecimentos especializados que tragam de suas profissões de origem.

A MEDIAÇÃO EM NOSSA EXPERIÊNCIA
COMO CONSULTORES DE EMPRESAS FAMILIARES

A mediação foi se introduzindo em nosso trabalho à medida que iniciamos nossas atividades com casais, famílias e empresas familiares. Em nossa prática como mediadores, procuramos não nos deixar cercear pelas teorias, utilizando predominantemente a bagagem vivencial que fomos acumulando em nosso percurso como terapeutas. No entanto, não há como escotomizar a contribuição dos referenciais teóricos que pavimentaram esse percurso e, entre estes, se destaca o psicanalítico, por sua contribuição à compreensão dos conflitos determinantes da solicitação do ato mediador; a visão sistêmica, por sua abordagem das interações humanas sob a égide dos mecanismos de retroalimentação (*feedback*); a teoria da comunicação humana, pelo aporte à percepção de como se estabelecem os mal-entendidos e os caminhos para desmontá-los; o psicodrama, pelos recursos técnicos que nos oferecem para representar e externalizar os conflitos subjacentes e, *last but not least*, as noções de tarefa, processo e campo grupal, como foram concebidas e transmitidas pela dinâmica de grupo e pela teoria dos grupos operativos.

A QUESTÃO DO GÊNERO NA MEDIAÇÃO EM EMPRESAS FAMILIARES

Por considerarmos a questão do gênero fundamental, preferimos trabalhar em comediação, sendo os mediadores de sexos diferentes. Entendemos que o olhar feminino e o masculino são diferentes e se suplementam no processo de mediação, além de tranquilizarem as partes, quando estas são de sexos diferentes (como na mediação dos conflitos de casais ou em situações que envolvem as diferenças de gênero em empresas familiares), de que não haverá alianças determinadas pelo sexo do mediador.

Outro fator que nos parece importante como contribuição da prática de comediação é poder um dos mediadores ficar mais na posição de observador das interações enquanto o outro se ocupa em promovê-las. Isso amplia o campo perceptivo dos mediadores, possibilitando-lhes muitas vezes detectar nuances importantes que passam despercebidas quando estão inteiramente focados apenas em sua intervenção mediadora, e não no jogo interativo e nas características da comunicação entre as partes.

Em um processo de mediação não podemos deixar de considerar o quanto determinados conflitos que são trazidos à tona mobilizam os mediadores e outra vantagem da comediação é o fato de se minimizar a influência dos pontos cegos e a participação dos conflitos internos de cada mediador nas distorções perceptivas, que sempre podem ser corrigidas pelo intercâmbio de impressões entre ambos os mediadores, o que é imperioso que façam no intervalo entre cada encontro com as partes mediadas.

Além dessa constante troca de impressões entre ambos os mediadores, é de suma importância que haja uma afinidade tanto ideológica quanto pessoal entre os comediadores, sendo indispensável que o espírito solidário se sobreponha a qualquer competitividade existente. Isso não quer dizer que não seja possível e até desejável que tenham opiniões diferentes, para possibilitar uma maior imparcialidade na condução da mediação.

MEDIAÇÃO E INTERDISCIPLINARIDADE

Contudo, a mediação interdisciplinar, entendendo por tal a que inclui profissionais com diferentes formações prévias (p. ex., tais como psicólogos e advogados) torna-se por vezes enriquecedora, quando não imprescindível, quando se trata de questões que envolvem simultaneamente tanto aspectos psicológicos como jurídicos.

No entanto, mais do que a profissão de origem do mediador é elemento determinante do sucesso do processo de mediação a disponibilidade do mediador para escutar os mediados e sua habilidade em intermediar soluções sem exacerbar os ânimos, sem permitir que alguma das partes chegue ao final como vencedora e a outra como vencida.

É ainda de suma importância que as partes sintam-se igualmente respeitadas e plenamente confiantes nos mediadores, sem o que o clima necessário para o processo mediador não se estabelece e esse, consequentemente, não avança.

A TÉCNICA DA MEDIAÇÃO EM EMPRESAS FAMILIARES

Temos por princípio deixar as partes inteiramente livres para trazerem às entrevistas aqueles que julgarem importantes para fornecer informações complementares, desde que tal presença seja aceita pelo oponente sem causar-lhe constrangimento por situação preexistente. Entendemos que quanto mais informações tivermos e quanto mais diferenciados sejam os olhares sobre a situação em mediação, maior será nossa capacitação para auxiliarmos as partes na resolução de seus impasses.

Após a primeira entrevista com as partes em conflito, podemos realizar uma ou várias entrevistas individuais para que ambas tenham espaço para se expressarem livremente sobre o que entendem possa prejudicá-los se comunicado diante do outro ou que simplesmente não desejem expor na entrevista conjunta por razões de foro íntimo. Isso pode, por vezes, acarretar um ônus ao trabalho do mediador, pois este deve estar atento para que o sigilo seja respeitado e não denunciar à outra parte o que lhe foi confiado na entrevista individual. Poderá ser evitada tanto quanto possível a formação desses "guetos" informativos com o devido esclarecimento às partes sobre a conveniência de que possam tratar o mais abertamente possível suas divergências para levarmos a bom termo a mediação.

Apesar do que dizem certos autores e especialistas sobre mediação, não entendemos que se possa instrumentar um processo mediador sem nele estarem presentes nossas emoções. Não há como evitá-las, mas ignorá-las pode afetar mais nosso compromisso de isenção do que, ao tomar conhecimento de sua existência, monitorá-las para que não interfiram em nossa imparcialidade. Lembremos sempre que não somos robôs em ação, e sim seres humanos que necessitam de seus referenciais afetivos para melhor compreenderem o que se passa na vigência de um conflito entre seus semelhantes.

O recurso psicodramático da troca de papéis (colocar-se no lugar do outro) pode não só ser valioso para mobilizar as partes mediadas como deve ser um exercício constante por parte dos mediadores para vivenciarem os sentimentos dos solicitantes da mediação.

É prioritário entrarmos em contato com o desejo de cada parte mediada para avaliarmos a possibilidade de uma solução negociada e tanto quanto possível consensual, lembrando que *con + senso* não significa que uma das partes se submeta à outra, mas ambas cheguem a um sentido comum. Para isso é preciso que os mediadores mobilizem as partes mediadas para que flexibilizem suas posições, viabilizando o surgimento de hipóteses alternativas que apontem para o objetivo da mediação, qual seja, que o resultado final não se constitua na violação dos direitos de uma das partes ou que haja um vencedor e um vencido, o que é indício de uma mediação malsucedida.

Uma técnica auxiliar, que eventualmente podemos utilizar, é a filmagem de uma entrevista e a discussão posterior da mesma com as partes, de tal sorte que essas possam se colocar na posição de observadores de suas próprias atitudes e formas de interagir, o que as auxilia a darem-se conta do que sem esse recurso por vezes seria inviável.

O mediador é, acima de tudo, um facilitador da comunicação entre as partes e um decodificador dos mal-entendidos, que costumam prevalecer na interação entre essas. Além disso, também deve ser alguém capaz de prover conhecimentos e informações necessárias para que a tomada de decisão seja a mais eficaz possível nas circunstâncias vigentes.

Muitas vezes, o mediador pode valer-se de um membro da família para auxiliá-lo na interlocução entre as partes, quando esse tiver a credibilidade de ambos e a habilidade para funcionar como mediador auxiliar. Evidentemente, são raros os familiares que se disponibilizam ou tenham capacitação para essa tarefa, mas quando os encontramos são indubitavelmente de grande valia para nossa tarefa mediadora.

Enfatizamos, uma vez mais, que quaisquer sejam os recursos técnicos ou auxiliares de que nos utilizemos no processo de mediação todos eles devem se pautar pelo princípio básico do respeito às partes, a seus direitos humanos e ao desejo primordial de não terem desqualificadas suas reivindicações pelo mediador.

QUAIS SERIAM AS DIFERENÇAS ENTRE MEDIAÇÃO E TERAPIA FAMILIAR?

Não há fronteiras perfeitamente demarcadas entre uma e outra. Toda a mediação tem efeitos terapêuticos, embora não seja esse seu propósito manifesto, assim como toda a terapia tem seu conteúdo e intenção mediadora. Seria possível dizer que numa terapia individual o que um terapeuta procura fazer não é mais do que mediar os conflitos internos ou intrapsíquicos de seus pacientes. No entanto, um advogado, na função mediadora pelo ato da escuta, privilegiando a resolução de conflitos, está de certa forma exercendo uma função terapêutica. E tanto terapeutas como mediadores devem caracterizar-se por essa disponibilidade para auxiliar na resolução de conflitos e se regem pelo primado da conciliação e busca da harmonia na interação entre os indivíduos.

EM RESUMO, COMO PODEMOS CARACTERIZAR A FUNÇÃO DO MEDIADOR?

O mediador é um facilitador da comunicação e um promotor de interações entre as partes.

Seu papel primordial é transformar um dilema em uma situação dialética, entendendo que isso só possa ocorrer com a predisposição de cada parte para a escuta da outra.

O mediador atua como um levantador de hipóteses e fornecedor de informações. Ajuda a pensar e busca outros profissionais e fontes de informação necessárias para alavancar a resolução dos conflitos em pauta. Focaliza suas intervenções no propósito de procurar uma solução tanto quanto possível consensual e evitando que da mediação saiam vencedores ou vencidos. Lembrando que o futuro, mais do que o passado, é que monitora sua atividade.

Parte VI
TÓPICOS ESPECIAIS

# 17 LABORATÓRIOS DE RELAÇÕES INTERPESSOAIS

Os *laboratórios* são uma atividade grupal intensiva, geralmente com um foco determinado, e que se propõem a proporcionar a seus participantes uma experiência vivencial, além da oportunidade de uma reflexão conjunta e a troca de ideias e informações com outras pessoas com o mesmo campo motivacional da proposta do laboratório.

Os laboratórios surgiram nos anos 1950 e tiveram seus precursores nos *T--groups* criados por Lewin (1951), grupos de sensibilização para relações humanas que se tornaram instrumento fundamental para o treinamento em dinâmica de grupos. Posteriormente vieram a se expandir e sofrer significativas transformações, conforme o marco referencial teórico em que se situavam seus mentores.

A formatação dos laboratórios varia muito segundo as diferentes correntes que os empregam. Assim, vão desde microlaboratórios, com encontros de duas horas de duração, até as chamadas "maratonas", que podem durar quarenta horas seguidas ou programas residenciais com 2 a 3 semanas de duração com o mesmo grupo em determinado local. Também a composição dos grupos e o número de participantes diferem significativamente conforme a linha teórica que os sustenta, podendo ser constituídos por grupos homogêneos quanto à origem (como os grupos de formação em dinâmica de grupo) ou deliberadamente heterogêneos, como os que costumam frequentar as "maratonas". Quanto ao número de participantes, embora variável, a tendência é que não ultrapassem o sugerido pelos *face to face groups*, ou seja, grupos nos quais os membros existem psicologicamente uns para os outros e se encontram em situação de interdependência operativa e interação potencial, o que corresponde a não mais que 12 a 15 pessoas por grupo. Quando os laboratórios destinam-se a uma população-alvo maior, geralmente os participantes são divididos em subgrupos para boa parte das atividades, mas cuidando-se que o número total não exceda aquele que permita que ao deixarem o laboratório todos tenham se relacionado com todos em algum momento do mesmo.

Os grupos intensivos, ou laboratórios, tiveram seu *boom* a partir dos anos 1960, quando então passaram a ser mais bem discriminados em função de seus objetivos primordiais. Três correntes principais são, então, mencionadas pelos autores: os *terapêuticos*, os *de trabalho* e os *vivenciais*.

Os laboratórios ou grupos intensivos terapêuticos teriam o objetivo de, por meio de uma experiência extensiva e intensiva de encontro grupal, mobilizar emoções e trazer à tona afetos reprimidos subjacentes à situação psicopatológica determinante da busca de ajuda psicoterápica.

Os laboratórios, ou grupos intensivos de trabalho, ainda que fundamentados na mesma hipótese de obter por meio de uma experiência extensa e intensa de interações grupais a desmobilização dos afetos, centram na aprendizagem, e não na terapia seu foco de interesse.

Os laboratórios ou grupos intensivos vivenciais têm objetivos menos focados, embora coincidam no propósito genérico de ampliar a percepção de seus participantes, seja na relação consigo mesmo e com seu corpo, seja na relação com os outros. Quando coordenados por terapeutas que empregam técnicas corporais, podem incluir em sua estrutura práticas tais como a *yoga*, exercícios respiratórios, de relaxamento, desinibição sexual e outras.

Os laboratórios vivenciais, pela ampla faixa de objetivos a que se propõem e pela gama de participantes a que se dirigem, foram os que mais rapidamente se popularizaram. As maratonas de fins de semana dirigidas aos executivos das empresas se inserem nessa categoria. Nem sempre, contudo, tais laboratórios alcançam objetivos a mais longo prazo, pela descontinuidade de seus processos.

Vejamos agora algumas modalidades de laboratório de acordo com o foco proposto para sua realização:

LABORATÓRIOS SOBRE RELAÇÕES CONJUGAIS E FAMILIARES

Pela impossibilidade dos casais que reconstituem suas famílias em novos relacionamentos afetivos de recorrerem aos modelos das gerações anteriores para pautarem seu comportamento familiar, uma vez que esta é uma experiência não vivenciada pelos pais ou avós, eles carecem de referenciais que lhes permitam incorporar formas consensuais de lidar com as novas configurações vinculares emergentes nestas recomposições familiares.

Para preencher essa lacuna, que obviamente afeta o desempenho e o bem-estar desses casais em suas reconstituições familiares, criamos uma modalidade de laboratório que denominamos *laboratórios de relações humanas na família* e que visa a oportunizar a casais em processo de reconstituição familiar um espaço de reflexão e discussão sobre as peculiaridades dessas novas estruturas familiares emergentes no contexto sociocultural do mundo contemporâneo. O laboratório não se propõe a trabalhar sobre os conflitos dos participantes nem a lhes fornecer modelos de como proceder no âmbito de suas novas experiências conjugais ou familiares, e sim promover entre eles uma troca de impressões, opiniões e vivências, funcionando os coordenadores como promotores da interação e facilitadores do processo grupal.

O laboratório poderá se realizar segundo uma dessas configurações:

1. Encontros semanais ou quinzenais de uma hora e meia a duas horas de duração com grupos constituídos de três a quatro casais.
2. Encontros de fins de semana com pais e filhos de diferentes famílias reconstituídas ou em processo de reconstituição. O local do encontro poderá ser um hotel de veraneio em cidade próxima à de residência dos participantes, de tal forma que se constitua também numa oportunidade de lazer compartilhado.

A denominação "laboratório" privilegia o caráter experimental da abordagem proposta, em que, respeitando-se a natureza empírica do processo, haja espaço para a pesquisa de soluções alternativas a partir do intercâmbio de experiências e informações entre os participantes do laboratório.

A quem coordena o laboratório caberia motivar seus participantes a questionarem, antes que buscarem respostas prontas e a conviverem com as dúvidas que permeiam todo o encontro com o desconhecido, estimulando-os a romperem com os estereótipos de um conhecimento que se mostra ultrapassado e antioperativo quando o tentamos aplicar a modalidades de convívio familiar sem precedentes.

O laboratório não se referencia nos modelos preexistentes, sendo uma nova proposta de abordagem grupal que, embora possa ter aspectos terapêuticos ou pedagógicos, não se enquadra em nenhuma dessas categorias operativas. No curso de seu processo procura o laboratório não só ativar a criatividade dos participantes para que encontrem novos paradigmas de convívio familiar, como busca igualmente ativar-se para criar sua própria e original categoria operativa.

Além da discussão livre de situações aportadas pelos participantes, eventualmente são utilizados – e na medida da demanda feita pelos próprios participantes – recursos audiovisuais para ilustrar determinada situação a ser mais bem explorada e compreendida (p. ex., a exibição e posterior discussão conjunta de filmes com temática relacionada com questões suscitadas em encontros anteriores), bem como leituras compartidas de textos técnicos ou ficcionais que ampliem o universo cognitivo dos participantes em relação às vivências familiares. Na modalidade ampliada do laboratório – os encontros de fim de semana com membros de várias famílias em situação similar – será possível convidar um especialista em determinado setor vinculado a temática do laboratório, como um advogado da área de direito de família, para esclarecer dúvidas dos cônjuges e seus filhos sobre aspectos legais que regulam (ou deixaram de fazê-lo) sua atual situação familiar em relação às anteriores. Tais profissionais poderão vir a participar da experiência do laboratório também na condição de pesquisadores, para nele colherem subsídios para posterior aprimoramento da tarefa jurídica na análise dos direitos e deveres no âmbito familiar.

Enfim, o laboratório é um instrumento de aprendizagem para todos que nele se incluem, seja na condição de coordenadores, de membros participantes ou de eventuais colaboradores.

Considerando-se que, em um certo sentido, as famílias hoje de uma forma ou de outra estão tendo que se reciclarem face às profundas transformações nos valores morais e na práxis interativa da sociedade contemporânea, não seria de todo indevida a afirmação de que as famílias em geral estão em reconstituição permanente e o laboratório, enquanto categoria operacional, seria um espaço privilegiado para analisar, compreender e propor soluções alternativas para as questões existenciais das famílias de hoje.

LABORATÓRIOS SOBRE RELAÇÕES FAMÍLIA-ESCOLA

Esses laboratórios propõem-se a oferecer um espaço de reflexão compartilhada por pais e professores sobre as potencialidades e limites de seus respectivos papéis no processo educacional dos jovens, bem como possibilitar a troca de ideias sobre preocupações comuns no trato com crianças e adolescentes no contexto do mundo contemporâneo.

Quanto à dinâmica desses encontros, obedece ela a critérios semelhantes aos dos laboratórios anteriormente mencionados, ou seja, funcionam basicamente como grupos de interações e trocas de ideias, e não visam a propósitos de gerenciar atitudes no desempenho de funções que estão no âmbito das atribuições que lhes correspondem, seja como pais ou mestres.

LABORATÓRIO SOBRE ESCOLHA PROFISSIONAL

Destina-se a jovens no processo de escolha profissional e seus familiares. Podem ser realizados com grupos de vinte a trinta jovens em dois fins de semana sucessivos.

Nos encontros com os jovens, a temática a ser desenvolvida nas atividades grupais propostas abarca os seguintes tópicos:

- Promoção do autoconhecimento voltado para a busca da identidade profissional.
- Informação de conteúdos sobre as profissões e definição de papéis profissionais.
- Utilização do contexto grupal e das identificações cruzadas para elaboração das opções vocacionais.
- Articulação entre as motivações dos participantes, as expectativas da família e as possibilidades do mercado de trabalho.
- Adequação do nível de aspirações às aptidões para realizá-las.
- Reflexão sobre o processo de escolha profissional.

Paralelamente à reunião com os jovens, promovem-se reuniões com os familiares, objetivando incluí-los no processo de escolha profissional dos filhos, ajudando-os a estabelecer limites nessa participação, bem como proporcionando-lhes um espaço para discutirem suas dúvidas e ansiedades a respeito.

LABORATÓRIOS SOBRE O EXERCÍCIO DA AUTORIDADE E FUNÇÕES DE LIDERANÇA

Esta modalidade de laboratório foi originalmente desenvolvida no Instituto Tavistock de Relações Humanas, em Londres, Inglaterra. Vejamos um pouco de sua história até chegar à formatação em que o empregamos atualmente em nosso meio.

Ao final da década de 1950, o Centro de Investigação Social Aplicada do Instituto Tavistock de Relações Humanas de Londres, na Inglaterra, juntamente com a Universidade de Leiscester, organizou o primeiro de uma série do que então denominaram "congressos" que se sucederiam anualmente, com o objetivo de estudar os processos interpessoais que ocorrem nos grupos. Para tanto, utilizaram como referenciais teóricos a vertente psicanalítica aportada por *Bion* (1970), com sua concepção dos pressupostos básicos do funcionamento grupal, e as teorias da organização grupal de *Miller e Rice* (1967). Posteriormente, em 1965, a Escola de Psiquiatria de Washington e o Departamento de Psiquiatria da Universidade de Yale introduziram o método (já então denominado Tavistock em função de suas origens) nos Estados Unidos.

Esse método passou então a se disseminar e a ser praticado em outras instituições que se dedicam ao estudo e pesquisa em grupos humanos, tanto do mundo anglo-saxônico como, em anos mais recentes, também fora dele. Ainda que, inicialmente tais "congressos" não fossem focados nos problemas relacionados com o exercício da autoridade e das funções de liderança, paulatinamente passaram a trabalhar centrados nas vicissitudes de tal exercício, que, de resto, são o *leitmotiv* de qualquer processo grupal.

A aplicação dos laboratórios modelo Tavistock é, sobretudo, organizacional, ou seja, pauta-se na relação dos indivíduos com as organizações grupais onde estão inseridos, sendo o próprio laboratório estruturado como uma organização temporária, com suas normas e rituais ou maneiras de trabalhar.

O laboratório visa oportunizar aprendizagem, mas recordemos que, como preconizava Pichon-Rivière (1980), os processos de aprendizagem tem efeitos terapêuticos e vice-versa, pois ambos estão centrados no propósito comum de promover mudanças e romper com estereótipos paralisadores.

Vejamos agora, em rápidas pinceladas, a estrutura formal de um laboratório modelo Tavistock, já com algumas modificações que nele introduzimos[*] para adequá-lo às características socioculturais de nosso meio:

O laboratório funciona como uma organização temporária, desenvolvendo sua própria dinâmica, seus rituais e maneiras de trabalhar em grupo: seu enfoque visa oportunizar a aprendizagem e reflexão conjunta sobre o impacto do não conhecido e a maneira como os participantes delineiam seus papéis no exercício da autoridade e funções de liderança, assim como possibilitar-lhes experienciar as potencialidades da via grupal para a compreensão e resolução dos problemas de seu cotidiano profissional.

---

[*] O laboratório modelo Tavistock foi introduzido em nosso meio em 1995, por Schneider e Oliveira, tendo posteriormente sido desenvolvido por Schneider, Oliveira, Osorio e Valle (Schneider et al., 1997).

O laboratório é programado para um total de trinta e duas a quarenta pessoas no máximo, provindas de distintas instituições nas quais exercem atividades de liderança. Para cada oito a dez pessoas inscritas no laboratório, corresponde um coordenador, que terá a seu cargo um dos intragrupos mencionado a seguir. Pressupõe-se que tais coordenadores sejam profissionais com larga experiência na coordenação de grupos e devidamente integrados para a realização de atividades cuja coordenação em distintos momentos do laboratório devem compartilhar.

O laboratório transcorre no espaço de dois dias e meio (abarcando de 24 a 26 horas de atividades), geralmente um fim de semana, de preferência num local fora da cidade onde os membros exercem suas atividades profissionais, para que durante a realização do mesmo possam estar integralmente ocupados com ele.

O laboratório compõe-se de dois subsistemas, com atribuições bem definidas a seu início: num deles estão os coordenadores (que, doravante, pelo espírito inerente a suas funções, vamos chamar "promotores de interações") e um administrador do evento; no outro subsistema estão os membros participantes.

As atividades constam esquematicamente de:

- *Plenárias* – reuniões com a presença de todos os componentes dos dois subsistemas, com finalidades de apresentação do laboratório, de orientação sobre cada nova atividade introduzida ou de integração após certos momentos do laboratório.
- *Intragrupos* – em que os participantes encontram-se subdivididos em grupos previamente determinados pelos dirigentes do laboratório, privilegiando a maior heterogeneidade possível (p. ex., evitando, tanto quanto possível, que em determinado grupo estejam membros provenientes da mesma instituição), sendo cada um desses grupos coordenado por um promotor de interação. O foco desses intragrupos é a oportunidade de se experienciarem relações interpessoais no contexto de um *face to face group* (conduzido segundo o referencial dos *T-groups*) e estudar o comportamento do grupo enquanto ele ocorre.
- *Intergrupos* – em que os membros formam grupos espontâneos, conforme suas tendências e inclinações pessoais, a partir de critérios por eles mesmos estabelecidos em discussão prévia nos seus intragrupos de origem. Os intergrupos oferecem oportunidade para que sejam estudadas as relações entre grupos enquanto elas ocorrem. Os promotores de interações ficam à disposição dos membros e só participam de seus encontros se para tal forem convocados.

- *Grupos de Interconsultoria* – em que os membros participantes são subdivididos em grupos de no máximo quatro participantes cada, para desenvolverem habilidades de trabalhar cooperativamente, funcionando uns como consultores dos outros em situações específicas de trabalho, que devem ter selecionado previamente ao laboratório para nele apresentar. Enquanto dois membros participantes de cada grupo de interconsultoria estão envolvidos com as funções de consultor e consultado, os outros funcionam como observadores das interações entre eles e do processo de consultoria em geral.
- *Grupo de Revisão e Aplicação* – em que o objetivo é revisar a experiência dos membros participantes nos diversos papéis que assumiram ao longo do laboratório e como visualizam a aplicação da experiência do laboratório nas funções que exercem nos seus respectivos locais de trabalho. Trata-se primordialmente de um espaço prospectivo, que objetiva o exame de como podem os participantes, a partir das situações vivenciadas no decorrer do laboratório, se tornarem agentes de mudança em suas respectivas atividades profissionais.

Como variantes dos laboratórios sobre Autoridade e Liderança, modelo Tavistock, criamos outros eventos similares nos quais, em função da população-alvo a que se destinam e dos objetivos a alcançar, introduzimos certas modificações estruturais inspiradas, sobretudo, na concepção teórico-prática dos grupos operativos, no interjogo de papéis proporcionado pela técnica psicodramática e nos aportes das teorias sistêmica e da comunicação humana. Entre tais alterações destacamos a *apresentação interativa inicial* dos membros participantes, em que, em lugar de cada um fazer sua apresentação pessoal, apresentam-se uns aos outros (obviamente quando se conhecem previamente, como no caso de laboratórios realizados no seio de uma instituição), a introdução de *janelas expositivas* de cunho esclarecedor sobre a proposta inerente ao laboratório em questão, *role-playings* para introduzir o elemento lúdico-criativo e o *grupo de reflexão* final.

Esse grupo de reflexão, ao final do laboratório, é um momento que se oferece aos participantes com o intuito de que possam refletir sobre:

- como os papéis foram se delineando ao longo da tarefa grupal compartilhada
- o impacto do não conhecido sobre a participação de cada um
- o vivenciado nas interações dentro de cada atividade grupal
- as repercussões desta experiência no cotidiano existencial dos membros do laboratório

Tais laboratórios, com as adaptações necessárias, podem se desenvolver no âmbito de uma mesma instituição, como, por exemplo, uma empresa familiar, em que o foco poderá ser a *questão da sucessão*.

Ainda com metodologia similar os laboratórios poderão ser realizados com outros focos, tais como desenvolvimento da inteligência (ou competência) relacional, motivação, busca de consenso, trabalho cooperativo, etc.

18
UM MODELO DE APRENDIZAGEM PARA TRABALHAR COM SISTEMAS HUMANOS

Coordenar uma equipe multidisciplinar na área de saúde, liderar um grupo de trabalho em uma empresa ou atender uma família com propósitos terapêuticos requerem obviamente conhecimentos e habilitações distintas. Em nosso entender há, contudo, um denominador comum na capacitação de profissionais para tais tarefas: a imersão no pensamento sistêmico-relacional que caracteriza a visão neoparadigmática da ciência contemporânea.

Os marcos referenciais teórico-práticos que sustentam cada uma dessas capacitações podem variar, mas sua articulação em um contexto interdisciplinar é indispensável. As disciplinas são como os tijolos dos saberes necessários para trabalhar com sistemas humanos, mas o pensamento sistêmico-relacional é o cimento que irá uni-los.

Com tal concepção em mente, construímos uma plataforma comum aos cursos que ministramos para profissionais que desejam trabalhar com sistemas humanos. Sobre essa plataforma se apoiam os elementos destinados aos objetivos específicos de cada curso.

O aprendizado de qualquer método aplicado ao trabalho com sistemas humanos referencia-se pelo tripé *conhecimentos – habilidades – atitudes*. Conhecimentos se adquirem, habilidades se exercitam e atitudes se constroem na interação com os outros. Para a articulação desses componentes do aprendizado, direciona-se a metodologia criada visando esses cursos de capacitação.

A parte teórica dos cursos pauta-se pela apresentação dos fundamentos do paradigma sistêmico-relacional e os marcos referenciais teórico-técnicos que deram origem à psicologia grupal (Cap. 2), sempre articulando-os com a práxis correspondente a cada área (grupos – casais e famílias – empresas).

O desenvolvimento das habilidades demandadas para trabalhar com determinado sistema humano são alvo da atividade de supervisão ou *coaching* realizada durante ou após o término do curso; já com relação às atitudes, são estas construídas a partir da interação do coordenador do curso com os participantes, e desses entre si, durante os exercícios e práticas ilustrativas que ocorrem durante o curso.

Eis os tópicos que constituem a plataforma comum a nossos cursos de capacitação para o trabalho com sistemas humanos:

- O impacto dos novos paradigmas da ciência na abordagem dos sistemas humanos.
- Marcos referenciais teórico-técnicos da psicologia grupal.
- Fenômenos do campo grupal.
- A noção de tarefa grupal.
- Mecanismos obstrutivos do processo grupal.
- Exercício da autoridade e funções de liderança.
- Competição e cooperação grupal.
- Como tomar decisões em grupo.
- Busca de consenso. Rendimento grupal versus rendimento individual.
- Clima e culturas grupais.
- Competência relacional.
- Desenvolvimento interpessoal: aprender a dar e receber *feedbacks*.
- Ambiência e metáfora do lixo psíquico.
- Interconsultoria: uma ferramenta para reciclar o lixo psíquico acumulado no trabalho em equipe.

Como em qualquer segmento das atividades humanas consideradas neste livro – saúde, educacional ou institucional –, o trabalho em grupo ou equipe está sempre presente. Não basta que o profissional se capacite a trabalhar com as peculiaridades do sistema humano ao qual atende, mas igualmente precisa aprender a trabalhar *em* grupo. Exemplificando: um terapeuta de grupos em uma equipe interdisciplinar de saúde precisa não só se capacitar tecnicamente para atender o grupo em questão, mas também necessita desenvolver sua competência inter-relacional para atuar na equipe. Daí a temática proposta na plataforma de todos os cursos.

Esse desenvolvimento das competências interpessoais é também obtido por meio da utilização do próprio grupo de participantes do curso como fonte de aprendizagem, segundo a técnica dos grupos de reflexão sobre o processo de ensino/aprendizagem referidos no Capítulo 9.

Para concluir, um breve comentário sobre as até então inéditas e revolucionárias técnicas de supervisão introduzidas pela terapia familiar sistêmica, a "face clínica" do paradigma sistêmico-relacional, tais como o uso do espelho unidirecional para supervisão "ao vivo", o emprego do interfone para comunicação entre supervisor e supervisionado em cada lado do espelho e a filmagem das sessões para discussão posterior.

Outras variantes do processo de supervisão foram sendo paulatinamente introduzidas com os desdobramentos do pensamento sistêmico, tais como a introdução do supervisor durante a sessão como uma espécie de consultor interno; a eventual substituição do terapeuta por seu supervisor na condução de determinada sessão (ficando o supervisionando na sala do outro lado do espelho, quando isso ocorrer); a ocorrência da inversão de papéis, funcionando ocasionalmente o terapeuta como "supervisor" de seu supervisor, quando este entra em cena; a utilização das chamadas equipes reflexivas, introduzindo a própria família na discussão do atendimento que lhe está sendo proporcionado, e assim por diante.

Todas essas modificações do clássico modelo de supervisão pelo relato verbal ou por escrito das sessões trouxeram uma mudança fundamental na relação hierárquica supervisor – supervisionado, além de desmitificar a figura do terapeuta, agora exposto pela observação de suas inseguranças, titubeios, erros e acertos, seu estilo, enfim, revelado por inteiro ao supervisionando e quem mais o esteja observando do outro lado do espelho unidirecional. Da mesma forma, com a exposição da maneira de atender por parte do supervisor, muitas vezes realizada pela apresentação de filmagens de sessões com famílias que está atendendo, cai a exagerada idealização com que os aprendizes encaram seus mestres, além de esses contarem com a possibilidade de confrontar o que lhes é dito no contexto das supervisões e o que o supervisor faz efetivamente em sua práxis.

Com tais inovações, certas questões éticas foram suscitadas, como a decorrente da necessidade de se obter a autorização da família para que a sessão seja observada ou filmada e gravada, bem como de apresentar à família o supervisor e de notificá-la da presença de outros alunos no outro lado do espelho. O sigilo profissional – que antes, quem sabe, servia mais aos propósitos de proteger o terapeuta no expor seus equívocos do que aos próprios pacientes em revelar seus conflitos – precisou ser rediscutido neste novo contexto.

Podemos questionar tais modalidades de supervisão, introduzidas pela terapia familiar sistêmica, mas indubitavelmente não podemos deixar de reconhecer sua atualidade e gradativa introdução no processo de aprendizagem do trabalho com grupos, familiares ou não. É possível imaginar-se que, ao longo do tempo, o uso de técnicas de supervisão inspiradas no modelo sistêmico-relacional venha a se espalhar no treinamento de profissionais de outras áreas, que não apenas a de saúde.

REFERÊNCIAS

ADIZES, I. *Os ciclos de vida das organizações*: como e porque as empresas crescem e morrem e o que fazer a respeito. 3. ed. São Paulo: Pioneira, 1996.

ANASTASIOU, L. G. C.; ALVES, L. P. (Org.). *Processos de ensinagem na universidade*: pressupostos para as estratégias de trabalho em aula. 7. ed. Joinville: Univille, 2007.

ANDRADE, A. L. et al. *Pensamento sistêmico*: caderno de campo: o desafio da mudança sustentada nas organizações e na sociedade. Porto Alegre: Bookman, 2006.

ARGYRIS, C. *Interpersonal competence and organizational effectiveness*. Homewood: The Dorsey Press, 1962.

BARRETO, A. Coleção de vídeos em que apresenta e ilustra seu método de terapia comunitária (Mismed-Ce e UFC). DVD. v. 3.

BATESON, G. *Pasos hacia una ecologia de la mente*. Buenos Aires: Carlos Lohlé, 1985.

BERNHOEFT, R. *Como tornar-se empreendedor (em qualquer idade)*: depoimento do comandante Rolim – da TAM – e outros cases, ou melhor, causos de sucesso de empresários brasileiros. São Paulo: Nobel, 1996.

BERTALANFFY, K. L. von. *Teoria geral dos sistemas*. 2. ed. Petrópolis: Vozes, 1975.

BION, W. *Experiência com grupos*. Rio de Janeiro: Imago, 1970.

BLAYA, M. Ambientoterapia: comunidade terapêutica. *Arquivos de Neuro-Psiquiatria*, v. 21, n. 1, 1963.

CAPRA, F. *O tao da física*. São Paulo: Cultrix, 1995.

CHIAVENATO, I. *Gestão de pessoas*: o novo papel dos recursos humanos nas organizações. Rio de Janeiro: Campus, 1999.

COLLECTION Famille 2000. Paris: Éditions des Connaissances Modernes, 1971.

de VRIES, M. F. R. *Reflexões sobre caráter e liderança*. Porto Alegre: Bookman, 2010.

DELLAROSSA, A. *Grupos de reflexión*: entrenamiento institucional de coordinadores y terapeutas de grupos. Buenos Aires: Paidós, 1979.

ERIKSON, E. H. *Identidad*: juventud y crisis. Buenos Aires: Paidós, 1971.

FERRARINI, A. V. *A construção social da terapia*: uma experiência com redes sociais e grupos multifamiliares. Porto Alegre: Metrópole, 1988.

FOULKES, S. H. et al. *Psicoterapia de grupo*. São Paulo: Ibrasa, 1972.

GALLWEY, T. *The inner game of tennis*. New York: Random House, 1974.

GOLEMAN, D. *Emotional intelligence*. New York: Bantam Books, 1995.

GRINBERG, L. et al. *Psicoterapia del grupo*: su enfoque psicoanalitico. Buenos Aires: Paidós, 1957.

KOZULIN, A. *La psicologia de Vygotski*: biografía de unas ideas. Madrid: Alianza, 1994.

KUHN, T. S. *A estrutura das revoluções científicas*. 2. ed. São Paulo: Perspectiva, 1994.

LE BON, G. *Psicologia das multidões*. 5. ed. Rio de Janeiro: F. Briguiet, 1954.

LEAL, M. R. M. et al. *A grupanálise*: processo dinâmico de aprendizagem. Lisboa: Fim de Século, 1997.

LÉVI-STRAUSS, C. *Les structures élémentaires de la parenté*. Paris: PUF, 1949.

LEWIN, K. *Field theory in social sciences*: selected theoretical papers. New York: Harper & Brothers, 1951.

LIBERMAN, D. *Comunicación y psicoanálisis*. Buenos Aires: Alex, 1976.

MAILHIOT, G. *Dinâmica e gênese dos grupos*: atualidade das descobertas de Kurt Lewin. 3. ed. São Paulo: Duas Cidades, 1976.

MEAD, M. *Culture and commitment*: a study on the generation gap. New York: Natural History Press, 1970.

MILLER, E. J.; RICE, A. K. *Systems of organization*: the control of task and sentient boundaries. London: Tavistock, 1967.

MOORE, C. W. *O processo de mediação*: estratégias práticas para resolução de conflitos. 2. ed. Porto Alegre: Artmed, 1998.

MORAES, V.; POWELL, B. *Canto de Ossanha*: os Afro-sambas. São Paulo: JLS, 1966. LP.

MORIN, E. Epistemologia da modernidade. In: SCHNITMAN, D. F. *Novos paradigmas, cultura e subjetividade*. Porto Alegre: Artmed, 1996.

NICHOLS, M. P; SCHWARTZ, R. C. *Terapia familiar*: conceitos e métodos. 7. ed. Porto Alegre: Artmed, 2007.

OSORIO, L. C. *Casais e famílias*: uma visão contemporânea. Porto Alegre: Artmed, 2002.

OSORIO, L. C. *Grupos*: teorias e práticas: acessando a era da grupalidade. Porto Alegre: Artmed, 2000.

OSORIO, L. C. *Grupoterapias*: abordagens atuais. Porto Alegre: Artmed, 2007.

OSORIO, L. C. *Psicologia grupal*: uma nova disciplina para o advento de uma nova era. Porto Alegre: Artmed, 2003.

PICHON-RIVIÈRE, E. El concepto de portavoz. *Temas de Psicologia Social*, v. 2, ano 2, p. 7-13, 1978.

PICHON-RIVIÈRE, E. *El proceso grupal*: del psicoanálisis a la psicología social I. Buenos Aires: Nueva Visión, 1975.

PICHON-RIVIÈRE, E. Historia de la técnica de los grupos operativos. *Temas de Psicologia Social*, v. 3, ano 4, p. 7-18, 1980.

QUINTANA, M. *Do Caderno H.* São Paulo: Globo, 1973.

RODRIGUÉ, E. *Biografia de una comunidad terapeutica.* Buenos Aires: Eudeba, 1965.

ROSENBLATT, P. C. et al. *La familia en la empresa*: comprender y resolver los problemas que enfrentam las famílias empresarias. Buenos Aires: El Ateneo, 1995.

SCHNEIDER, N. et al. Laboratório: exercício da autoridade, modelo Tavistock. In: ZIMERMAN, D. E.; OSORIO, L. C. *Como trabalhamos com grupos.* Porto Alegre: Artes Médicas, 1997.

SENGE, P. *A quinta disciplina*: arte, teoria e prática da organização de aprendizagem. São Paulo: Círculo do Livro, 1990.

SLUZKY, C. E.; BERLINER, C. *A rede social na prática sistêmica*: alternativas terapêuticas. São Paulo: Casa do Psicólogo, 1997.

TOFFLER, A. F. *Previsões e premissas.* Rio de Janeiro: Record, 1983.

VALLE, M. E. P.; OSORIO, L. C. *Alquimia íntima.* Porto Alegre: Literalis, 2001.

WATZLAWICK, P.; HELMICK-BEAVIN, J.; JACKSON, S. *Teoría de la comunicación humana*: interacciones, patologías y paradojas. Barcelona: Tiempo Comtemporáneo, 1981.

WEBER, M. *A ética protestante e o espírito do capitalismo.* São Paulo: Pioneira, 1967.

WEIL, P. Entrevista. *Revista Humanidades*, v. 2, n. 6, p. 11-15, 2002.

WHITEHEAD, A. N.; RUSSELL, B. *Principia mathematica.* Cambridge: Cambridge University Press, 1910. 3 volumes.

WINNICOTT, D. W. *O ambiente e os processos de maturação*: estudos sobre a teoria do desenvolvimento emocional. Porto Alegre: Artes Médicas, 1982.

ZANELLI, J. C. *O psicólogo nas organizações de trabalho.* Porto Alegre: Artmed, 2002.

ZIMMERMANN, D. *Estudios sobre psicoterapia analítica de grupo.* Buenos Aires: Horme, 1969.

LEITURAS SUGERIDAS

ANDOLFI, M. et al. *Por trás da máscara familiar*: um novo enfoque em terapia da família. Porto Alegre: Artes Médicas, 1984.

ANZIEU, D. et al. *O trabalho psicanalítico nos grupos.* Lisboa: Moraes editores, 1978.

BAPTISTA NETO, F. Laboratório terapêutico. In: ZIMERMAN, D. E.; OSORIO, L. C. *Como trabalhamos com grupos.* Porto Alegre: Artes Médicas, 1997.

BARANGER, W.; BARANGER, M. La situación analítica como campo dinâmico. *Revista Uruguaya de Psicoanálisis*, v. 4, n. 1, p. 217-229, 1961/1962.

BATESON, G. et al. *Interacción familiar*: aportes fundamentales sobre teoría y técnica. Buenos Aires: Tiempo Contemporáneo, 1971.

BLEGER, J. *Psicohigiene y psicologia institucional.* 2. ed. Buenos Aires: Paidós, 1972.

BOSCOLO, L. et al. *A terapia familiar sistêmica de Milão*: conversações sobre teoria e prática. Porto Alegre: Artes Médicas, 1993.

BOX, S. (Org.). *Psicoterapia com famílias*: uma abordagem psicanalítica. São Paulo: Casa do Psicólogo, 1994.

BUSTOS, D. M. *Psicoterapia psicodramática*. Buenos Aires: Paidós, 1975.

BUSTOS, D. M. et al. *El Psicodrama*: diferentes aplicaciones de la técnica psicodramática. Buenos Aires: Plus Ultra, 1974.

COLLINS, J. C; PORRAS, J. I. *Feitas para durar*: práticas bem-sucedidas de empresas visionárias. Rio de Janeiro: Rocco, 1995.

DEMO, P. *Introdução à metodologia da ciência*. 2. ed. São Paulo: Atlas, 1987.

DI NICOLA, V. *Um estranho na família*. Porto Alegre: Artmed, 1998.

EIGUER, A. *Um divã para a família*: do modelo grupal à terapia familiar psicoanalítica. Porto Alegre: Artes Médicas, 1985.

ENCICLOPÉDIA Mirador. São Paulo: Encyclopaedia Britannica, 1992.

ENCYCLOPAEDIA BRITANNICA Inc. *The new encyclopaedia Britannica*. 15. ed. Chicago: Encyclopaedia Britannica,1990.

FERNANDES, W. J. et al. *Grupos e configurações vinculares*. Porto Alegre: Artmed, 2003.

FERREIRA, R. F.; ABREU, C. N. *Psicoterapia e construtivismo*. Porto Alegre: Artmed, 1998.

FOLEY, V. D. *Introdução à terapia familiar*. Porto Alegre: Artes Médicas, 1990.

FOREL, A. *A questão sexual*. São Paulo: Companhia Editora Nacional, 1934.

FOUCAULT, M. et al. *Sexualidades ocidentais*. Lisboa: Contexto, 1983.

FREUD, S. Linhas de progresso na terapia psicanalítica. In: *Edição standard brasileira das obras psicológicas completas de Sigmund Freud*. Rio de Janeiro: Imago, 1976. v. 17.

FREUD, S. Mais além do princípio do prazer, psicologia de grupo e outros trabalhos. In: *Edição standard brasileira das obras psicológicas completas de Sigmund Freud*. Rio de Janeiro: Imago, 1976. v. 18.

FREUD, S. Moisés e o monoteísmo, esboço de psicanálise e outros trabalhos. In: *Edição standard brasileira das obras psicológicas completas de Sigmund Freud*. Rio de Janeiro: Imago, 1975. v. 23.

FREUD, S. O mal-estar na cultura. In: *Edição standard brasileira das obras psicológicas completas de Sigmund Freud*. Rio de Janeiro: Imago, 1974. v. 21.

FREUD, S. O tratamento psíquico. In: *Edição standard brasileira das obras psicológicas completas de Sigmund Freud*. Rio de Janeiro: Imago, 1972. v. 7.

FREUD, S. Psicologia das massas e análise do ego. In: *Edição standard brasileira das obras psicológicas completas de Sigmund Freud*. Rio de Janeiro: Imago, 1976. v. 18.

FREUD, S. Totem e tabu e outros trabalhos. In: *Edição standard brasileira das obras psicológicas completas de Sigmund Freud*. Rio de Janeiro: Imago, 1974. v. 13.

FREUD, S. Um caso de histeria: três ensaios sobre a teoria da sexualidade e outros trabalhos. In: *Edição standard brasileira das obras psicológicas completas de Sigmund Freud*. Rio de Janeiro: Imago, 1972. v. 7.

GARCIA, O. A. Psicodrama. In: OSORIO, L. C. et al. *Grupoterapia hoje*. Porto Alegre: Artes Médicas, 1986.

GERSICK, K. E. et al. *De geração para geração*: ciclos de vida da empresa familiar. São Paulo: Negócio, 1997.

GOTTSCHALL, C. A. M. *Do mito ao pensamento científico*: a busca da realidade, de Tales a Einstein. São Paulo: Atheneu, 2003.

GRANDESSO, M. *Sobre a reconstrução do significado*: uma análise epistemológica e hermenêutica da prática clínica. São Paulo: Casa do Psicólogo, 2000.

GROFF, S. *Além do cérebro*: nascimento, morte e transcendência em psicoterapia. Lisboa: McGraw-Hill, 1988.

GRZYBOVSKI, D; TEDESCO, J. C. (Org.). *Empresa familiar*: tendências e racionalidades em conflito. 2. ed. Passo Fundo: UPF, 2000.

GUNTRIP, H. *El self en la teoria y la terapia psicanalíticas*. Buenos Aires: Amorrortu, 1973.

HEIMANN, P. On countertransference. *International Journal of Psychoanalysis*, v. 31, p. 81-84, 1950.

INSTITUTO ANTÔNIO HOUAISS DE LEXICOGRAFIA; VILLAR, M. S.; FRANCO, F. M. M. *Dicionário Houaiss de língua portuguesa*. Rio de Janeiro: Objetiva, 2001.

JAFFE, D. T. *Trabajar con los seres queridos*. Buenos Aires: El Ateneo, 1995.

JAQUES, E. Social systems as a defense against persecutory and depressive anxiety. In: KLEIN, M. et al. *New directions in psycho-analysis*: the significance of infant conflict in the pattern of adult behaviour. New York: Basic Books, 1952.

KÄES, R. *Le group et le sujet du groupe*. Paris: Dunod, 1993.

KANNER, L. *En defensa de las madres*: cómo criar hijos a pesar de los más "fervientes" psicólogos. Buenos Aires: Hormé, 1961.

KAPLAN, H. I.; SADOCK, B. J. (Org.). *Compêndio de psicoterapia de grupo*. 3. ed. Porto Alegre: Artmed, 1996.

KRAFT-EBING, R. *Psychopathia sexuallis*: with special reference to the antipathic sexual instinct: a medico-ferensic study. New York: Physicians and Surgeons Book, 1934.

LAPIERRE, L.; TORRES, O. De I. S.; ALTMAN, E. C. *Imaginário e liderança*: na sociedade, no governo, nas empresas e na mídia. São Paulo: Atlas, 1995. v. 1.

LOBO, J. *Reengenharia*: apesar das pessoas? São Paulo: Instituto da Qualidade, 1994.

MAHONEY, M. J. *Processos humanos de mudança*: as bases científicas das psicoterapias. Porto Alegre: Artmed, 1998.

MAISONDIEU, J.; MÉTAYER, L. *Les thérapies familiales*. 10. ed. Paris: PUF, 1986.

MAISONNEUVE, J. *La dynamique des groupes*. 10. ed. Paris: PUF, 1993.

MARTINS, R. Contribuições de Freud à psicoterapia de grupo. In: OSORIO, L. C. et al. *Grupoterapia hoje*. Porto Alegre: Artes Médicas, 1986.

MATTA, J. E. *Dinâmica de grupo e desenvolvimento de organizações*. São Paulo: Pioneira, 1975.

McCLELLAND, D. C. *The achieving society*. New York: Free Press, 1961.

MEYER, L. *Família dinâmica e terapia*. São Paulo: Brasiliense, 1983.

MOTTA, F. C. P.; FREITAS, M. E. *Vida psíquica e organização*. 2. ed. Rio de Janeiro: Fundação Getúlio Vargas, 2000.

NAVA, A. S. *O cérebro apanhado em flagrante*. Lisboa: Climepsi, 2003.

NERI, C. *Grupo*: manual de psicanálise de grupo. Rio de Janeiro: Imago, 1999.

OLIVEIRA JR., J. F. (Org.). *Grupos de reflexão no Brasil*. Taubaté: Cabral, 2002.

OSORIO, L. C. *Adolescente hoje*. Porto Alegre: Artmed, 1989.

OSORIO, L. C. *Ambientoterapia na infância e adolescência*. Porto Alegre: Movimento, 1975.

OSORIO, L. C. *Novos paradigmas em psicoterapia*. São Paulo: Casa do Psicólogo, 2006.

OSORIO, L. C. *Violência nossa de cada dia*. Florianópolis: Gruppos, 2001.

OSORIO, L. C. et al. *Grupoterapia hoje*. Porto Alegre: Artes Médicas, 1986.

OSORIO, L. C.; VALLE, M. E. P. *Terapia de famílias*: novas tendências. Porto Alegre: Artmed, 2002.

PICHON RIVIÈRE, E. *Psicología de la vida cotidiana*. Buenos Aires: Nueva Visión, 1985.

PICHON-RIVIÈRE, E. *Teoría del vínculo*. Buenos Aires: Nueva Visión, 1979.

RICHTER, H. *The family as a patient*: the origin, structure, and therapy of marital and family conflict. New York: Farrar, Straus and Giroux, 1974.

RIOCH, M. The work of W. Bion on groups. In: SAGER, C. J.; KAPLAN, H. S. *Progress in group and family therapy*. New York: Brunner/Mazel, 1972.

RUFFIOT, A. et al. *La thérapie familiale psychanalytique*. Paris: Dunod, 1981.

SEMINOTTI, N. Psicodrama. In: ZIMERMAN, D. E.; OSORIO, L. C. *Como trabalhamos com grupos*. Porto Alegre: Artes Médicas, 1997.

SERRA, R.; KASTIKA, E. *Re-estructurando empresas*. Buenos Aires: Macchi, 1994.

SILVA, L. A. P. M. Contribuições de Bion à psicoterapia de grupo. In: OSORIO, L. C. et al. *Grupoterapia hoje*. 2. ed. Porto Alegre: Artes Médicas, 1989.

SLUZKY, C. E. (Org.). *Interacción familiar*. Buenos Aires: Tiempo Contemporaneo, 1971.

TUBERT-OKLANDER, J.; PORTARRIEU, M. L. B. Grupos Operativos. In: OSORIO, L. C. et al. *Grupoterapia hoje*. 2. ed. Porto Alegre: Artes Médicas, 1989.

VASCONCELLOS, M. J. E. *Terapia familiar sistêmica*. Campinas: Editorial Psy, 1995.

VIDIGAL, A. C. *Viva a empresa familiar!* Rio de Janeiro: Rocco, 1996.

WARD, J. L. *Como desarrolar la empresa familiar*: planificación estratégica de crescimiento, retabilidad y liderzgo familiar duraderos. Buenos Aires: El Ateneo, 1994.

YALOM, I. D. *Psicoterapia de grupo*: teoria e prática. Porto Alegre: Artmed, 2006.

ZIMERMAN, D. E. *Fundamentos básicos das grupoterapias*. Porto Alegre: Artes Médicas, 1993.

ZIMERMAN, D. E.; OSORIO, L. C. *Como trabalhamos com grupos*. Porto Alegre: Artes Médicas, 1997.

ÍNDICE

A

Atendimento a casais e famílias, outras modalidades de, 181
   grupos psicoeducativos, 181
   mediação de conflitos conjugais, 181

C

CAPS *ver* Centros de atenção psicossocial, 179-180
Casais e famílias, 65-107
   casais em diferentes contextos, 73
      alternativos, 76
      com acentuada diferença de idade, 82
      com culturas ou etnias diferentes, 81
      com doenças incapacitantes, 83
      com filhos adotivos, 78
      com perdas significativas, 83
      em migração, 80
      homossexuais, 77
      que trabalham juntos, 79
      recasados, 73
      sem filhos, 78
   família como sistema primordial, 65
      ciclo vital da família, 72
      conceito operativo, 65
      funções da família, 69
      papéis familiares, 66
      papel conjugal, 67
      papel filial, 69
      papel fraterno, 69
      papel parental, 68
   família no mundo contemporâneo, 98
      família da aldeia global, 102
      família do futuro, 104
      família em crise, 98
      famílias reconstituídas, 102
      seio da família, ciranda do poder no, 100
   relação de casal e sua dinâmica atual, 85
      casais hoje, 87
      casais no futuro, 90
      questão homossexual, 96
      sexualidade, 93
Centros de atenção psicossocial (CAPS), 179-180
Consultoria em empresas familiares, 191-194
   cuidar da família x cuidar da empresa, 193
   marcos referenciais teórico-técnicos, 192

E

Educação (área educacional), 153-160
   coaching, 159
   grupo no ensino/aprendizagem, 153
   supervisão no trabalho com sistemas humanos, 158
   trabalho com grupos em grupo, 155

Empresas, 109-128
  familiares, 120
    empresa familiar x atividade laboral, 120
    fronteira família/empresa, 122
    processo sucessório, 125
    questão do gênero, 127
  no mundo atual, 109
    ciclo de vida, 116
    determinantes socioculturais, 113
    diferenciando empreendedor de empresário, 111
    fator econômico, 110
    pensamento sistêmico-relacional, 119
    psicodinâmica dos empreendedores, 112

F

Fundamentos, 11-41
  interdisciplinaridade e seus desdobramentos, 39-41
  novo paradigma científico, 19-37
  psicologia grupal, 15-18
  sistemas humanos, 13-14

G

Grupos, 45-63
  como sistemas humanos, 45
  competência relacional, 55
  fenômenos do campo grupal, 45
  inteligência relacional, 55
  metáfora do lixo psíquico, 59
  processos obstrutivos, 47
    estado onipotente original, 50, 51
    instinto de morte, 51

I

Interdisciplinaridade e seus desdobramentos, 39-41
  interdisciplinaridade, 39
  metadisciplinaridade, 41
  multidisciplinaridade, 39
  paradigma sistêmico-relacional, corolário do, 38-41
  transdisciplinaridade, 40

L

Laboratórios de relações interpessoais, 207-215
  escolha profissional, 211
  exercício da autoridade e funções de liderança, 211
  grupo de revisão e aplicação, 214
  grupos de interconsultoria, 214
  intergrupos, 213
  intragrupos, 213
  plenárias, 213
  relações conjugais e familiares, 208
  relações família-escola, 210

M

Mediação de conflitos nas empresas familiares, 195-204
  conceito, 196
  condições requeridas quanto ao mediador, 198
  conflitos e mediação, 197
  consenso primordial como pré-requisito para a mediação, 198
  consultores, 200
  diferenças entre mediação e terapia familiar, 204
  formação profissional do mediador, 200
  função do mediador, 204
  mediação e interdisciplinaridade, 202
  origens da mediação familiar, 195
  prática contemporânea da mediação, 196
  questão do gênero, 201
  solicitantes de uma mediação, 199
  técnica da mediação, 202
Modelo de aprendizagem para trabalhar com sistemas humanos, 217-219

P

Paradigma científico, surgimento de um novo, 19-37
  caixa-preta, 26

cibernética, 22
modelo circular, 23
modelo linear, 23
paradigma linear, 19
princípio da equifinalidade, 26
retroalimentação (*feedback*), 25
teoria da complexidade, 33, 34
teoria da comunicação humana, 27
teoria da informação, 22
teoria do caos, 33
teoria dos jogos, 22
teoria geral dos sistemas, 21, 27
totalidade e não somatividade, 26
Práxis com casais e família, 161-181
  centros de atenção psicossocial (CAPS), 179-180
  outras modalidades de atendimento a casais e famílias, 181
  programa de saúde da família (PSF), 179-180
  terapia comunitária, 175-178
  terapia de casais e famílias, 163-174
Práxis com empresas, 183-204
  capacitação para o trabalho em equipe, 185-190
  consultoria em empresas familiares, 191-194
  mediação de conflitos nas empresas familiares, 195-204
Práxis com grupos, 129-160
  na área da saúde, 131-151
  na área educacional, 153-160
Programa de saúde da família (PSF), 179-180
PSF *ver* Programa de saúde da família, 179-180
Psicologia grupal, 15-18
  comunicação humana, 18
  dinâmica de grupos, 16
  interacional, 18
  interpessoal, 18
  microssistemas humanos, 15-18
  pensamento circular, 18
  pensamento linear, 18
  psicanálise, 16

psicologia individual, 18
psicologia social, 18
sistemas humanos, 18
teoria geral dos sistemas, 18

S

Saúde (área), 131-151
  comunidades terapêuticas, 142
  cuidados com os cuidadores, 147
    atenção continuada, 148
    interconsultorias vivenciais, 150
    laboratórios de relações interpessoais, 151
  grupos de ajuda recíproca, 142
  grupos terapêuticos, 131
    abordagem terapêutica de grupos distintos, 134
    clima grupal, 141
    comunicação nas grupoterapias, 139
    formação de, 135
    intervenções do terapeuta, 141
    modalidades de atendimento grupal, 132
    processo grupal, 138
    regras do jogo terapêutico, 136
    setting grupal, 136
Sistemas humanos, 13-14, 43-128
  casais e famílias, 65-107
  empresas, 109-128
  grupos, 45-63
  modelo de aprendizagem para trabalhar com, 217-219

T

Terapia comunitária, 175-178
  âmbito das redes sociais, 175-178
Terapia de casais e família, 163-174
  terapia familiar sistêmica, 163
    como trabalhar com casais e família, 166
    processo, 172
    psicoterapia de casais, 168
    regras do jogo (quadro ou *setting*), 169
    término, 173

Tópicos especiais, 205-219
　laboratórios de relações interpessoais, 207-215
　modelo de aprendizagem para trabalhar com sistemas humanos, 217-219

Trabalho em equipe nas empresas, capacitação para o, 185-190
　desenvolvimento dos recursos humanos, 188